中国金融四十人论坛书系
CHINA FINANCE 40 FORUM BOOKS

金融的价值

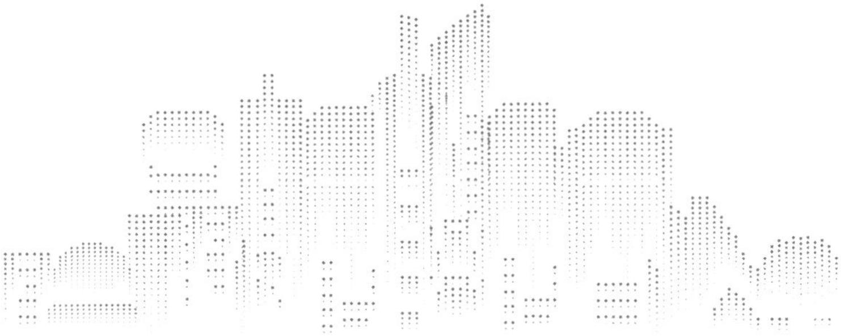

改革、创新、监管与我们的未来

黄益平◎著

中信出版集团 | 北京

图书在版编目（CIP）数据

金融的价值：改革、创新、监管与我们的未来 / 黄益平著 . -- 北京：中信出版社，2021.12（2023.6重印）
ISBN 978-7-5217-3628-1

Ⅰ . ①金… Ⅱ . ①黄… Ⅲ . ①金融学 Ⅳ . ① F830

中国版本图书馆 CIP 数据核字 (2021) 第 194701 号

金融的价值——改革、创新、监管与我们的未来
著者：黄益平
出版发行：中信出版集团股份有限公司
（北京市朝阳区东三环北路 27 号嘉铭中心 邮编 100020）
承印者：中国电影出版社印刷厂

开本：787mm×1092mm 1/16　印张：21.75　字数：293 千字
版次：2021 年 12 月第 1 版　印次：2023 年 6 月第 5 次印刷
书号：ISBN 978-7-5217-3628-1
定价：69.00 元

中国金融四十人论坛书系
CHINA FINANCE 40 FORUM BOOKS

"中国金融四十人论坛书系"专注于宏观经济和金融领域，着力金融政策研究，力图引领金融理念突破与创新，打造高端、权威、兼具学术品质与政策价值的智库书系品牌。

中国金融四十人论坛是中国最具影响力的非官方、非营利性金融专业智库平台，专注于经济金融领域的政策研究与交流。论坛正式成员由40位40岁上下的金融精锐组成。论坛致力于以前瞻视野和探索精神，夯实中国金融学术基础，研究金融领域前沿课题，推动中国金融业改革与发展。

自2009年以来，"中国金融四十人论坛书系"及旗下"新金融书系""浦山书系"已出版150余部专著。凭借深入、严谨、前沿的研究成果，该书系已经在金融业积累了良好口碑，并形成了广泛的影响力。

目 录

第三章 金融如何支持实体经济

第四章 以金融创新促经济发展

第五章 数字金融的未来

第六章 数字货币与货币的未来

第七章 金融的监管与风险防控

第八章 金融的历史教训

代前言

理解中国务实的金融政策

在20世纪30年代，中国曾经拥有一个非常活跃的金融体系，当时上海是远东国际金融中心。新中国成立后，特别是在建立计划经济体系之后，金融部门就逐步萎缩了。在1978年开始经济改革的时候，我国的金融部门基本上就是一家机构，即中国人民银行，而且它也只是隶属于财政部的一个副部级单位。这个转变的主要原因在于，在计划体制下，几乎所有的经济活动包括资金调配都是由政府决定的，对金融中介的需求非常少。后来决策者决定将工作重心从阶级斗争转向经济建设，需要逐步扩大市场调节的作用，这样金融的重要性就再次体现出来了。因此，就在1978年，政府重建了三家专业化银行：中国银行、中国农业银行和中国人民建设银行。

金融为什么很重要？金融的主要功能是资金的融通，同时实现期限、规模和风险的转换。金融可能是人类历史上最伟大的经济创新之一，它使得劳动分工、规模效益成为可能，从而大大促进了经济发展的进程。诺贝尔经济学奖获得者希克斯在其著作《经济史》中有一个著名的论断："工业革命不得不等待金融革命。"第一次工业革命发生之前几十年，蒸汽机技术已经成熟，但要将蒸汽机技术转化成铁路、航运与纺织产业，需要大量的资金投入。所以，如果没有一个有效的金融体系筹集充足的资金，工业革命也就不可能发生。

过去四十几年来，我国金融部门演变的两大主题是"发展"与"改革"。一方面，几乎是白手起家，重新建立了一个庞大的金融体系，从商业银行到资本市场，目前大大小小的银行已经有4000多家，资本市场的市值也已经排到了全世界的前列。另一方面，金融体系也在不断地市场化，从资金配置到定价，市场的作用正在变得越来越大。从结果看，在改革开放的前几十年，金融比较好地支持了经济增长，这也充分体现了金融的价值。但在近十年来，金融支持经济增长的力度在不断减弱，甚至金融风险也在不断提高。这对金融发展与改革提出了新的任务，需要努力构建现代金融体系。

长期观察中国的金融改革政策，经常会有一种改革不够彻底的感觉。但等过了五年、十年我们再往回看，往往又会发现，经济政策已经往前走了一大步。仔细想来，这大概就是渐进式改革的一个基本特征，改革政策进步的步履比较缓慢，而且也确实出现过进两步、退三步的现象。正因为改革还在进行中，金融部门中非市场的成分还比较普遍。改革政策所带来的积极的变化和潜在的问题都同时存在，有时候还都很突出。因此，几乎在每一个时间点，乐观的观点和悲观的论调都很鲜明。

在改革的初期，国外观察中国经济的专家喜欢将国内的官员与学者分成"改革派"与"保守派"两大阵营。这样的分类有历史原因，但如果到今天仍然用这个方法来看待金融改革政策，显然是不合适的。任何金融政策都会同时带来正反两个方面的效应，金融改革政策也是如此。比如，资本项目开放，既可能带来更加高效的跨境资本配置，也可能引发更大的金融市场波动，净效果如何，需要具体情况具体分析，不同的学者也可能得出不一样的结论。经济学经常讨论“最优模式”，经济学分析也要求“最优解”。但改革实践可能更加复杂，有时候“最优”政策的效果往往还不如“次优”政策。

如果要对中国的金融改革政策总结出一条经验，那应该就是“务实”。“务实”的改革政策遵循效果导向的原则，也即“有效”。对改革政策有不同的看法、不同的结论，这些都很正常，“实践是检验真理的唯一标准”。不能统一思想，就先不全面推开，而是找地方做试点，中国在改革期间设置了许许多多的改革试验区，最为著名同时也最为成功的是20世纪80年代设立的深圳经济特区。办试验区的好处是用事实说话，同时还可以在试点的过程中完善政策安排，这其实就是“摸着石头过河”。“务实”改革的一些改革政策可能不彻底，也不一定是理论上的“最优解”，但实际效果却不错。

准确理解中国的金融政策，不仅会有助于想清楚未来政策的方向，也许还能为金融政策分析提供一条具有一般意义的思路。

第一，好的改革政策必须要满足经济与政治可行性的要求。

中国金融改革的特征之一是在开始的时候并没有一个完整的改革蓝图。这既可能是因为改革者还没有系统性地想明白中国经济体制最终要走向一个什么模式，更可能是因为在当时的政治环境下，有些思路不可能直白地表达出来。比如，当时的政治氛围肯定不能接受“走市场经济道路”的提法。如此看来，中国的经济改革没有采取“休克疗法”，也并非因为当时的决策者没有想到这种可能性，而是因为它根本不具备“可行性”。

中国几乎所有的经济改革政策都是市场经济理念与中国国情相结合形成的产物。以改革初期实行的“双轨制”改革策略为例，这就是一个非常“务实”的决定。中国的经济改革选择了“渐进式改革”而不是“休克疗法”，是因为市场机制的建立不可能一蹴而就。快速取消国有企业与中央计划，只会造成经济混乱，苏联和东欧转型经济国家后来为我们提供了这样的反例。中国实行“双轨制”的转型策略，一方面保留了众多的国有企业，另一方面又引入了大量的民营企业、外资企业。这样做的好处是短期内不会出现大量的破产与失业，保障了转型期的经济稳定，同时非国有企业的进入可以大大推动生产力的提高。因此，“双轨制”的做法会带来效率损失，但总体的增长表现却非常好。

当然，“双轨制”转型策略也造成了新的扭曲。既然国企效率比较低，要让它们持续运行，就必须要有外部资源的支持。问题是在改革的前二十年，财政每况愈下，几乎是捉襟见肘。这样便形成了一个“不对称的市场化”格局，即产品市场基本完全放开，但要素市场的扭曲却非常普遍。抑制性的金融政策就是要素市场扭曲的突出表现，包括政府对利率、汇率、资金配置、跨境资本流动的干预或管理。到2018年，中国的金融抑制指数依然在全世界排在前列。通过要素市场扭曲将大量相对低廉的资金、能源甚至土地配置给国有企业，实际上是一种变相的补贴。

从这个意义上说，这个“不对称的市场化”格局，特别是抑制性的金融政策，就是为了支持“双轨制”改革策略所做的政策安排。所以，即便学者一直对我国较高的金融抑制水平有诸多的批评，但这种状况的调整，需要基于一个重要的前提条件，即“双轨制”改革策略的终结。不然，金融实行较为彻底的市场化改革不具可行性。

第二，改革决策应该是权衡利弊得失的动态过程。

既然是不彻底的市场化改革，自然会带来许多效率下降、市场扭曲、风险上升等问题，这些都会对经济发展带来负面的影响。实际上，在改革开放的四十几年间，包括我在内的学者对这些问题也一直有批评，批评的重点就是改革举措不够彻底。但如果要对金融改革政策做一个总体的评价，应该还是非常正面的。连续四十几年，我国的年均 GDP（国内生产总值）增速超过 9%，把这样的表现称作“经济奇迹”，应该算是实至名归的。在这四十几年间，虽然也发生了不少金融风险，但并没有发生系统性的金融危机，金融体系保持了基本的稳定。这些都表明，那些抑制性的金融政策在支持经济增长、支持金融方面还是十分有效的，这也说明“务实”的策略达到了目的。

金融抑制没有妨碍实现高速经济增长，这个结果似乎与传统的金融市场化理论有差异。根据我的分析，在改革开放的前二十年，抑制性金融政策不仅没有限制经济增长，反而促进了经济增长。原因在于，虽然这些政策会导致金融效率下降，但在一个市场机制与监管框架尚不健全的经济中，它们同样有助于经济与金融活动的扩展与稳定。但在进入 21 世纪特别是在全球金融危机以后，抑制性金融政策对经济增长与金融稳定的伤害变得越来越明显。背后的一个重要原因是经济发展进入了新的阶段，创新成为新的驱动力量，过去的这套金融体系就很难适应新的经济发展要求。

这个例子表明，金融政策的效果并非一成不变的，同样的政策安排在不同经济中的效果可能不一样，甚至在同一个经济中不同时期的效果也有差异。因此，所谓“理论最优”的政策安排不一定总是存在。制定改革政策的关键不是找到“理论最优解”，而是用成本效益分析的思路，选择利大于弊的政策组合。同时也要意识到，成本效益关系可能会动态转变，因此改革政策也要与时俱进。金融领域就迫切需要进一步的改革与创新，唯有如此，才能持续支持经济增长。权衡利弊、动态调整，其实就是“务实”改革的重要体现。

第三，“务实”的改革策略也可能造成新的改革困难。

“双轨制”改革或“不对称市场化”可能造成的最大问题是留下一大堆改革的“半拉子工程”。有些政策实施相当长时间以后，会形成很强的利益集团，甚至成为进一步改革的障碍。在过去四十几年间，国企改革已经经历多个阶段，从一开始的放权让利、增加竞争，到后来的“抓大放小”改制，再到后来的现代企业制度建设、混合所有制改革，国企在国民经济中的比重一直在下降，但其重要性并没有真正降低，在一些上游产业形成了较强的垄断地位。做大已经实现了，做强还任重道远。

金融部门的矛盾也很突出。长期以来政府干预金融体系，依靠政府兜底维持金融稳定，只要一出现风险，政府就会出手帮助稳定局面。亚洲金融危机期间，我国商业银行的不良贷款比例超过了30%，但没有发生挤兑，就是因为存款人对政府的信用有信心。后来也是政府帮助注资、冲销坏账、推动上市，完成了转型过程。现在金融风险四处冒头，处置金融风险的手段也迫切需要从政府转向市场特别是监管。但问题是，一旦真的出现问题，决策部门就开始担心引发系统性的风险，最终都是以各级政府出手收场。这样，金融体系的市场化改革就遇到了一个比较高的门槛，短期内很难跨过去。

应该说，当初倡导“休克疗法”的学者其实预见到了这个问题：局部、渐进的改革不但容易导致效率损失，还可能因此形成新的利益集团，成为进一步改革的阻力。过去我国的“务实”改革试图采取“帕累托改进”的做法，让所有人都在改革的过程中得到好处，或者起码利益不受损害，这样就减少了改革的阻力。但现在改革进入了新的阶段，帕累托式改革的选择越来越少，许多改革不可避免地要涉及利益再分配。如何在这个新的阶段继续坚定、稳步地推进市场化改革，对决策部门来说是一个非常大的考验。也正是在这个意义上，有的学者提出，“渐进式改革”与“休克疗法”之间的竞赛尚未结束。

这些都有可能给我国经济改革政策的未来造成一定程度的不确定性。学者对过去改革政策的总结也可能出现分歧，比如中国的“双轨制”改革取得了巨大的成绩，究竟是因为“放”得好还是因为“管”得好？不同的分析可能会导致不同的政策方向。不过，只要中国的经济改革坚持“务实”的精神，可能也不需要过度担心改革停滞不前甚至倒退的问题。虽然不同阶段改革的速度会发生比较大的变化，有时候甚至还会出现一些反复，但最终改革政策的方向还是得由实际结果来支撑。

第四，金融改革的目标模式同样应该是“务实”的。

中国在金融改革初期没有明确地描绘愿景蓝图，并不表明决策者心中没有目标模式。从金融领域的实践来看，许多政策包括改革商业银行、建立资本市场等，都是以欧美特别是美国金融体系作为范本来设计改革政策的。目前，无论是考虑欧美已经发生的重大金融危机，还是考虑它们也开始采取一些产业政策与中国展开竞争，都意味着不应该简单化地模仿欧美的经济模式。改革政策的一个根本性挑战，是厘清“看得见的手”与“看不见的手”之间的关系，这两者之间合适的关系也需要“务实”地确定，而且要与时俱进，动态变化。如果政府的作用利大于弊，那就应该积极作为，反之，就应该限制政府的影响。

不过，在总结中国“务实”的改革政策的时候，需要认清一个基本的道理，即市场化改革是中国经济取得成功的根本原因。从“双轨制”改革策略看，最重要的效率提升来自“放开”，而不是“管住”，虽然“管住”在一定时期内也发挥了重要的作用。如果能在这一点上达成共识，那么应该可以明确，改革的大方向是尽快完成那些“半拉子工程”，进一步朝着市场化的方向走。在这个过程中，仍然应该采取“务实”的态度，“务实”地决定改革推进的速度，“务实”地发挥政府在经济中的作用，“务实”地确定未来经济的目标模式。

本书是我近几年对于上述诸多金融问题思考的结集，有些问题在多篇文章中都有所讨论，比如金融体系的建立、金融改革和金融风险管控等，在成书时做了一些精简，但为了避免叙述不完整，有些文章内容依然会有所重复。

黄益平

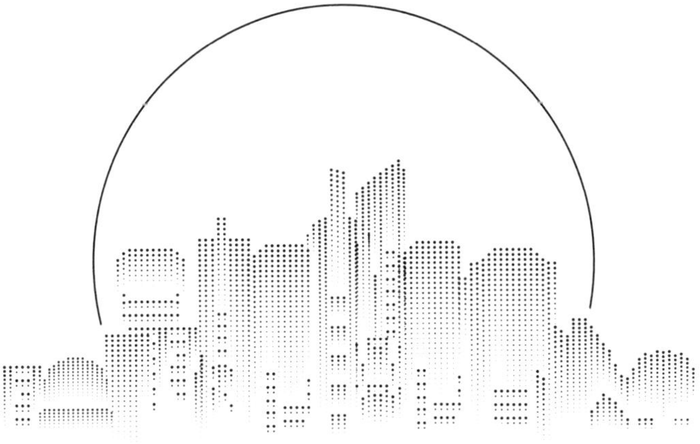

第一章

中国经济发展新阶段

超越中国奇迹[①]

十年前我出版了两本书，一本叫《超越奇迹：变革世界的中国改革》（北京大学出版社），另一本叫《告别“中国奇迹”》（社会科学文献出版社），前一本是学术论文集，后一本是评论文章集。两本书想表达的是同一个意思：既然中国经济是奇迹，就说明不是常态，早晚会过去。奇迹过去以后中国经济将迎来什么样的发展轨迹，这是一个值得高度关注的话题。应该说，当时我所做的一些预测，现在已经成为现实，比如增长速度显著放缓、产业升级持续加速以及经济结构不断平衡。当然，还有的预测并没有出现，比如通货膨胀压力抬升。收入分配确实有所改善，但改善的速度与力度都远远不够。

① 本文创作于2018年。

中国经济的三大反转和一个困惑

经济奇迹之后应该就是“常规发展”，现在流行的说法是“新常态”，新常态与之前相比有什么不同?

纵观过去40年的经济改革历史，2008年似乎是一个很重要的分水岭。这倒并非仅仅因为在那一年发生了全球金融危机，更主要是因为在那前后，中国的宏观经济表现出现了180度大反转。

第一，中国经济从之前的高速增长突然变为持续减速增长。2008年之前，年均GDP增长率接近10%。2008年和2009年受到全球金融危机的影响，增长明显减速。2010年在一揽子计划的推动下，GDP增长率重新回到10%以上，可惜这样的表现只是昙花一现，随后GDP增长率连年下降，到2016年和2017年，已经稳定地跌到7%以下。

第二，经济结构从之前的严重失衡迅速走向了再平衡。2008年之前，只要讨论中国经济问题，就避不开经济结构失衡的话题。经济增长主要靠投资与出口两驾马车拉动。政府一再采取措施调整经济结构，但几乎每次都无功而返，结构失衡的矛盾愈演愈烈。2008年之后，经济结构毫无预警地开始了再平衡的过程，投资率持续下降，经常项目顺差显著收窄，消费成了支持经济增长的重要力量。

第三，金融体系从相对稳定演变为系统性风险上升。过去我们一直很自豪地说，中国是主要新兴市场大国中唯一一个没有发生过系统性金融危机的国家，但最近这几年金融风险不断在不同的领域之间游走，发生金融危机的概率已经大幅提高。

如何理解2008年前后在中国经济中发生的这些大反转？再往之前看，为什么在2008年之前中国经济会出现一方面经济高速增长、另一方面结构严重失衡的现象?

而这后一个问题，正是我在2009年来北京大学工作时希望解开的谜。这个问题也可以表述为：为什么大家对中国经济前景的判断分歧这么大？有的专家对中国经济非常乐观，有的人则很悲观，简单地说，看增长速度的往往乐观，看结构失衡的往往悲观。国发院的名誉院长林毅夫教授对中国经济的判断一直相对比较乐观。我在澳大利亚国立大学的指导老师郜若素教授（Ross Garnaut，曾任澳大利亚总理首席经济顾问、澳大利亚驻华大使）对中国经济的展望也很乐观。与他相比，我的看法可能相对保守一些，我自认是“谨慎乐观”吧。所以我跟他讨论中国经济问题时，经常会有一些小的分歧。每当那个时候，他就会跟我说：“经济历史表明，持有悲观立场的人大多是素质良好的学者，但乐观的观点最终往往会被历史证明是正确的。”

当然，对中国经济悲观的人也不少。我印象最深的是一位美籍华人律师章家敦（Gordon G. Chang），他在 2001 年出版了一本书叫《中国即将崩溃》，大体是说中国加入 WTO（世界贸易组织）以后经济结构调整不过来，很多中国企业会因为竞争不过外国企业而纷纷倒闭，这会导致严重的经济问题，甚至令国家崩溃。前总理温家宝也曾经指出，中国经济的发展模式是不协调的、不平衡的、低效率的，从而是不可持续的。

事实上，这两种观点都有一定的道理，或者可以说，它们描述的可能是同一个硬币的两面。那么，究竟是什么因素导致了这个现象？

粮食购销体制的经济学逻辑

刚来朗润园的时候，我经常坐在办公室冥思苦想。有一天在园子里碰到同事宋国青老师，和他聊了几句通货膨胀的问题。回到办公室，我忽然回想起 20 多年前的一件事情。我 1987 年研究生毕业，到国务院农村发展研究中心发展研究所工作。这之前的 1986 年下半年，我随所里的两位研究室主任邓英涛和高小蒙到河南省新乡市调研粮食购销体制问题。当时国家实行粮食统购统销体制，直接从农民手里购买粮食，然后在城市里卖给居民。在改革的初期，为了鼓励农民的生产积极性，国家不断地提高粮食收购价格。而由于城市改革还没有动起来，销售价格高不了。这样就出现了粮食购销价倒挂的现象，也就是说，国家粮食部门每买卖一斤粮食，政府就要往里补贴差价。我们去河南调研就是想看看能不能提出一套改革方案，解决这个问题。

调研结束，我们坐晚班火车回北京。两位主任一边吞云吐雾，一边对我耳提面命，详细地阐述了改革的思路和框架之后，要我回去起草报告。后来中央批准了我们的改革方案，把新乡市确定为全国粮食购销体制改革试验区，并成立了一个三人“中央指导小组”，高小蒙任组长，我是组员之一。① 在火车上的时候，邓、高两位主任让我回去先看一位青年经济学家宋国青写的一篇关于统购统销制度的文章，并且一再叮嘱一定要先看三遍之后再动笔。那个时候我还不认识宋老师，回到学校之后就迅速找来文章研读。对于粮食统购统销体制的实质，有各种不同的解读。有人说政府不相信市场的作用，政府直接买卖才能保证食品安全。应该说，宋老师的分析完全另辟蹊径，他认为粮食统购统销其实就是国家向农民征收农业税。

说实话，这个道理我是慢慢才理解的。新中国成立之后，要进行工业化，这便需要投资，要投资就需要资金。按理说政府获取资金最简便的方法就是征税，但政府可能不想直接向农民收税，所以粮食统购统销制度其实是一种变通的做法——在农村低价收粮食，在城市低价销售粮食。从表面看，政府并没有从中获得好处，但这样做可以把原材料和工资都压得很低，从而在事实上降低了城市工业化的成本。

---

① “中央指导小组”应该是当年在新乡工作中的提法，因为当时还有河南省各部门领导组成的“省指导小组”。多年后，当年的“全国农村改革试验区办公室”主任卢迈跟我确认，当年并没有“中央指导小组”的说法或者安排。

城市工业可以获得超额利润，拿出来再投资，循环推动城市工业化的进程。从 20 世纪 50 年代到 70 年代，中国的城市工业化速度其实挺快的，只是激励机制不对，生产的产品没人要，需要的产品没人生产，产品的质量也不好。

不对称的市场化改革

从“统购统销”就是农业税，我想到了在改革期间政府对要素市场实施的各种普遍的干预。如果我们要对 40 年的改革政策做一个提炼，那应该就是“市场化”。但我们的市场化改革策略有很多特点，比如它不是休克疗法，而是渐进式改革。还有一个非常重要的特征，我将其称为“不对称的市场化”策略。一方面，产品市场基本上都放开了，竞争也比较充分，无论是农产品、制造品还是服务品，都直接由市场机制调节，供求决定价格。另一方面，要素市场基本上都还没有实现市场化，资本、劳动力、土地、能源和水，凡是用于生产投入的要素市场都还受到政府的各种干预与管制。

这样的干预在金融领域最为明显。即使在实施改革开放政策 40 年的今天，金融体系所面临的最大问题仍然是金融抑制，即政府金融体系的各种干预与管制。40 年金融改革的一个基本特点是行业规模做得很大，但市场机制还没能很好地发挥作用。在改革初期，中国只有中国人民银行一家金融机构，今天我们已经拥有一个非常庞大的金融体系，四大国有商业银行每年都能排在全球十大银行之列，股票市场市值全球排名第二，债券市场全球排名第三。但同时也要看到，政府还在影响或者干预利率、汇率、资金配置甚至跨境资本流动，还在控股大型金融机构。IMF（国际货币基金组织）的经济学家曾经对各国的金融抑制程度做过专项研究，在能够找到数据的 91 个国家中，中国的金融抑制程度排在第四位。[①]

劳动力市场可能是一个特例。很多人认为政府并不干预劳动力市场，工资是市场决定的，其实并非完全如此。由于存在户口制度，很长时间里中国的人口流动率极低，而且都是在政府的安排下进行的。改革开放之后出现的农民工，等于突破了户口制度的限制，劳动力得以流动。但是在相当长时间内，农民工和城市居民的待遇是不一样的，即便是在同样一家公司做同样的工作，农民工获得的工资收入也可能只有当地居民的 1/3 甚至更少。也就是说，户口制度变相地压低了城市工业的劳动成本。

刚刚开始实施改革开放政策的时候，政府在南方设立了四个经济特区，提供很多优惠政策吸引外国投资，比如不收税，提供免费的土地使用权以及廉价的资金和能源等。优惠政策其实就是一种市场扭曲，虽然它促进了经济活动的活跃，但从根本上说，优惠政策意味着要素的使用者没有按照市场价格支付成本。在后来相当长一段时间里，全国各地都推出了不同的优惠政策，而且地方政府之间相互竞争。因此，要素市场扭曲实际是一个非常普遍的现象。

概括起来看，要素市场的扭曲主要体现在两个方面：第一是把要素的成本压低；第二是在要素配置时偏好大企业、国有企业。换句话说，过去中国的经济发展水平比较低，生产成本低也很正常。但要素市场的扭曲政策进一步扩大了中国的低成本优势。比如我们经常听人说，我国的中小企业面临融资难、融资贵的问题，这话当然没错，但融资难和融资贵是两个不同的问题。在正规金融部门，中小企业往往融不到资金，融资难。但如果能从银行借到钱，成本并不高。平均而言，我国银行的贷款利率远低于一般中等收入国家的水平，大致和高

---

① IMF 这个研究是 20 年前完成的，后来我和王勋利用世界银行的数据构建了金融抑制指数。2018 年中国的指数为 0.6，在有数据的 130 个国家中排在第 14 位。

收入国家的平均贷款利率相当。中小企业如果到非正规金融部门（影子银行、民间借贷、互联网金融等）去融资，其实相对容易，不过成本往往很高，融资贵。

那么政府为什么要实施扭曲要素市场的政策？背后的原因应该就是我们的“双轨制”改革策略。一方面，政府要支持国有部门持续运行。另一方面，政府又要为非国有部门的发展创造条件。对于国有企业的保护，既有政治原因，也有经济原因。国有企业当时在国民经济中占有关键的地位，如果像苏联那样把国有企业全部快速地私有化，可能引发失业问题和各种社会问题。因此，保留国有部门，其实也是为了支持经济与社会的稳定。不过，国有企业的效率确实比非国有企业低很多。如果它们要继续运行，就需要获得外部的支持，最简单的就是政府提供财政补贴。但是，改革开始以后，政府的财政状况变得越来越困难。一个直接的原因是政府过去的财政收入主要是靠国有企业，但国企的运行效率越来越低，不但不能贡献财政收入，还要求很多的补贴；而民营企业虽然发展起来了，但当时规模还比较小，而且有各种避税的手段。最后的结果是，国企相对变弱了，民企也发展起来了，但国家财政状况变得越来越困难。1978 年，国家财政收入占 GDP 的比例为 36%，到 1996 年，这一比例只有 11% 了，当时有很多地方的财政连吃饭都保障不了，发不出公务员的工资。

需要补贴，但政府又拿不出钱，怎么办？要素市场扭曲就是政府的应对方式。通过要素市场扭曲变相补贴企业，与统购统销制度变相支持工业的逻辑是一脉相承的。

高速增长与结构失衡

这种扭曲政策的实质，是对居民和企业实行收入再分配，变相地补贴企业，补贴出口商、生产者和投资者。举个例子，假设银行存款利率为1%，如果没有抑制性的金融政策，存款利率可能会达到3%。这之间的差额到哪儿去了？银行可以在低存款利率的前提下压低贷款利率，这等于是存钱的储户向贷款的企业进行了变相的转移支付。这种收入再分配的结果是，出口越来越活跃，投资越来越多，经济增长越来越强劲，但消费变得越来越疲软。这就是为什么我国经济一方面形成了增长奇迹，另一方面结构失衡的矛盾不断恶化。

消费占GDP的比重从2000年的62%下降到2010年的47%，10年时间下降了15个百分点，这个下降幅度与速度都是十分惊人的。对于消费疲软的原因，有人说是因为社保体系不完善，老百姓储蓄意愿很强，不敢消费，又有人说是因为收入分配不平等，穷人的消费倾向很高，但穷人可用于消费的资金太少，从而导致总体消费疲软。其实，导致消费疲软的最重要的原因是居民收入增长赶不上GDP增长，居民收入占国民收入（GNP）的比重在不断下降。

但中国的金融体系一直保持相对稳定。虽然政府对金融体系的干预较多，但似乎并未影响中国的经济增长。这听起来有点奇怪，按理说，政府干预会降低经济效率，影响经济增长。

抑制性金融政策对中国经济增长到底有什么影响？我们对这个课题做过研究，我们发现：以2000年为界，之前的影响是正面的，之后就变成负面的了。经济学文献对这种现象是有解释的。第一种解释，来自提出金融抑制这个概念的斯坦福大学教授罗纳德·麦金农（Ronald I. Mckinnon），他认为政府干预金融市场的运作，第一会降低金融效率，第二会妨碍金融发展，所以对经济增长会产生负面的影响，我们将其称为“麦金农效应”。不过，后来哥伦比亚大学教授、诺贝尔经济学奖获得者斯蒂格利茨（Joseph Stiglitz）提出，从20世纪80年代开始，发展中国家金融市场化、自由化的不断加速，导致金融体系不稳定，出了很多问题。他认为在低收入国家，金融体系与监管体系还没有完善，完全放开金融市场并不见得是好事。在金融体系不完善的情况下，适度的抑制性金融政策也许会有正面的作用，我们将其称为“斯蒂格利茨效应”，认为政府干预至少可以起到两个作用：第一是非常有效地把储蓄转化为投资；第二是保持金融稳定。举个例子说，在 20 世纪 90 年代末亚洲金融危机爆发时，中国的银行出了很大问题，银行的不良率达到 30%～40%，但当时老百姓并不担心这个问题，原因不是银行真的没问题，而是相信有政府在，所以没有发生挤兑，这就给政府重组、改造银行留出了时间。

总体来看，以前中国金融体系的稳定主要靠两个方面的因素：一是经济增长持续高速，这样就可以在发展中解决问题；二是政府隐性担保，即使银行出了问题也没关系，有政府兜底。

走向“常规发展”

前面说到两本书，其中一本叫《告别“中国奇迹”》，说的是中国改革开放以来的前 30 年的故事——为什么中国经济增长速度非常快，但结构失衡很严重。我用“不对称的市场化”来解释这种状况。

但故事并没有就此停止，我们做了一个大胆的预言——要超越中国奇迹。中国奇迹之所以发生，一方面是因为过去经济水平确实很低，增长潜力自然就大，另一方面是因为中国的改革开放政策确实释放出了能量。过去的“不对称的市场化”，也就是各种要素市场的扭曲在一定程度上放大了中国产品的低成本优势。

在中国经济实现高速增长的同时，这样的政策扭曲也导致了经济结构的失衡，全世界都认为这种增长是不可持续的。中国经济增长对于投资的依赖度很高，最高时是在 2009 年，投资占 GDP 的 45%。这样看起来当年的增长速度非常快，但当年的投资会变成来年的生产能力，生产出的产品最终要在市场上销售，而老百姓又没有足够的资金用于消费，最后产能压力就变成很大的问题。中国的运气比较好，当时正是一个大力宣扬全球化的时代，中美关系也处于良好时期，而美国人正在尽力消费，其储蓄率非常低。美国的消费能力和中国的生产能力刚好碰上，一拍即合，中国生产出的大量产品都销售到了国际市场上，最主要的方向便是美国。于是，中国的顺差越来越大，美国的逆差越来越大。

这个体系是不可持续的，我们当时预料到国际贸易要出问题。中国刚开始改革开放时，很多国家并不太在意，而且愿意看到这种局面，因为这对整个世界来说都是好事。但在中国的经济规模变大以后（2010 年中国 GDP 超过日本成为全球第二），麻烦就来了，原因在于大国和小国对于世界市场的影响是很不一样的。像中国这种体量的大国，经济长期高速增长，市场不断扩张，意味着中国的市场份额在扩大，别的国家的市场份额则在减小，后续就会出现就业问题。最近这些年可以看到，在国际市场上，凡是中国需求量大的商品，价格就会上扬，而在中国制造的商品占据主导地位的市场上，价格就会下跌。中国经济对全球市场的影响力越来越大。

2018 年，一位记者找到了郜若素和我在 1997 年发表的一篇文章，其中写道："可能会因中国的经济规模以及政治权重而引起一种所谓零和博弈的错误观念，这种错误观念若与抵制调整的阻力相互作用，那将会大大弱化制约中国与国际社会关系的国际规则。"接纳中国作为强盛的主要贸易伙伴的过程中有一个主要危险，是世界其他经济体对所面临的结构性调整有畏惧情绪，并因此试图控制它们与中国发生经济关联的程度和范围。中国与某些大国（尤其是美国）之间的政治竞争也可能会伤害它们的贸易关系。①

所以，无论是从投资效率、经济结构失衡，还是从国际市场调整

---

① 梁银妍，《黄益平：金融开放的策略性推进》，经济金融网，2018 年 5 月 17 日。

等方面来看，中国原有的经济增长模式都是无法持续的，奇迹总归是要过去的。

当时我们观察到两方面的变化：一是劳动力市场已经出现了逆转，以前劳动力严重过剩，后来逐步出现了短缺问题，2005 年后工人的工资就明显上升了；另一方面，政府也不断地说要推进要素市场化，即过去的种种扭曲要被取消，比如让市场来决定利率水平。

如果上面的分析成立，也就是说要素市场的扭曲是导致中国经济增速很快、结构失衡的重要原因，那这种扭曲的消除必将会大大影响中国经济。所以，我们当时判断中国经济即将面临重大转型，要从创造奇迹转向常规发展。

在这个转变的过程中，我们提出可能会发生以下四个方面的变化。

第一，经济增长速度会持续下行。因为过去的低成本优势丧失了，成本变得越来越高，经济增长速度下降是不可避免的。

第二，收入分配状况会改善。一个重要原因是，过去劳动工资被压着不让上涨，未来则可能会上涨。一般来说，穷人靠工资收入，富人靠投资回报。如果工资上涨挤压了投资回报的空间，虽对经济增长有压力，但是从收入分配的角度来看是好事，会缩小贫富差距。

第三，经济结构会变得更加平衡。居民收入占国民收入的比重开始上升，消费会随之增加，经济对出口和投资的依赖会下降，经济结构得以逐步实现再平衡。

第四，产业升级换代会不断加速。以前的低成本优势很难持续，不仅仅是因为经济发展了，成本提高了，还由于过去的扭曲政策消除了，成本进一步回归正常。中国制造业的成本上升速度远远超过其他相同发展水平国家的上升速度，这意味着中国花了很长时间培养的在低成本产业有竞争力的企业一夜之间失去了竞争力。而成本在以后会变得越来越高，唯一的应对办法是提升技术、效率、品牌，使得产业不断往上走。类似情形可以在 20 世纪 80 年代的韩国、中国台湾、中国香港等国家和地区看到。20 世纪 80 年代初期，这三个经济体同时出现了劳动力短缺的现象，马上把低端产业转移到境外。那时中国刚刚进行改革开放，于是低端制造产业大量转移过来了，拉动了经济增长。现在这些经济体的产业结构各不相同：中国香港的产业基本上是服务业，没有什么制造业了；中国台湾有很多创新的产业，包括半导体产业等，以中小企业为主；韩国有很多大型公司，生产汽车、轮船、各种各样的电子产品等。每个经济体的发展道路各异，但有一个共同点：随着成本水平不断提高，都在往产业链上游走，新发展起来的产业都是高附加值的、有竞争力的。这是中国接下来面临的问题，我们现在正在经历这样的转型。

发展新经济，跨越中等收入陷阱

现在有一个很时髦的说法，叫“未来已来”，在很多场合被人使用。对于中国经济的发展，我的看法是奇迹已经过去，但是未来还没来，仍在来的路上，即中国经济尚未完全进入新常态。在这个调整过程中，一系列因素结合在一起，比如以前要素成本的扭曲逐步消除，导致经济发生了很大变化。

中国经济今天所面对的挑战和以前不一样，可以称为中等收入陷阱。近几年中国经济的增长速度不断下降，我们经常会听到学者、企业家、官员讨论，这种下行趋势到什么时候会触底回升，但这个“底”到底在哪里，无从知道。

要讨论这个问题，我觉得首先要回答的是中国经济增长速度为什么下行。北大国发院对此也有很多不同的观点，比较有代表性的是以下两种。

一种观点认为中国经济增长减速是周期性的变化。从 2008 年全球金融危机以来，不仅是中国，所有经济体的增长速度都在下行，而且有的下行幅度比中国还大。从这个角度看，中国经济的下行是世界共同因素作用的结果，是周期性的变化。

另一种观点则认为没那么简单，中国经济增长减速是趋势性的。从全世界来看，随着收入水平的提高，一个经济体的增长速度会不断下降，这是普遍规律。一般来说，一个经济体离世界经济技术前沿越远，其潜在的经济增长速度会越快。当然，不是每个经济体都可以真正实现更快的增速，还需要一些条件。比如有些非洲国家社会动荡，无法保证正常的经济秩序，经济也就很难增长。而一个经济体越接近世界经济技术前沿，增长越要靠自身的创新，其增速也就会放缓。中国从以前人均 GDP 只有几百美元提高到 2017 年的约 8600 美元，经济增速下降是趋势性的。

或许上述两种观点都有道理，但我觉得都不是很准确。中国经济下行的原因除了周期性和趋势性因素以外，还有一个更重要的因素是结构性变化，过去三四十年建立起的一大批依靠低成本竞争的产业现在都不行了。中国经济不是在等待周期性回弹，也不是在跟随趋势一直往下走，现在面临的挑战是中等收入陷阱。在经济发展的早期，成本比较低，现在成本大幅上升，逼着中国的产业必须要往上走，要实现新旧动能转换，要进行技术创新。

说起来简单，做起来难。周边的几个经济体——韩国、中国台湾和中国香港都走过来了，成功地从过去的中等收入行列迈入了高收入行列，日本和新加坡也这么走了过来。但从全世界范围来看，跨越中等收入陷阱的成功率很低。1960 年时，全世界有 101 个经济体达到了中等收入水平，过了 48 年以后到 2008 年，这 101 个经济体中只有 13 个迈入了高收入行列。所以，跨越中等收入陷阱并非易事，要看一个经济体的创新能力。

中国现在面临的问题比当年的韩国等经济体还严重，不仅仅是成本提高了，还有之前的各种扭曲政策没有取消。过去中国经济的两驾马车是出口和投资，主要是哪些产业呢？一是低端的劳动密集型制造业，基本都分布在东南沿海，生产的都是出口产品；还有就是资源型重工业，主要在东北和西北地区。过去主要是这两类产业在推动着中国经济向前发展，但现在这两类产业都不行了，失去了竞争力。所以，中国经济究竟能不能触底回升，得看新经济能不能发展起来。如果仍然用过去的办法，由政府托一把，用房地产等行业拉动一下，短期内会有效果，但这种增长不可持续。

我所说的新经济并不一定意味着最尖端的经济，可以是比较前沿的 5G 通信、无人驾驶等，也可以是新能源、新材料、人工智能等，即便在传统的产业里，也可以发展出新经济。比如家电行业是很传统的产业，但是今天中国的家电行业在国际上占有很重要的位置。20 世纪八九十年代时，中国市场上的家电品牌五花八门，但老百姓喜欢的基本上都是外国品牌。如今很多家电品类，中国的产量占全世界产量的一半以上，很多过去知名的外国品牌已经消失不见了，而中国本土的品牌都在不断地往上走。像这样的产业发展，在我看来就是新经济，关键不在于具体做什么业务，而是要不断地在产业链上往上走，不能一直停留在微笑曲线的低端。比如在大型装备制造领域，中国的企业也是很有竞争力的。甚至在农产品食品领域，只要能增加附加值，树立起品牌，同样可以是新经济。这种变化趋势是不可阻挡的。

在中国经济走向所谓新常态的过程中，经济结构开始发生变化，全世界都在关注中国经济下一步怎么走。之前，中国生产的日常消费品曾经占领了世界市场的很大份额，现在由于成本快速上升，在慢慢退出这些市场。另外，中国在大宗商品市场的影响力也很大，尤其是铁矿石。比如，经济发展一般都是有周期的，而澳大利亚在长达二三十年的时间里经济一直处于上升期，没有经历低谷，被称为超周期，其中最重要的原因是中国从澳大利亚大量进口铁矿石，支撑了其经济繁荣。

未来中国在这些方面的影响或许会慢慢减弱，但中国的新经济一样会创造世界性的故事，比如中国消费品市场的变化。中国的国内消费占 GDP 的比例已回升到 56% 左右，但仍然较低，尤其是跟美国（80%）相比。中国即使达不到美国这样高的水平，依然有很大的发展空间。所以，假设中国经济的增长速度还要下行，消费品市场的扩张仍然会对经济产生深刻影响。这对中国企业来说很重要，对全世界的企业来说也很重要。如果中国老百姓的收入再翻一番，消费者的需求会集中在家电、家具、汽车、旅行、教育、文化娱乐、养老、金融服务等领域，这些领域会有非常快的发展。

在国际市场上，来自中国群体的消费已经成为很大的故事。当然，到目前为止还停留在奢侈品市场，国外奢侈品商店门口大多是中国人在排队。对奢侈品的需求其实是有规律的，其繁荣受到两个因素的影响。第一个是礼品文化，某个国家的人如果喜欢送礼，那么对奢侈品的需求就比较高。第二个因素是收入水平。一般当某个国家的人均 GDP 在 1 万美元左右时，对奢侈品的需求是最高的。所以，中国消费者对奢侈品的需求还没有到达顶峰。

随着收入的不断增长，中国老百姓的平均消费水平会不断提高，同时对于产品质量的要求也越来越高，比如对于牛奶制品的需求就是这样。这个过程对于企业来说意味着很大的机遇。

客观地说，我对中国经济跨越中等收入陷阱、迈进高收入行列还是比较有信心的。不只是因为周边的经济体大多都成功跨越了，中国同样可以做到，更重要的因素在于当前的中国经济仍然很有活力。对中国经济的分析有两种角度，一种是微观角度，另一种是宏观角度。以前，往往是宏观角度的分析比较乐观，微观角度的分析则比较悲观。过去我在金融行业做宏观经济分析，经常跟那些微观经济分析师发生争论，我认为中国经济状况还不错，他们却觉得不行，到各地一看，发现企业问题一大堆。如今局面逆转了，很多做宏观经济分析的人对中国经济究竟能否探底存有疑问，而如果到各地去看一下具体的企业，会发现各种产品都在升级换代，不断有新的企业诞生，市场很活跃。我发现一条规律，只要市场在发挥作用，企业家行为保持活跃，整体经济往上走的问题不大。

新时代的中国急需金融创新

我认为中国跨越中等收入陷阱的可能性非常大，但现在还不能断言一定能走过去，或者明确到哪个时间点可以走过去。中国现在面临的一大问题是产业升级，其根本在于技术创新，而技术创新不是随便哪个国家、哪个企业都能做的。

有些学者说中国可以有理论创新，但做不了技术创新。我去很多地方考察，感觉企业在应用技术的创新方面还是不错的，很多企业可以直接利用现有的技术往产业链上游走。

但是，中国在新时代面临着一个重大挑战，就是金融创新问题。新技术的出现和应用往往要以金融的支持为基础。每一次工业革命的发生都是因为新技术引发了产业的变化，而每一次工业革命也都是由金融革命来支持的，包括信息产业革命、互联网的出现和普及，都是由资本市场的发展来推动的。

所谓的金融挑战，有两个方面的含义：第一，中国过去的金融运行方式是不是适合支持技术创新。第二，中国过去没有金融风险，现在金融风险变得非常大，能不能控制住。这两个问题混合在一起，就需要金融创新，既是为了支持实体经济的增长、创新，也是为了防范系统性风险。

中国的金融体系现在可以说是全世界最大的金融体系之一了，广义货币（M2）供应量已远远超过美国。现在讨论中国经济问题，很少有人再担心经济结构失衡的问题，谈论最多的是杠杆率是不是太高了。杠杆率过高肯定是有问题的，会导致金融困难。前几年有两位美国经济学家，卡门·莱因哈特（Carmen M. Reinhart）和肯尼斯·罗格夫（Kenneth S. Rogoff）写了一本书，叫《这次不一样》，就是讲杠杆率太高是要出问题的。

2008 年以后，中国的杠杆率直线上升。在这种情况下，金融风险为什么开始上升？主要原因是中国传统的金融体系由银行主导，任何金融交易最终都会体现为借贷，都反映到杠杆率上。即使到今天，中国企业的外部融资中仍有 70% 是银行贷款，剩下的 30% 来源各种各样，其中还有 15% 来自影子银行，其实也是银行的一部分。过去，中国的经济增长主要依靠沿海地区劳动密集型制造业和东北及西北地区的资源型重工业，这种情况下企业融资依靠银行没什么问题。但这种模式放在今天就有问题，现在需要对企业的创新行为提供金融支持，无法再依靠银行贷款。因为银行对于风险控制要求比较严格，而创新的风险往往是比较大的。有些银行也尝试了各种办法，比如说设立了一些科技支行，用来支持创新活动。这些尝试都很好，但是从全国范围来看解决不了大问题。

银行贷款不合适，政府就鼓励地方设立各种投资基金，这些基金对于支持技术创新发挥了很大作用。但是我认为这些基金的支持也有问题，普遍缺乏耐心，大部分投资基金的存续期不超过 7 年，资金到期是要拿回来的，还要有所回报，所以这会导致短期行为，而创新是需要很长一段时间的。目前的资本市场，包括股票市场在内都存在类似的问题，缺乏耐心，不利于长期的经济增长。

针对这种问题，政府又介入设立了很多产业引导基金，由政府出一部分资金，从市场募集一部分资金，再一起投资于本地的企业。这种引导基金可以发挥一些作用，但仍有相似的问题，比如说政府干预很多，而参与其中的投资者依然缺乏耐心。

目前中国急需的是对实实在在的技术进步、技术创新提供实实在在的金融支持。我并不是对目前各种风风火火的商业模式创新有意见，毕竟它们烧掉的是社会资本的投资。我只是从中国经济的长远发展来看，光靠餐饮外卖的创新或者共享单车的创新无法支撑整体经济的可持续增长。支撑经济长期增长的根本力量是技术进步，是产业的升级换代，在这一点上中国还需要做很多努力。

金融领域的几个挑战

在进行金融创新的同时，也要控制系统性风险。中国现在系统性风险高，我认为有多方面的原因。

第一，增长速度下来了，再加上产业要更新换代，意味着微观层面很多企业的资产负债表恶化了，所以容易出现金融风险。

第二，产业更新换代意味着相当一部分企业都要被淘汰，在这个过程中也可能引发新的金融风险，这是增长速度持续下行必然导致的结果。

过去，政府给所有的金融机构兜底，好处是短期金融稳定了，但长期来看金融变得更不稳定，现在就有越来越兜不下去的趋势。政府兜底导致的直接结果之一是道德风险，反正有人兜底，金融行业的从业者就对风险不介意，肆意扩张。现在的难题是，要释放局部的风险点，打破刚性兑付，让市场来决定，“该破产的破产，该违约的违约”，但具体从哪里着手去做，确实很难判断。在打破刚性兑付这方面，中国做得最成功的是股票市场，但在其他金融市场上，如何打破刚性兑付，之后会不会引发系统性风险，这对决策者来说是很困难的抉择。

银行业是一个很好的例子。前几年出台的存款保险制度是用来做什么的？万一某家银行出了问题，该破产就破产，该兼并就兼并，每一个储蓄账户只要不超过50万元，由存款保险制度来兜底，老百姓便不用恐慌了，政府也不用忙着去“灭火”。这是一个很好的机制，但实际上存款保险制度已经运行三年了，还没有真正处置过一个案例。是不是中国的所有银行在这三年里都运行良好，完全不需要处置风险呢？每个人心里都会有个答案。难就难在怎么处理这个问题，虽然还没发生，但有些运营不善的银行总归是要破产的，大方向不会改变。

第三，杠杆率太高，也就是市场上的钱真的太多了。在发展水平还不高的情况下，中国的广义货币供应量比美国都多，如果哪一天人均GDP达到美国的水平，中国的货币估计能把全世界买下。为什么中国要发这么多货币？主要是因为融资仍然以银行为主。中国的货币供应还有一个特殊的加速机制，源于政府的兜底行为。哪儿出了问题，政府就出面托住，政府没有资金又要去托，怎么办呢？只能请央行帮忙，货币供应量便上去了。

假如所有的资金安安心心待在银行，钱多了也不是大问题，毕竟过去很多年都是这么过来的，由银行提供资金支持经济增长。但现在资金太多了，而可投资的资产不多，中央政府就特别担心出现系统性风险。这有各种原因，其中一个原因是金融风险在不同的领域之间游走，一开始是股票市场，之后又到了债券市场，还有理财产品、互联网金融、房地产市场，包括资本外流等。这背后反映出的根本问题是，社会上有这么多资金以后，总要找到投资的出口。所以，只要资金瞄准了某个市场，无论是金融市场还是商品市场，这个市场马上就会出现泡沫，因为资金确实太多了。这是系统性的问题，需要很长时间才能解决。归根到底，宏观的问题是资金很多，而能投资的标的不多，这种风险要逐步释放和逐步缓解。

最后是金融监管体制。过去的监管体制是“一行三会”各管一摊，看上去四平八稳，各司其职，新设立的金融机构要拿牌照，只要拿牌照，它就由发牌照的机关来监管。后来发现这种监管方式出问题了，实践中交叉业务变得越来越多，由谁来监管呢？比如商业银行销售保险产品，这事由谁管？保险公司销售理财产品，又由谁来管？分业监管出现了问题。更重要的问题是现在新的金融业务出来，没人给发牌照，或者根本不想发。比如说影子银行、互联网金融，相关部门本就不想给它们发牌照。这都是分业监管的问题。对于金融领域的交叉业务、新兴业务和全能性的银行，这种运营模式变得越来越多，过去的监管方式不太有效，所以金融监管的转型变得非常重要。

总而言之，中国奇迹已经过去了，不要再想着过去 10% 以上的经济增长速度，但是中国经济在未来仍有可能发展得很好。即便经济增速降到 6% 甚至 5%，只要是高质量的增长，对中国来说也非常好。中国经济正在走向新时代，但转型能不能成功，能不能真正走到未来，还存有疑问，这其中的关键就是新旧动能转换，而新旧动能转换的核心在于政府千万不要一见经济表现疲软就忙着去托底，否则又走回了老路。我发现一个有意思的现象：新经济和旧经济经常是反向运动的。旧经济无非就是由投资拉动，比如基础设施、房地产等，政府一托，这些行业一起来，经济就平稳了，但新经济又下去了，原因应该是社会的资源就那么多，新旧经济在资源的使用上是有竞争关系的。

在新经济的培育过程中，金融创新已变得必不可少，至关重要。如果没有金融创新，首先是产业升级会遇到很大的障碍，其次是很难防范系统性金融风险。所以，下一步中国能不能成功地超越奇迹，能不能进入较低速度但更高质量、更平衡的增长阶段，金融创新至关重要。

未来的三个新挑战[①]

本篇主要讲两个问题：一是在第二个一百年，我们的经济增长方式会发生什么样的改变？二是我们的政策会有一些什么样的转变？这两个问题是相结合的。

如何理解过去的改革

过去 40 年，中国经济改革政策的构成和形态其实是一个比较复杂的过程。如果对 40 年做一个总结，确实能够看到我们一直坚定地朝着市场化的方向走，这一点毫无疑问。但是另一方面，政府这只看得见的手在很多领域依然很活跃。比如，民营企业和国有企业依

① 本文为 2020 年 8 月 13 日“朗润·格政”第 146 期暨北大博雅讲坛第 313 期在线论坛主题演讲，原标题为《中国增长模式的转型与必要的改革》，有删减。

然不算完全站在一条起跑线上竞争，政府对金融体系还有很多干预。

客观地讲，我们过去走的改革道路是双轨制改革，是两条腿走路。简单说就是一方面让国有企业继续运行，这是政治和社会稳定的要求，其实也是经济稳定的要求；另一方面，开放市场，允许包括民营企业和外资企业在内的非国有经济快速成长。这是我们过去 40 年改革的重要轨迹。实行双轨制改革主要是为了在获得市场化改革好处的同时保持相对平稳的过渡。

中国通过双轨制改革使经济走向了市场化，但这种市场化又属于“不对称的市场化改革”。“不对称”指的是产品市场基本都放开了，但政府对要素市场的干预仍然较多。对于要素市场的扭曲，金融领域表现得非常突出。我们的金融体系有两个特征：第一是体系非常完备，规模非常庞大；第二是政府在金融体系中的各种干预较多，包括对利率和资金配置、汇率水平、大型金融机构的运行，尤其是对跨境资本的流动等，政府有着各种影响和干预。

为什么要素市场会有这么多扭曲？我个人的解读是，市场扭曲其实是为了支持双轨制改革政策。双轨制是既要国企继续发展，同时也鼓励民企和外企更快地成长。然而，在过去这样一段时间，国企相对来说效率比较低，但为了经济和社会的稳定，国企需要继续运行，需要一定的特别支持。我国财政在相当长时期内没有能力来支持这样一些国企，所以政府采取的措施就是通过干预要素市场，为国有企业或者国有部门提供变相的补贴，这是支持双轨制落地的一种做法。

所以，目前的情况是，大方向是市场化改革，但在具体政策上政府干预还比较多。这是一种摸着石头过河的做法，方向没有错，但为了改革过渡比较平稳，出现了很多看上去似乎是政府干预市场运行的做法。这是我们过去几十年到现在一直存在的现象，在乐观的人看来，我们一直朝着市场的方向走，但不太乐观的人可能觉得政府对经济体系的干预太多，退出不够快，不够坚决。

未来的三个新挑战

回头看过去 40 年改革期间的经济表现，我国在这段时间的增长绩效非常突出，尤其是在前 30 年，经济增长保持年均 10% 左右的速度，这在世界上都很罕见，有人称之为“中国经济奇迹”。这说明，这套政策框架虽然有前面所述的不少问题，但实际上是很成功的。

成功背后的原因有很多。一方面，过去三四十年，政府对经济体系的干预程度在降低，也就是说市场化程度在提高，这对提高效率很有帮助；另一方面，我们做的一些研究发现，当市场经济机制还没有很完备的时候，适度的政府干预在一定程度上对于支持经济增长是有帮助的。不管是什么原因，我们把改革开放 40 年放在一起看，GDP 仍然有 9% 以上的年均增长率，这是非常了不起的。

过去十几年，中国经历过 2008—2009 年全球金融危机，2010 年经济增长进入一个小高峰，增长率达到 10% 以上，但从那之后 GDP 增速不断往下走。持续下行的增长我们都感受到了，一开始大家以为政府出台一些宏观政策就可以稳住经济增长，但现在经济增速仍然在持续往下走。2020 年因为新冠肺炎疫情的特殊影响，第一季度的 GDP 是负增长，这应该说是我们有记忆以来的第一次，经济到第二季度开始复苏。整体来看，自 2010 年起，GDP 增速已经从 10% 以上降到 2019 年的 6%，呈持续下降的趋势。经济增长减速在学界引起了很多讨论，这到底是趋势性的结果还是周期性的结果，又或者是结构性的结果？我认为这几方面的因素可能都值得我们关注。

其实更重要的是，我们现在要完成第二个百年计划，在未来 30 年能保持什么样的增长？过去 40 年我国算比较成功，未来会怎样？

在此，我集中讨论三个挑战，这三个挑战跟我们过去三四十年遇到的问题不太一样。

新挑战一：从低成本到中高成本

改革开放开始时，我国人均GDP不到200美元，在世界上属于很低的国家。那时，只要有低成本优势，能够生产产品，就有竞争力，就能在市场上卖出去。即便到2007年，全球金融危机发生的前一年，中国人均GDP为2600美元，也属于中低收入水平，仍然有一定的低成本优势。2019年，我国人均GDP已经超过1万美元，离世界银行设定的1.26万美元的高收入经济门槛已经比较接近。从中低收入水平到中高收入水平，对我们来说意味着生活水平的改善，但是对于经济发展来说，一个很重要、很突出的挑战就是低成本优势不再，过去充满竞争力的很多产业难以为继。

经济政策讨论里经常说到“中等收入陷阱”，指的是大多数国家有能力从中低收入水平发展到中等收入水平，但是很少有国家能够从中等收入水平进入中高收入水平。未来10年、15年，中国面临的一大挑战是，失去低成本优势以后还怎么发展？如何克服中等收入陷阱？这是我们过去没有，但将来要面对的第一个挑战。

新挑战二：从全球化到贸易战

1978年以来，我国的发展除了赶上人口红利，似乎还因为一个巧合：全球经济一体化的大时代，贸易和金融都越来越自由化，而恰恰那个时候我国进行改革开放。中国恰好成为全球化的主要受益者，过去这些年从外国直接投资和对外出口这两大因素当中获益非常大，这是我国长期经济增长的重要推动力量。我国的贸易开放度在全世界尤其在大国当中是非常高的。

然而，我们现在遇到了新的挑战。2017年特朗普上台以后，2018年、2019年美国的平均关税税率已基本回到二战以前的水平，也就是说，美国对外的贸易壁垒一下子回到了几十年前的水平。美国是表现最突出的，其他国家没有那么极端，但总体而言，全球化的步伐在放慢，出口的难度和投资的难度都在增加。这是我们现在遇到的问题，将来可能还会持续一段时间。

除了面对国际化政策的变化，我们还要面对国际化影响力的新挑战。我国从中低收入经济体变成今天的中高收入经济体，过去是小国经济，现在成为大国经济。从贸易角度看，大国经济的特点就是在国际市场上买什么什么就贵，卖什么什么就便宜。在这种情况下，外部经济扩张就会越来越难。因为当一个国家在国际市场上已经成为重要贡献者时，其持续扩张就会对其他国家提出结构调整的要求。从一定意义上说，现在中美的贸易矛盾这么大，也是因为我国的体量、经济总规模，以及在全球市场上的影响力不断增加。反过来看，如果今天中国经济规模还像 40 年前一样，美国是否还会对我们挑起这样一场贸易摩擦？我认为可能不会。但这并不意味着美国不会挑起贸易摩擦，而是它针对的对象可能会发生转移。二三十年前美国曾经瞄准日本，也曾经一度瞄准德国。

因此，中国现在面临的外部环境变化，有美国的因素，有全球金融危机的因素，同时也有中国自身的国际影响力不断变大的因素，中国的进一步增长会对其他国家带来结构性的挑战，引发一些调整问题。从这个意义来说，中国政府现在提出的“内循环”，我认为是很重要的。如果外部市场、外部投资对中国增长的贡献不能一直像过去那么大，我们如何继续保持增长？这是中国接下来要面对的第二个新挑战。

新挑战三：从人口红利到老龄化

过去，我国劳动人口占比不断上升，但从 2010 年开始持续下降，同时老龄人口的比重在上升，所以抚养比在不断增长。

老龄化一方面使我国劳动力供给、人口生产率开始下降，另一方面，需要供养的老龄人口不断增加，对消费、储蓄、投资、医疗和养老开支都会有很多影响。总体来说，老龄化可能使我们过去通过增加劳动力的供给来支持经济增长的方式变得越来越困难。

但凡事都有两面，老龄化也不是说一定就对经济增长不好。如果我们能充分利用老龄化带来的机会，抓住随之产生的各种新需求，那么人力资本积累也许就会更快一些。但不管老龄化带来的影响是正面的还是负面的，也不管哪一面更重要，都意味着我国的增长模式可能不得不做出调整。

增长模式调整的必要性

综上所述，展望未来 30 年，我国的增长模式可能面临的最主要挑战是什么？我认为归纳起来是相互关联的两个问题。

第一，经济环境实实在在的巨变使得经济增长模式必须不断做出调整。中国经济已经从中低收入水平发展到中高收入，接近高收入水平，从过去面对全球自由的市场转变为外部经济环境越来越困难，还面临贸易摩擦等更恶劣的政策环境，从原来的人口红利到现在慢慢转向老龄化等，这些都会对我们的经济增长模式产生很大影响。简而言之，过去支持经济发展几十年的低成本优势和要素投入的粗放型增长模式在未来不可能再持续。未来可能需要依赖的是创新驱动型的增长模式。当成本已经足够高之后，若要保持在国际市场和国内市场的竞争力，那就必须有总要素生产率的提高、经济效率的提高，这样国家的竞争力才能不断改善。

第二，双轨制改革政策遇到了瓶颈。从双轨制到不对称的市场化改革，一方面是不断地朝着市场化体制走，另一方面，政府确实维持了对经济体系的不少干预。这样的政策体系在过去没有妨碍高速增长的原因，一方面是我们确实还在进行市场化，因而效率在不断提高，另一方面是在市场机制还未完全有效的时候，一些政策对增长的限制可能不那么突出。

以金融业为例，政府过去对金融体系的干预措施对经济增长的影响在不同阶段是不一样的。早期，由于我国金融体系的市场化程度相对不太高，政府的适度干预不仅对增长没有很多负面影响，甚至还有一些正面的支持。例如，1998 年亚洲金融危机期间，我国很多银行的不良率很高，但却没有发生挤兑和银行危机，原因之一就是很多银行都是政府持有，所以存款人对于银行的信心没有下降。与此同时，金融资源配置在相当长时期内比较偏好国有企业、大型企业，这可能会造成一些效率损失，因为民营企业效率更高，发展更快。然而从资源配置的趋势看，是民营企业获得的越来越多，虽然年度之间有一些波动，但大方向没有改变。更重要的是，从总体来看，我国这套金融体系的效率可能是受到了一定影响，但是它的有效性实际是很高的。只要有了储蓄，今天的储蓄就可能转化成明天的投资，直接支持经济增长。从这个角度来说，我们过去这套体系支持增长是有效的，但是现在我们看到它的效率确实在下降。图 1–1 可以看出抑制性金融政策在 20 世纪八九十年代对经济增长有促进作用，但是进入 21 世纪以后，它对经济增长的负面影响越来越突出。

这可能是因为市场化程度提高了，所以政策对效率的影响就变得越来越大。也可能是因为现在的增长模式改变了。过去的经济是粗放式的增长，所以由国家主导的银行来配置资金所造成的问题不太大，但是现在经济变成创新驱动的增长模式，如果还沿用过去那一套有很多政府干预的金融体系，那么增长的效率和速度受到的影响就会比较明显。

做个总结，如果看过去 40 年和未来 30 年的增长，一方面增长模

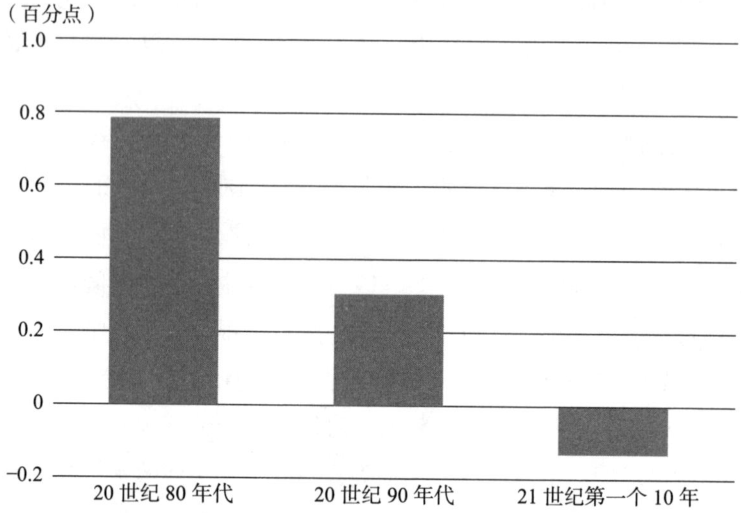

图 1–1　抑制性金融政策对经济增长的影响

式确实在发生改变，另一方面，过去一些曾经行之有效的政策现在对于增长和效率的约束越来越突出。过去 40 年经济增长成功，最简单的解读就是改革和开放，改革就是市场化改革，开放就是融入世界经济的过程。

未来的关键改革方向

我个人认为，如果要给一个简单的建议，将来还是应该继续按原有的改革方向走下去，但在具体做法上，可能需要一些改变。有四个方面的关键性改革我认为是绕不开的。

第一，在改革开始的时候，双轨制是不错的改革策略，但是到今天我们可能要考虑终结双轨制改革策略。国企、民企与外企之间相对不平等的政策环境应该取消，实现竞争中性、公平竞争。

第二，过去市场化改革存在非常突出的不对称，一方面产品市场完全放开，另一方面要素市场的扭曲很明显。这么做在以前是有理由、有逻辑的，而且效果还不错。但是这样的要素市场扭曲在今天和以后已经越来越成为制约经济增长的一个重要因素，所以中央已经提出，推进市场化改革是下一步经济改革的重要内容。这一点我非常赞同，而且有很多方面的政策可以研究，比如取消户籍制度、改革农村土地的产权安排、支持农民工城市化。其实就是把过去对要素市场的一些约束取消，让市场机制来发挥作用。现在金融领域中政府干预仍比较多，应尽量实现市场化的风险定价机制，增强竞争，支持金融创新，同时要平衡创新和稳定之间的关系。

第三，因为现在要走向创新型经济增长模式，所以如何支持创新与产业升级是一个比较大的问题。一方面要支持基础研究，另一方面要更加重视采取一些政策工具来支持创新和产业升级。

第四，坚持对外开放。今天的国际环境改变了，所以我们会更加重视国内需求对支持增长的作用，但同时一定要继续保持开放。比如，我们现在跟美国的关系比较僵，但是不是每个领域都没有合作机会了？我想并非如此。而且除了美国以外，我们还可以和很多其他国家及地区合作。过去 40 年与改革相伴的一直是坚定的、独立自主的开放，它对经济增长发挥了很积极的作用，将来还是应该继续坚持这种稳健开放的策略。

如何理解中国的金融现象[①]

中国政府为什么高度干预金融体系

中国实行改革开放已经40多年，令人困惑的是，金融体系中抑制性金融政策仍然普遍。为什么会采取这样的金融策略？我们还得从40年来中国金融改革的历程里找答案。

改革开放以1978年的十一届三中全会为起点，当然这也是金融改革的起点。当时，中国的金融体系基本只有中国人民银行一家机构，其金融资产占全国金融总资产的93%，它既是一家商业银行，也是一家中央银行。直到1984年1月1日，中国人民银行才一分为二，把商业运行和政策决策这两个功能分开，变成今天的中国工商银行和中国人民银行。

① 本文根据作者2021年1月在第352期“新浪·长安讲坛”上的演讲整理。

1978 年金融交易不多，一般的资金调配都由国家计委统一部署，社会对金融中介的需求很少，所以当时只有一家金融机构也没有问题。

当十一届三中全会决定把工作的重点从原来的阶级斗争转向经济建设，这意味着未来对金融交易、金融中介的需求将大大增加，因此我国同步开启重建、发展金融体系的历程。

如今 40 多年过去了，再看中国的金融体系，可以用三个词来归纳其特征：规模大、管制多、监管弱。

规模大，可以从机构和资产两方面来看。

从机构角度看，1978 年中国只有一家金融机构，今天金融机构的数量和种类都已经非常完备，有央行、银保监会、证监会组成的“一行两会”监管部门，有国家开发银行、中国进出口银行、中国农业发展银行组成的三大政策性银行，有工商银行、农业银行、中国银行、建设银行、交通银行、邮政储蓄银行组成的六大国有商业银行，还有 12 家股份制商业银行。如果再加上城商行、农商行和村镇银行，一共有 4000 多家银行。此外，还有保险公司、证券公司、资产管理公司等。可以说，市场经济国家拥有的金融机构我们几乎全有，而且数量非常庞大。商业银行领域的“工、农、中、建”四大国有银行在全世界排名都非常靠前。

我们的金融资产规模也相当惊人。中国的金融体系是典型的银行主导，相对而言，资本市场就不够发达。但即便是不发达的资本市场，规模也已经很大。从市值看，中国的股票和债券两个市场在全世界都能排在前三位。

衡量资产规模还可以看一个宏观指标，即广义货币供应量与 GDP 的比例。广义货币就是在银行部门和社会上流转的现金，再加上活期存款和定期存款。广义货币与 GDP 的比例可以反映银行的规模，因此也是反映相对金融资产规模的一个指标。截至 2019 年 4 月，中国广义货币与 GDP 的比例接近 210%，在全世界也可以排到第三位，排名最高的是黎巴嫩，其次是日本。

所以，中国的金融资产规模确实很大。当然，这个指标的另一面是中国的负债率或者杠杆率也很高。

管制多，意味着政府对金融体系的干预还比较普遍。

经济学有“金融抑制”这个概念，是斯坦福大学的麦金农教授提出来的。所谓的抑制性金融政策，主要是指政府对利率、汇率、资金配置、大型金融机构和跨境资本流动有各种形式的干预。基于这个定义，结合世界银行的数据，我们构建了一组金融抑制指数，在 0 到 1 之间：0 意味着完全市场化，1 意味着完全由政府控制。我们找到了 100 多个国家和地区的数据，具体测算了它们 1980—2015 年的金融抑制指数。

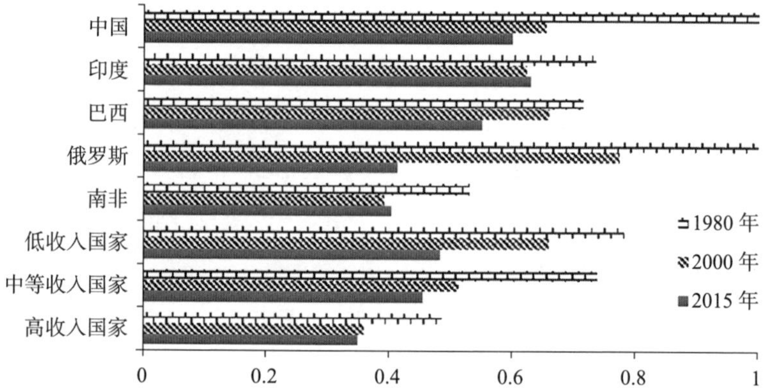

图 1–2　各国金融抑制指数比较

图 1–2 简单地呈现了我们的主要结论。中国的金融抑制指数在 1980 年为 1，那时金融改革刚刚开始，政府几乎干预金融运行的每一个方面。之后这个指数持续下降，到 2015 年为 0.6。把中国的这组数字和国际经验做比较，有三点发现。

第一，过去 40 年间，中国的市场化金融改革不断推进，金融抑制指数下降了 40%，反映市场化程度在不断提高。

第二，中国的金融抑制指数下降的速度相对较慢。这可以通过和其他转型国家比较看出来，俄罗斯的改革比中国晚起步 10 年左右，但金融抑制指数已经下降到 0.4，时间更短，下降速度更快。这也佐证了中国的金融改革确实是渐进式的。

第三，中国的金融抑制水平至今仍然很高。中国 2015 年的金融抑制指数为 0.6，在有数据的 130 个国家和地区当中，这个指数水平排在第 14 位。也就是说，中国政府干预金融体系的程度在全世界范围内仍然非常高，这也是管制多的证据之一。

再换个角度来看，中国金融体系也存在政府干预程度高这一明显特征。

如果把中国和其他国家及地区的金融体系放在一个坐标系里，那么情况如图 1–3 所示。横轴是银行资产在总金融资产当中的比重，越往右表示银行资产占比越高，纵轴是金融抑制指数，越往上表示政府干预的程度越高。

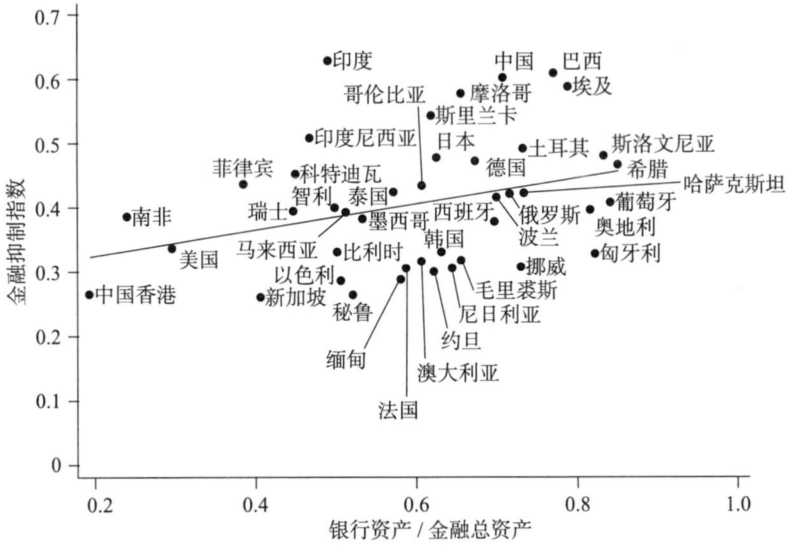

图 1–3　2015 年中国金融体系在世界坐标中的情况

图 1–3 是 2015 年的数据，可以看到，日本和德国在美国的右边，这符合“日本和德国是银行主导的金融体系，美国和英国是市场主导的金融体系”的情况。同时，中国香港和新加坡是金融抑制程度比较低的经济体，巴西和印度等新兴市场经济体的金融抑制程度则比较高。在这个坐标中，中国处在右上角的位置，这表明与其他经济体比较，中国的金融体系中不仅银行占比高，金融抑制程度也非常高。

因此我们需要回答第一个问题：既然中国走市场化改革的道路，政府为何还要这么普遍地干预金融体系，为什么金融部门没有更快地实现市场化？

一个可能合理的解释是，中国政府实施双轨制改革策略。这和苏联、东欧的做法不太一样，它们的策略是“休克疗法、一步到位”。

从理论上说，休克疗法简单高效，但在实践中有很多困难。一方面，休克疗法会不可避免地导致改革初期经济出现显著滑坡。休克疗法意味着立刻取消全部计划体制，并对所有国有企业实行私有化改造。这会导致很多工厂不再生产，同时出现很多失业人口，所以改革初期经济很容易崩盘。

另一方面，休克疗法有一个很重要的假设，即今天取消计划体制，明天市场机制就开始有效运行。但实际情况却并非如此，市场机制的培育和发展需要相当长的时间。市场经济国家相对成熟的市场机制，是经过几十年甚至几百年的发展形成的。中国市场化改革 40 年，至今还经常有某些地方的工厂或者农民生产的东西卖不出去的情况出现，这实际就是信息不对称导致的问题，而解决信息不对称问题、动态匹配供求双方的机制，需要逐步发展，无法一蹴而就。

中国采取“渐进式改革”，其中一个重要策略就是双轨制改革策略，计划与市场、国企和民企两轨并存。

在改革开放初期，国企在经济中占主导地位，改革期间政府继续支持国企发展，同时努力为民企发展提供更好的政策与市场空间。有的学者将其称为增量改革，也就是说，存量先不动，让增量快速扩张，一段时间之后，非计划或非国有经济就会替代计划或国有经济成为主导力量，中国经济也就成功地从计划经济过渡到市场经济。

中国的改革策略比较成功：一是在改革初期没有出现全面性崩盘；二是整个改革期间经济持续高速增长，有的学者甚至将其称为“经济奇迹”。在这个“奇迹”背后，有一个很重要的贡献力量就是国有企业。国有企业看上去效率比较低，但持续增长，没有造成很多失业，对保持社会稳定、政治稳定和经济稳定发挥了很大的作用。这样就保证了改革初期能够实现帕累托改进。

问题是，国有企业既然效率相对比较低，又怎样持续运行呢？

答案是需要外部支持。最简单的外部支持当然是财政补贴。但是，改革开始后政府的财政能力一直在减弱，财政收入占 GDP 的比重，从 1978 年的 36% 下降到 1996 年的 11%，很多地方政府连维持基本运转的“吃饭财政”都保不住，根本没有多余的钱去补贴国有企业。

财政没有钱，但又需要支持国有企业，怎么办？最后找到的办法是对要素市场尤其对金融部门实施各种干预，包括干预汇率、利率、银行和资本市场的资金配置、大型金融机构经营和跨境资本流动。

这里重点讨论两种干预：一是通过政策干预降低资金成本，正规金融部门把利率压得非常低；二是配置资金时明显地偏向国有企业。

换句话说，政府虽然没有足够的财政资源来支持国有企业，但通过金融政策让金融机构将大量廉价的资金配置给国有企业，国有企业由于不按市场价格支付资金成本，相当于获得了变相的补贴。所以，政府在改革期间对金融体系保留大量干预，目的之一就是支持双轨制改革策略，对国有企业提供变相补贴。

因此，从宏观层面看，改革的目的是要推动中国经济从中央计划体系走向自由市场经济，但在转型过程中出现了“不对称的市场化”：一方面，产品市场几乎全部放开，几乎所有的农产品、制造品和服务品交易，都通过市场机制完成，价格也完全由供求决定；另一方面，资金、土地和能源等要素市场，依然存在严重的政策扭曲。“不对称的市场化”，目的也是保证双轨制改革政策顺利推进，抑制性金融政策同样是“不对称的市场化”的重要组成部分。

中国金融市场监管弱的问题，主要是指当前监管体系防范与处置金融风险的能力不强。后文讨论系统性金融风险时再对此展开。

政府干预金融体系是好还是坏

既然金融抑制这么严重，又如何解释改革期间所创造的“经济奇迹”？这涉及如何评价改革期间抑制性金融政策的作用：金融抑制究竟是促进了经济成功，还是仅仅没有妨碍经济成功？

这个问题很重要，因为它不仅关乎如何理解过去，更涉及如何应对未来。就像评价双轨制改革一样，有人说中国经济成功是因为市场化——放得好，也有人说是因为保留了计划色彩——管得好。对金融改革的实证分析表明，其政策机制更为复杂，并非简单的“放得好”或者“管得好”。

我的分析结论是：改革过程中，抑制性金融政策对经济增长与金融稳定的影响在不断变化，改革开放前期，金融抑制对经济增长的影响是正面的，但进入 21 世纪以后，这个影响变成了负面的。

我根据省级面板数据[①]估算了金融抑制指数对经济增长的影响，然后再利用估算结果做一个简单的反事实测算：假定金融抑制指数被降到 0，即彻底消除抑制性金融政策、实现完全的金融市场化，中国的经济增速会怎样变化？

---

① 面板数据又称“平行数据”，例如 2010—2019 年这 10 年来中国全部直辖市的 GDP 数据，就是一组面板数据。

结果显示：20世纪80年代中国经济增速会下降0.8个百分点，20世纪90年代经济增速会下降0.3个百分点，但在21世纪头10年，经济增速反而会提高0.1个百分点。这说明，早期的抑制性金融政策能促进经济增长，但后来这种促进作用转变成遏制作用。

所以，现在如果把抑制性金融政策全部取消，中国的经济增长会更快一些。

如何理解抑制性金融政策对经济增长的动态影响？我认为金融抑制对经济增长和金融稳定存在双重影响。一种称为“麦金农效应”，即金融抑制会降低金融资源配置效率，遏制金融发展，所以对经济增长与金融稳定不利。另一种称为“斯蒂格利茨效应”，即如果一个经济体还没有形成完善的市场机制和监管框架，完全市场化可能对经济发展和金融稳定不利，政府适度干预反而更加有益。

上述两个效应可能在任何经济体中都同时存在，只不过在不同的经济体或同一经济体的不同时期，不同效应占主导：如果市场机制相对健全、监管框架相对成熟，大幅降低金融抑制的程度有利于经济增长与金融稳定；如果金融市场机制、监管框架尚不成熟，完全放开不仅不能带来好处，反而有可能造成灾难性后果。

市场化改革的目的是改善效率，但伴随市场开放而来的是市场波动和风险增加。举个例子，很多国家都在开放资本项目，但这经常会带来汇率大起大落和资本大进大出。有的国家有能力承受这样的变化，比如澳大利亚和加拿大，资本大进大出并没有影响金融稳定；而有的新兴市场国家和发展中国家则在资本项目放开以后，很快就发生了严重的金融危机。所以，同样的政策带来的结果不一样，抑制性金融政策的作用机制也是如此。

金融抑制听起来是一个负面的政策安排，但在改革前期却对中国经济增长和金融稳定发挥了正面影响，这可以从两个方面来看。

第一，大多数银行都由国家控制，资金配置和定价也受到政府多方面的干预，这些都会造成效率损失。但是这样的金融体系在把储蓄转化成投资的过程中非常高效，只要有储蓄存到银行，很快就能转化成投资，直接支持经济增长。

第二，政府干预金融体系，对金融稳定有支持作用。最好的例子是在1997年亚洲金融危机期间，中国银行业的平均不良资产率超过30%，但没有人去挤兑银行，原因就在于存款人相信只要政府还在，放在银行的钱就有保障。中国改革开放40年期间，系统性的金融危机一次也没有发生过，这并不是说没有出现过金融风险，而是政府用国家信用背书，为金融风险兜底。反过来设想一下，如果中国在1978年就完全放开了金融体系，走向市场化与国际化，几乎可以肯定，中国一定已经发生过好几次金融危机了。

上述关于金融抑制的分析其实是有一般性意义的，即任何政策层面的决策都必须考虑客观经济环境，而评估任何政策也必须同时考虑成本和效益两个方面。任何看上去不怎么合理的政策，其实都是有原因的，即便要改变，也首先需要充分理解设置这些政策的最初动机。

中国实施抑制性金融政策的初衷，是为了支持双轨制改革策略。与此同时，几乎所有政策都同时存在正反两个方面的效应，经济决策往往不是在黑白之间做选择，而是在成本、效益之间做权衡。在相当长的时期内，金融抑制对中国的经济增长与金融稳定发挥了正面影响，所以不应简单地加以否定。但现在已经产生了负面的影响，所以应该尽快考虑改变这种抑制性的政策。

为什么对金融服务的抱怨越来越多

为什么近年围绕“金融不支持实体经济”和“小微企业融资难、融资贵”等的抱怨越来越多？要回答这个问题，就要回答为什么抑制性金融政策的影响从正面转向了负面。

改革前期，中国的经济增长与金融稳定表现都非常好，近几年却发生了不少变化，社会对金融体系的抱怨也越来越多。这些抱怨刚好和前述实证分析结论是一致的，抑制性金融政策确实已经成为拖累经济增长和金融稳定的重要因素。

图 1-4 反映了经济增长速度和边际资本产出率（ICOR）的关系。边际资本产出率反映的是每生产一个新的单位 GDP，需要多少个新的单位资本投入，数值越大，金融效率越低。自 2008 年全球金融危机爆发以来，中国的经济增速一直在下降，从 10% 以上跌到了目前的 7% 以下。与此同时，边际资本产出率从 2007 年的 3.5 上升到 2017 年的 6.3。这表明金融支持实体经济的力度确实在不断减弱。

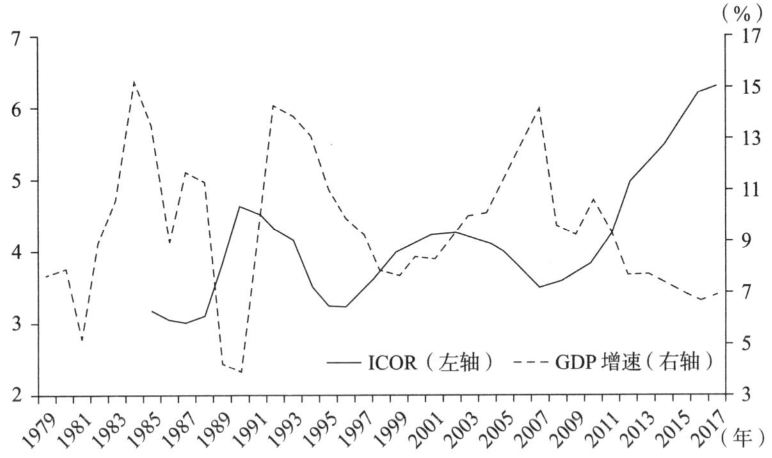

图 1-4　GDP 增速与边际资本产出率（1979—2017 年）

导致这个变化的原因可能很多，其中一个重要因素是中国经济增长模式的改变，从依靠投入型增长模式变为依靠创新驱动的增长模式。这也是我们今天面临的一个重大挑战，关键就在于能否通过创新支持产业升级换代，保证可持续的经济增长。

说到经济创新，人们容易产生一种误解，以为创新就是指最前沿的技术开发，其实在现代经济生活中，创新几乎无处不在，不分制造业和服务业，甚至农业，而且既有商业模式的创新，也有生产技术的创新，既包括无人机、新能源、人工智能等新兴技术和产业，也包括汽车、家电、机械装备等传统产业的更新换代。

近年金融支持实体经济的力度减弱，简单说就是因为经济增长模式要转变，金融模式却没有跟上。过去这套银行主导、管制普遍的金融体系支持要素投入型增长，问题不太大，因为无论技术、产品，还是管理、市场，不确定性都比较小。但现在经济转向创新驱动型增长，过去这一套做法就有点力不从心了。

举个例子，谁是创新的主力？有数据显示，在企业层面，民营企业贡献了 70% 的知识产权，国有企业贡献了 5%，外资企业贡献了剩下的 25%。这组数据多少有点令人意外，在很多人的印象里，国企虽然效率差一些，但技术力量要比民企强很多。事实证明，技术力量并不等于创新能力。这就表明，创新驱动型的增长模式能否顺利运作，在一定程度上取决于民营企业或中小企业能否健康发展。

中国目前的金融体系在服务民营企业和中小企业方面，存在一些先天的短板。

以银行为主、受政府干预的金融体系，比较擅长于服务大企业、制造业和粗放式的经济发展。银行做风控，一般是看三个方面：一看历史数据，主要是三张表，即资产负债表、利润损益表和现金流表；二看资产抵押情况，有抵押，银行的信贷风险就比较容易控制；三看软信息，比较有代表性的是所谓的“关系型贷款”，即信贷员全方位地了解企业与企业家，替代财务数据和抵押资产，做信贷决策。

正因如此，大企业比较容易获得融资支持，因为大企业往往历史长，数据完整、规范。制造业大多有固定资产，银行做风控也比较容易。另外，粗放式扩张意味着不确定性相对低一些，比如原来已经有一家服装厂，再开一家服装厂，还是使用原来的技术甚至营销渠道。

在双轨制改革策略框架下，金融政策偏好国有企业的另一面，是这些政策对民营企业和中小企业存在一些先天的“歧视”。当然，当前的金融体系很难有效地服务民营企业或者中小企业，除了因为潜在的“产权歧视”，还因为它们缺乏历史数据，没有抵押资产，中小企业本身的不稳定性又比较高，中国民营企业的平均寿命不到 5 年，创新型中小企业的风险更高，为它们提供金融服务难上加难。

当然，这些年银行也在不断市场化，说银行在配置金融资源的时候歧视民营企业、偏好国有企业，很多银行的业务人员会觉得这个指责不符合实际。毕竟，银行考虑的并非产权本身，而是风险与回报，从银行的角度看，国企拿到很多贷款，主要还是因为它们回报稳定、风险较低。最近一个实证研究就发现，如果以所有制来解释银行的信贷配置，确实可以看到代表国有企业的变量显著为正，如果再加上企业规模这个变量，加分作用更加显著，甚至所有制变量都变得不再显著。因此，银行将更多贷款配置给国有企业，主要还是因为它们比较稳健。

金融抑制政策的另一个作用同样突出，就是利率双轨制。政府为了支持国有企业，人为地压低了正规市场的利率。2019 年 4 月，银行一年期贷款基准利率约为 4.35%，这个利率水平与 G20（二十国集团）发达经济体的平均贷款利率基本相当，但远远低于 G20 发展中经济体的平均贷款利率。这样偏低的银行贷款利率，加剧了小微企业获得银行贷款的难度，同时提高了它们在非正规市场融资的成本。

假如在同一个经济体中存在两个金融市场，一个正规市场，比如银行，一个非正规市场，比如民间借贷、影子银行和数字金融，两个市场上的利率水平即资金的价格都由资金的供求决定。如果忽略不同借贷者风险水平的差异，同时不考虑监管政策的管制后果，正规市场与非正规市场的均衡利率应该相等，不然就会出现套利。

但现在政府在正规市场实施利率管制政策，将利率下压，正规市场就出现了供给不足。也就是说，虽然正规部门降低了融资成本，但它能服务的客户数量也减少，会有相当一部分企业的融资需求无法得到满足。可以猜测，不再能获得融资的大部分是民营企业、小微企业。这部分企业只好去非正规市场融资，相当于把非正规市场的需求曲线往外推，进而提高非正规市场的利率或者融资成本。

这个简单的分析说明一个朴素的道理：强制降低正规部门的利率，既会加剧小微企业融资难的问题，也会进一步恶化小微企业融资贵的困境，实际上是好心办坏事。小微企业融资难与融资贵是两个问题，最好不要混在一起解决，对于绝大部分小微企业来说，最大的困难是“难”而不是“贵”。

这其中有多方面的原因，一个是银行不知道怎么给小微企业做信用贷款，另一个原因更重要，就是利率管制问题。

货币银行学的一个基本原则，是成本一定要覆盖风险。对金融机构来说，客户的风险高低不同，服务方法不同。很多创投基金的投资回报很高，风险往往也很高，它们面对的大部分是初创企业。服务这样的企业要想赚钱，甚至赚大钱，一是要有专业能力的人综合运用金融、技术、市场、管理等知识从大量项目中做筛选，二是成本高但回报也高，创投基金给 10 个企业投资，很可能其中 3～5 个都不能获得投资回报，但只要剩下的企业能提供高回报就行，这其实就是市场化定价。

简单总结为什么现在对金融部门的抱怨越来越多：抑制性金融政策之前没有妨碍经济增长与金融稳定，但现在成了一个负担，最直观的体现就是边际资本产出率降低，同样的资本投入所产生的回报越来越少。确实有很多金融服务的需求没有得到满足，两个非常具体的问题包括“中小微企业融资难”和“普通老百姓投资难”。中小微企业在支持创新、支持经济增长中的作用越来越大，但金融部门并不能很好地为它们提供融资服务。对家户来说也是一样，过去家户有钱就存到银行，但现在把钱放在银行每年只有 2% 的回报率，所以家户也都在想办法投资。尤其是随着人口老龄化加剧，人们对资产收入的需求会越来越大。一方面，可投资的资金很多，但另一方面，能购买的资产却很少（见图 1–5）。

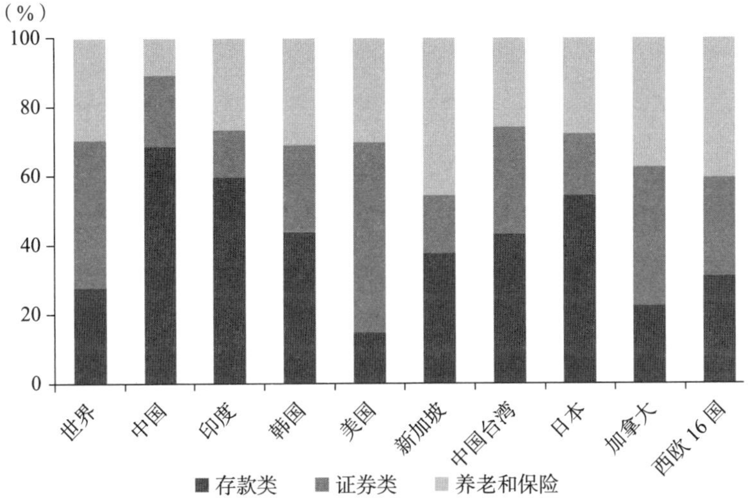

图 1–5 2016 年各国家和地区家庭金融资产配置比较

曾经有专家设想，让老百姓把一部分钱从银行拿出来，投资到股票市场和债券市场，这样既可以帮助家户提高投资回报，又可以帮助国家发展资本市场，提高金融交易中直接融资的比重，是一件一举两得的事情。结果却出人意料：一部分钱从银行出来之后并没有去资本市场，而是去了影子银行和数字金融市场。

这背后的原因很多，但根本原因还是中国资本市场没有形成足够的吸引力。一个金融部门，既不能有效地满足企业的融资需求，又不能很好地满足居民的投资需求，显然有问题。

中国的数字金融是怎样发展起来的

为什么数字金融在中国能成势，原因当然有很多，上面的分析其实已经引出了回答的逻辑：因为正规金融部门没有提供令人满意的金融服务。虽然金融体系的规模已经非常大，但金融服务不平衡、不充分的矛盾依然非常突出。数字金融也好，影子银行也好，甚至民间借贷也好，其实都是在填补正规金融市场的空白。

这里所说的数字金融，包括利用数字技术提供支付、贷款、保险、投资等方面的金融工具与金融模式，还包括一些金融基础设施，提供服务的主体既可以是新型互联网公司，也可以是传统金融机构。

数字金融诞生之初就展示出非常强的普惠金融特性。北京大学数字金融研究中心用数字普惠金融指数对 2011 年和 2018 年的全国地级市数字普惠金融发展水平的高低进行了评估，结果揭示了两个基本事实：一是发展水平高的地区基本集中在中国东南沿海，中国的数字金融发展也一直由该地区引领，2011 年如此，2018 年仍然如此；二是与 2011 年相比，2018 年地区之间的差异明显缩小，这表明 8 年间内陆地区的增长速度超过了沿海地区，这也是普惠特征的最好体现。

数字金融的普惠性既有历史意义，又具世界价值，更是一个重要的“中国故事”。2005 年联合国提出“小额信贷年”，号召各国大力发展普惠金融，为小微企业和低收入人群提供可持续的金融服务。但这是一件十分艰难的工作，中国政府也响应联合国的号召，采取了许多政策措施，包括建立大量的小额信贷公司，至今还有 8000 多家，但总体看来发展普惠金融的进展不大。

为什么发展普惠金融这么难？如果做一个简单的概括，主要有两大制约因素。

一是获客难和风控难。所谓获客难，是指即使银行很愿意给小微企业提供服务，但找到这些客户难度很大，成本很高，因为这类客户往往数量庞大、分布分散；所谓风控难，是指这些客户缺乏历史数据和抵押资产，银行不知道怎么做信用风险评估，当然也就很难提供融资服务。

二是利率管制，银行贷款利率压得很低。按理说，既然央行已经不再限制银行的存贷款利率，利率市场化理论上已经完成，但实际并非如此，央行很快重申利率市场化尚未完成，主要因为还存在两个方面的不足：一是金融机构的风险定价能力还有待提高，二是货币政策传导还不够顺畅。所以到目前为止，监管部门还在影响商业银行的存贷款利率，银行不能完全自主决定贷款利率，也就弱化了为小微企业提供金融服务的意愿与能力。最近几年，监管部门连年要求银行降低对中小企业的贷款利率，实际上进一步增加了银行服务中小企业的难度。

这也有助于理解为什么过去几年中国的影子银行发展得如此迅速。

中外影子银行存在不少差异，国外发达经济体的影子银行大多是非银行金融机构，中国的影子银行更多是银行自身的产物，因此有人将其称为银行的影子。截至 2018 年底，对于中国影子银行资金总规模的一个估计是超过了 50 万亿元，相当于银行贷款余额的 1/3。

一般认为，影子银行的动机是规避监管。比如银行的贷款业务要满足资本充足率和存款准备金率的监管要求，以降低金融风险，但同时这又会增加银行的经营成本，尤其是很多银行缺乏有效渠道补充资本金，资本金不能提高，业务就无法扩张。如果将金融交易从表内移到表外，虽然仍然是银行业务，诸如委托贷款、理财产品，却规避了监管要求，也降低了经营成本。当然，规避监管也一定会增加潜在的金融风险。

中国的影子银行还有一个特殊动机，就是规避管制，比如利率管制。业务挪到表外之后，变相地实现了利率市场化。从这一点看，影子银行的积极意义很突出。今天的中国金融体系中，利率市场化的重要性如何强调都不为过，如果利率不按照市场化做风险定价，一方面会影响资金的配置效率，甚至会造成很多金融风险，另一方面金融机构也很难对小微企业和民营企业提供金融服务。

“实质性的利率市场化”对于正确理解影子银行以及数字金融的贡献十分重要。影子银行确实带来新的风险，但与此同时，它也为实体经济提供了实实在在的金融服务，弥补了正规金融部门服务不足的问题。为了防范风险，将影子银行业务纳入监管框架完全有必要，但调整过程中也要充分考虑到对实体经济的影响。2018 年上半年监管政策收紧，影子银行交易减少 2 万亿元，明显加剧了民营企业的融资难问题，甚至严重冲击了宏观经济。

数字金融对发展普惠金融还有一个革命性贡献，就是为解决获客难和风控难问题提供了一些可能的方案。几家做得比较好的大科技公司，每个平台上都有好几亿客户，它们首先利用数字技术解决了获客难问题。

过去我们一直将工商银行看作“宇宙行”，因为它在全国有很多网点和无数员工，获客和风控能力比较强。即便如此，它仍然很难触及小微企业和低收入人群。更关键的是，工商银行这些大银行的优势就是为大企业服务，单笔贷款就达 5 亿元、10 亿元，其信贷员去做单笔 5000 元或 5 万元的业务，既非其所长，成本也高。

大科技平台就不一样，它们通过移动终端、大数据分析和云计算，将数亿客户黏着在平台上，一旦平台建立，这些平台的长尾效应就意味着它们可以服务无数客户，边际成本几乎为零。而且，平台可以根据潜在客户的“数据足迹”来分析其信用条件，然后发放贷款。

孟加拉国有个小额信贷做得非常好的格莱珉银行，也称穷人银行，由诺贝尔和平奖获得者穆罕默德·尤努斯教授创办，其宗旨是帮助农村贫困居民发展生产、改善生活。他们在云南大理州做了一个试点。负责人从孟加拉国过来，带领 12 个中国年轻人一起工作，每周都去村里召集需要贷款的村民开组会。当地的生活、工作条件很艰苦，也没有专门的交通工具，他们每次去村里要么坐公交，要么搭便车，没有车就只能步行，有时候不带干粮还找不到地方吃饭。这些人真心实意地帮助农民改善生产生活，遗憾的是，这样一个 13 人团体，一年只能服务 130 家贫困农户，而且不能自负盈亏，靠当地的富滇银行每年提供一笔经费支持运行。所以，格莱珉银行做得很好，但普惠金融服务规模很难扩大。相比之下，大科技平台就基本克服了规模瓶颈。

中国自 2005 年以来一直通过创办小额信贷公司支持普惠金融服务，目前 8000 多家小额信贷公司每年所服务的小微企业数量不超过 100 万家，仍不及大科技平台。

所以，影子银行、数字金融快速发展的一个重要原因，就是正规金融部门或者传统金融机构的金融服务供给不足，它们主要做两件事，一是变相地将利率市场化，二是通过技术创新改善风控。

这个创新带来了许多革命性变化。经济地理学家胡焕庸在 20 世纪 30 年代发现，如果在黑龙江的黑河到云南的腾冲之间画一条线，即"胡焕庸线"，将中国分为两半，95% 的经济活动都集中在线的东边，线的西边荒凉无比。如今，北京大学数字普惠金融指数表明，移动支付已经开始突破"胡焕庸线"，2011—2018 年，东西部移动支付覆盖度指数的差异缩小了 15%，这在近代史无前例。

现在全世界都在关注中国的数字金融。受 IMF 总裁拉加德之邀，北京大学数字金融研究中心和上海新金融研究院，每年都会组织一批中国数字金融公司的高管和央行、银保监会等监管部门的官员到华盛顿，与 IMF 联合举办关于中国数字金融的闭门研讨会。这个会议已经连续举办了两年，分别是在 2018 年 6 月 12 日和 2019 年 6 月 18 日。IMF 邀请中国的金融公司高管和官员一起进行专题研讨，也说明国际组织认为中国的数字金融做得好。

中国的系统性金融风险问题

影子银行与数字金融快速发展，第五个问题也随之而来：为什么这几年系统性金融风险变成了一个大问题，是怎么积累起来的？

2018 年，政府集中力量打三大攻坚战，一是消灭贫困，二是清理环境污染，三是防范系统性金融风险。

图 1-6 是我测算的系统性金融风险指数，可见其自 2008 年以来在不断上升。系统性金融风险上升表现在很多方面，最重要的表现是杠杆率上升。杠杆率问题大概也是近年来国际人士最关注的一个中国经济的风险问题。

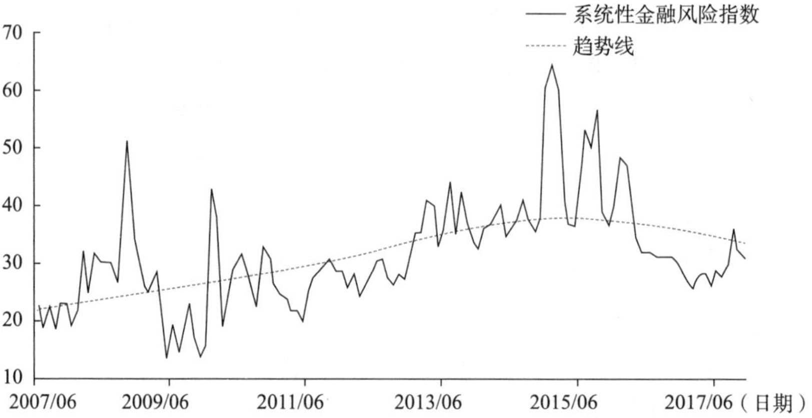

图 1-6 中国系统性金融风险指数（2007—2017 年）

在全球金融危机以前，中国的杠杆率只是比新兴市场国家稍微高一些，但是后来上升幅度非常快。前面提过，美国的经济学家莱因哈特和罗格夫 2009 年写的《这次不一样》总结了过去 800 年的金融危机历史，试图找出一个规律性机制，最经典的总结是：钱借多了，就会出问题。换句话说，杠杆率太高，风险就大。

从理论上说，杠杆率是一个中性概念。债务本来就是一个重要的金融现象，它可以帮助提高效率，支持劳动分工，推动经济发展，应该说是一件好事情。但如果家户、企业和政府借的钱太多就容易出问题，现金流一旦断裂，容易造成恐慌，甚至造成系统性后果。所以高杠杆率值得关注，杠杆率快速上升更需要高度关注。

中国的杠杆率现在为什么这么高？

首先，中国的金融体系是典型的银行主导，这意味着每一笔金融交易都以存贷款的形式实现，贷款就意味着杠杆。反过来，如果金融体系是市场主导，特别是股票市场主导，股权融资就不会增加杠杆。所以，银行主导的金融体系是导致中国杠杆率高的主要原因。

其次，改革期间，企业出生容易死亡难，积累了大批质量差的企业，甚至资不抵债的僵尸企业。僵尸企业持续运营，说明整个社会还在直接或间接地对其补贴，但这些补贴不是财政补贴，更多依靠金融市场提供廉价资金。以国家统计局统计的规模以上制造业企业为例，其中正常企业的资产负债率平均为51%，僵尸企业的资产负债率平均为72%，这说明本来应该淘汰的企业没有被淘汰，大大降低了金融资源的利用效率。本质上这是缺乏市场纪律的表现。而为了保持一定的经济增长速度，货币政策只好进一步扩张，以提供更多的流动性，结果进一步抬升企业综合杠杆率。改革期间的货币政策总体上宽松容易、紧缩困难，现在依然如此。

高杠杆率本身是问题，杠杆率快速上升是更加危险的事情，因为它往往伴随着资金低效配置、资产泡沫形成等问题。

从图1-7可以看出，2009年以后，中国非金融部门的杠杆率大概增加了100个百分点，这引起了国际投资者的高度关注与普遍担心。这段时间杠杆率上升的一个重要推动力量，是政府在2008年底宣布实施的经济刺激政策"一揽子计划"。

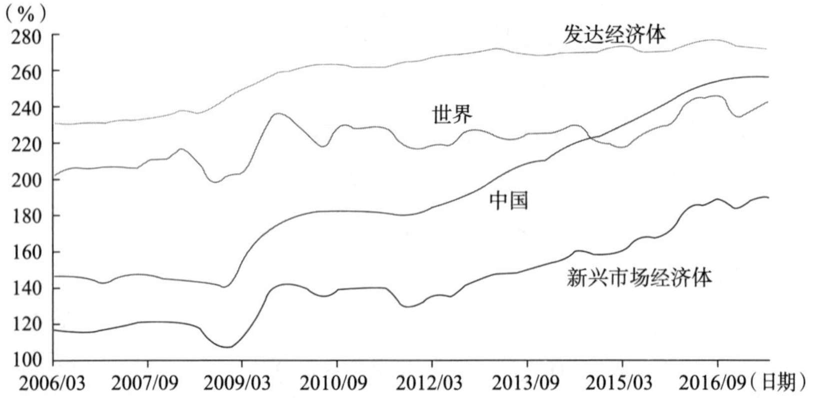

图 1-7 非金融部门杠杆率

高杠杆率究竟会带来什么后果?

一些官员和学者担心中国会发生“明斯基时刻”，就是在杠杆率稳定上升一段时间之后，投资者信心忽然丧失，导致市场崩盘，由此引发金融危机。中国发生这样情形的可能性不太大，原因是虽然总的杠杆率上升很快，水平也很高，但是分部门看，中央政府的杠杆率并不是特别高。国际货币基金组织评估中国政府的综合杠杆率是略高于50%，国际上一般以 60% 为警戒线。

居民的杠杆率最近几年同样有所上升，但也不是特别高。居民借款有很多投入房地产市场，如果房地产市场发生波动，对金融体系会造成压力。但中国的房地产市场有个特殊因素，就是首付率比较高，买第一套房要首付 30%～40%，买多套房的首付高达 70%～80%。高首付率的好处在于，对抗市场波动的能力比较强。如果首付少，一旦市场波动，容易出现负资产，就是欠银行的钱超过房子的价值，这时借款人违约的概率就很高。首付率比较高，即便房地产价格有一定的波动，也不太会引起激烈震荡，短期风险比较可控。

非金融企业的杠杆率问题最大，2018 年已经到了 160% 左右，这在全世界范围内来看都是很高的。非金融企业还可以分为国企和民企两个部门。2008 年全球金融危机以后，民企去杠杆非常明显：金融危机爆发，全球经济进入衰退，一个理性的企业家要做的事情，就是暂时不要再投资、扩张，如果有钱，先把欠款还掉，以“现金为王”。问题是国企的杠杆率相对稳健，一开始上升，后来略微下降。所以总体看来，民企和国企的杠杆率出现了分化，国企杠杆率相对较高，民企杠杆率已经下降了很多。这样的杠杆率分化可能是不幸的，因为无论是从利润率指标来看，还是从生产率指标以及资金回报指标来看，民企的表现都比国企好，这个分化意味着好杠杆在下降，坏杠杆在上升。这个分化也有好处，就是不太可能因为投资者信心崩溃而导致金融危机，因为国有企业还有政府信用支持。

这并不是说高杠杆率不会有不良后果，不良后果就是金融资源的利用效率不断下降，前面提及的边际资本产出率下降就是一个证据。如果趋势不转变，最后很可能上演日本那样失去的 10 年或者 20 年，即很多资本投入，产出端却毫无反应。当然，谁也不敢因此否定发生金融危机的可能性。经验表明，金融危机总是在最意想不到的时候以最意想不到的方式发生，所以对金融危机一定要严加防范。

近几年系统性金融风险明显上升，还有一个重要因素，就是金融创新频频，但监管跟不上。图 1–8 展示的是中国金融监管有效性指数，可见自 2013 年以来，监管有效性在不断下降。

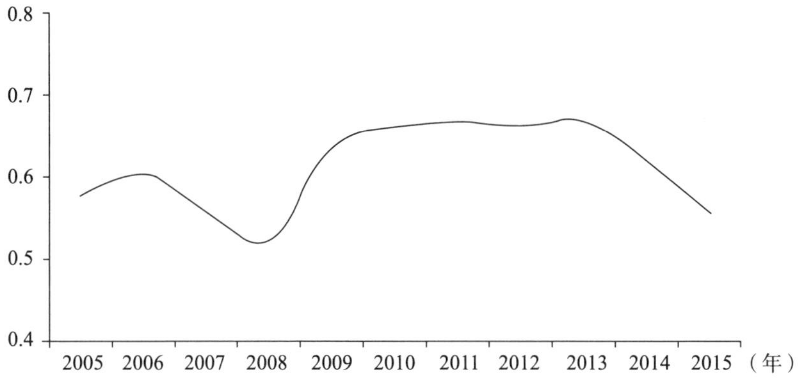

图 1–8　中国金融监管有效性指数（2005—2015 年）

可以说，金融风险的根源就是监管出了问题，具体反映在三个方面。

第一，过去的监管框架对审慎监管不够重视。中国改革 40 年，没有发生过系统性金融危机，主要是两个因素的贡献：其一是经济持续高增长，这样就可以在发展中解决问题；其二是政府兜底，一旦出现问题，由政府买单，投资者信心不会动摇，政府可以腾出手来处置金融风险，同时努力改变造成问题的因素。

但这样的做法也有问题：正是由于政府兜底，降低了监管机构努力工作的动力与压力，也造成道德风险问题，很多风险因素可能会重演甚至放大。2019 年爆发的某些中小银行的风险问题，就是“银行乱来 + 监管缺位”的一个例子。这样的现象持续下去，总有政府兜不住的一天。

第二，中国的监管框架还有一个内在矛盾，就是监管部门负有双重责任，既承担对行业的监管责任，也承担行业的发展责任，这两个责任之间有时候会有矛盾。如果一个监管机构的目标是把本行业做大，会在一定程度上淡化风险因素。而且，做大本行业如果涉及监管部门的政治利益，在两大责任之间，监管部门也很容易出现重发展、轻监管的倾向。这个问题前几年在保险行业就曾经出现过。

第三，分业监管的政策框架已经不太适应金融创新的现实。分业监管就是谁发牌照谁监管，其核心是机构监管。这套做法过去行之有效，银监会、证监会、保监会三大监管部门加上央行，各管一摊。理论上，把所有持牌机构管住了，金融业也就被管住了，但问题是这几年交叉业务和新兴金融业务十分活跃，比如银行借用资管企业的通道做投资，当业务超越了传统分业监管的范畴，应该由银监会管还是证监会管？还有更多的新兴业务，完全不知道应该如何归类，特别是一部分提供金融服务的机构根本没有申请牌照。

以个体网络贷款（peer to peer lending，简称 P2P）为例，第一家

P2P 平台上线是在 2007 年，到 2016 年第一份相关法规《网络借贷信息中介机构业务活动管理暂行办法》出台，其间 9 年基本是监管空白，各种平台野蛮生长，平台总数累计近 6000 家，同时酿成了很大风险，问题平台的比例非常高。其原因就在于缺乏资质审查，整个行业鱼龙混杂。好在虽然平台个数多，参与的投资者众，但涉及的资金数量尚不构成系统性金融风险，最多的时候有 2 万多亿元。

金融交易受监管应该全覆盖，事实上并没有。所以，监管要从过去的机构监管转向功能监管，只要做交易就必须得到监管，按照业务类型来分工。监管改革的第一条就是要监管全覆盖，影子银行、数字金融都必须在监管框架内开展业务。

过去这几年，政府一直在努力做这件事，不过加强监管的同时要尽量稳妥。加强监管的目的本来是防范风险，但同时也会使实体经济受到冲击，比如 2018 年对影子银行加强监管，小微企业就开始感到煎熬，原因就在于大多数影子银行业务有实体经济需求。

对影子银行进行一定的整治是对的，但应该尽量让调整过程变得平稳一些。比如让影子银行的资金回到银行的资产负债表内，这个思路是对的，但怎么回，要有讲究。一方面，回表就意味着原来表内的监管要求重新有效，银行比较典型的两大监管要求，一个是流动性，另一个是存款准备金。如果把 100 万元贷款从表外拿到表内，按照 10% 的存款准备金率要求计算，必须有 10 万元存在央行不动，再在自己的业务库存 10 万元，这样一来，100 万元的贷款业务需要 20 万元资金做支撑，成本是增加的。更重要的是，现在很多银行缺乏有效的手段补充资本金，资本金不增加，表外业务就无法回到表内。2019 年初，央行允许一些商业银行发永续债，目的就是通过发永续债来补充资金本，让一部分影子银行的交易回到表内。

另一方面，影子银行有规避正规金融部门利率监管及其他管制的动机，业务回表的同时能否取消管制，也即进一步推进市场化改革，比如利率市场化，还需考量。如果政策不调整，资金回表以后，它们原来能为实体经济尤其是为小微企业提供金融服务的功能就停了。这方面是有先例的，中国东南沿海的民间借贷一直很活跃，做得也不错，有一套独特的信用评估与风险控制手段，唯一问题是未受监管，一旦出现风险就很难处置，于是有的地方就搞民间借贷阳光化试点，试图将民间借贷变成正规交易，接受监管，结果行不通，最终又新生一批民间借贷。因此，整治影子银行和数字金融的方向是对的，但控制风险很重要，同时必须考虑当初形成这些生态的原因。

最后简单总结一下近年系统性金融风险上升的原因，归根到底是两个：一是缺乏市场纪律，造成了严重的道德风险问题，金融风险也越积越高，高杠杆率就是表现之一；二是监管不到位，新兴业务不想管，交叉业务管不了，机构业务没管住。因此，防范系统性金融风险，应该从进一步推进市场化改革出发，同时改革监管框架。

中国未来的金融体系会是什么样的

未来中国的金融体系会是什么样的？答案有很大的不确定性，会随着经济环境的变化而变化，因此很难做完整的预测，只能做一些宏观猜测。

全球金融危机之时，美国一位前财长来北京见一位主管中国金融的国务院领导。这位领导对他说，中国一直把美国当“先生”看，现在美国发生了严重的金融危机，“先生”自己出问题，学生有点束手无策，不知道下一步该怎么做。这话可能是在半开玩笑，但背后的深刻问题是，中国的金融体系未来是什么样子，现在是一个很大的问号。

很多学者原来以为，中国应该往欧美模式的方向努力。现在欧美自己也发生了重大危机，我们是不是还要坚持这个方向？更重要的是，欧美的金融体系其实也各不相同，英美和德日的模式就更不一样了，中国未来的目标是瞄准英美模式还是德日模式，或是搞中国特色社会主义金融体系，这些都需要很认真地思考。

目前看来，中国金融体系未来的走向可以从两个方面来考量。

从大方向看，既然中国的金融抑制策略已经变成限制经济增长和影响金融稳定的重要因素，下一步就应该往市场化方向走，让市场配置资源，让市场规模扩大，改善监管体系，主要有三个方面：一是发展多层次的资本市场；二是让市场机制在资源配置中发挥决定性作用；三是守住不发生系统性金融风险的底线。

未来中国在这三个方向上都还有很长的路要走，但又不能简单地选择往哪里走，走的过程中还需要考虑各种因素适不适合中国国情。过去 40 年的经验已经表明，我们不能认为政府在金融体系中发挥的作用一定是负面的，这种作用是变化的。1978 年改革之初，中国没有选择一步到位的休克疗法，今天也不会且不应该一放了之。政府在金融体系中究竟发挥什么样的作用，需要我们进行更深刻的思考和动态决策。

在市场化的过程中，有许多特殊的现象和关系需要应对。比如要不要让资本流动完全自由？如果金融体系不够健全，一旦资本大进大出，就容易影响金融稳定，所以对短期跨境资本流动进行适度管理反而可能有益。再比如国有企业改革，官方文件提出“竞争中性”的概念，这是很好的改革方向，但什么时候真正做到“竞争中性”，必须客观估计。在这个过渡阶段，完全放开来不见得是好事，也许适当的政府干预仍然是必要的，其目的是既保持金融稳定，又不对金融效率造成太大影响。

发展资本市场已经被写入十八届三中全会的决议，问题是中国的金融市场能发挥多大作用。国际上，即便是美国和英国这样的所谓市场主导的金融体系，银行与非银行机构的贷款比例仍占企业外部融资的一半以上，可见，英美的市场占主导也只是相对而言，意味着市场融资比重较高而已。

图 1–9 显示，美国企业的融资构成中，债券市场占 32%，股票市场占 11%，二者加在一起是 43%，虽不到一半，但比例还是非常高。金融体系以银行主导的德国和日本，市场融资占比大约是 14%～15%。中国的数据显示，非金融企业外部融资中，股票和债券的融资占比也已经达到 15% 左右。

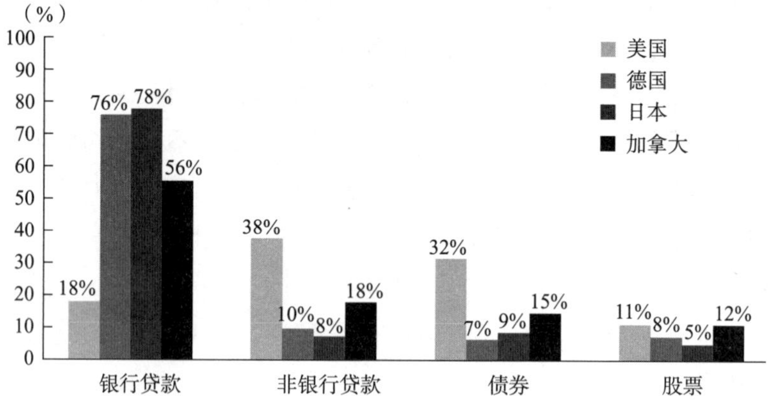

图 1–9 美国、德国、日本和加拿大的非金融企业外部资金来源（1970—2000 年）

资料来源：Frederic S. Mishkin，*The Economics of Money, Banking, and Financial Markets*，11th edition，2001.

未来中国金融体系要发展，很长时间内，银行和保险公司、信托公司这些间接融资渠道在金融体系中的重要性不会下降太多，原因有几个方面。

一是指望未来资本市场解决小微企业、民营企业融资问题的可能性不大。间接融资和直接融资都要降低信息不对称程度，对企业来说，进入资本市场融资的门槛，远远高于去银行融资的门槛。股票市场发达以后，大企业能到股市融资的可能性远远超过小微企业，小企业如果不能达到银行的融资门槛，想要达到资本市场的融资门槛难度会更大。

二是不同国家的金融体系构成不一样，这不仅由政府的政策偏好决定，更是政治、文化、历史、经济等多个因素综合使然。市场主导金融体系的英美国家，更加崇尚保护个人权利以及分散决策；银行主导金融体系的日本和德国，更强调集体主义、合作、统一决策。未来中国的金融体系，发展方向肯定是让市场发挥更大作用，但要想短期内把市场做到特别大，也是很有难度的。

三是技术使未来的金融体系会发生很大改变。金融科技或是数字金融，确实在很多方面改变了金融体系。下一轮改变可能集中在传统金融机构，比如银行、保险公司、证券公司，由它们组成数字金融发展的主力。当然，大科技公司还会继续做，也许会出现新的分工，擅长技术的做技术，擅长金融的做金融。金融体系和整个宏观经济，未来都可能发生翻天覆地的变化。

疫情后的中国与世界经济[①]

新冠肺炎疫情对经济的影响

这一次的新冠肺炎疫情带来的是一场全球性的公共卫生危机，各国经济的各个部分都受到非常大的影响。我个人的看法可能和大多数经济学家差不多：最严重的冲击可能发生在中小微企业。

从全世界各国的经济政策可以看出，以美联储为例，上一轮全球金融危机时，美联储和美国财政部的政策力度非常大。但它们主要支持的，是所谓的具有系统重要性的金融机构，并提供了很多流动性以支持整个市场和系统，主要关注点是不要发生系统性崩盘。这一次美联储的政策同样力度非常大，很快把利率降下来，甚至提供了几乎具有无限流动性的支持。但有一个非常大的变化，即上次支持机构的重

---

① 本文根据作者2020年在凤凰网财经云峰会上的主题发言整理。

点是具有系统重要性的金融机构比如“华尔街”，而这次的重点放到了中小微企业，放到了老百姓身上。

我国也有类似体现，当然，上一次我们没有遭遇系统性的金融风险，我们的金融机构的资产负债表也还比较健康。这次虽然各个部门、机构都遭到了非常大的冲击，但中小微企业所受冲击最大。我在过去几个月一直呼吁，要把政策的重点放在支持中小微企业上。原因很简单，我国的中小微企业数量非常多，对经济的贡献非常重要。它们贡献了 60% 以上的 GDP，对城镇就业贡献了 80% 以上，如果中小微企业出现问题，就可能演变成一个系统性问题。

尽管中小微企业倒闭很常见，比如我国中小微企业的平均寿命是 5 年左右，即每年有 20% 的中小微企业倒闭，这是很正常的。但我比较担心的是，如果一大批中小微企业在经济复苏之前，由于特殊的冲击一下子一起倒下，那么大量工人失业，甚至出现大量不良金融资产，这三者会形成一个恶性循环，最后很可能变成一个系统性问题。

所以今天看待我国中小微企业的问题，其实并不是关注每一家企业会怎么样，而更多关注的是一个系统性问题。在这一轮疫情冲击中，确实很多中小微企业受到的冲击相对较大，比如，疫情最开始我们对疫情最严重的城市采取封城措施，并采取隔离政策。很多中小微企业有几周甚至几个月没有营业收入，业务基本停滞下来。但另一方面，开支却没有停下，这样对其现金流会造成很大冲击。过去，企业退出主要是因资不抵债而破产，但如今这种大型的公共卫生危机突然而至，导致的不仅是资不抵债，还有流动性现金流的断裂。如果现金流断裂，持续不下去，就会出现一个系统性问题。这就是很多中小微企业在过去这一段时间所遭遇的大问题，而这正是我们要关注它们的原因，因为它们很可能是系统性风险的一个源头。

支持中小微企业的背后其实还有更重要的含义。一方面，中小微企业对中国城镇就业率的贡献达 80% 以上。如果中小微企业出问题，很多老百姓的生活是要出问题的。所以支持中小微企业在一定意义上也是为了保持社会稳定，这一点我觉得非常重要。在过去这段时间，央行、财政部确实也采取了很多措施，比如货币政策，降低利率以提供流动性，甚至直接给中小微企业提供信贷流动性，这些都是直截了当的，跟美国及其他国家的央行的政策没有太大差别。当然，我们提供流动性在力度上相对来说比较有节制，这和欧美的政策可能有一点差别。财政政策的做法可能也有差别，比如中国的财政政策在这一段时间可能对经济有帮助，可能对小微企业有帮助。这段时间最重要的有三大政策，第一个是进行固定资产投资，第二个是减税，第三个是公共卫生支持。因为很多地方都需要花很多钱去控制疫情，这三大政策对小微企业也是有直接帮助的。

但是如果把中国的财政政策和其他国家，不仅仅是发展中国家，还有很多发达国家，做一个对比，可以看到差别。其他国家这段时间采取最多的措施，第一是直接支持企业保留就业岗位，企业如果保证不解雇工人，就可以获得政府提供的补贴，这其实是为了让工人继续有工作。第二是失业救济。第三是直接现金支付。从这三方面的政策可以看出，政府所关注的其实就是老百姓的生活，同时也要让小微企业生存下去。我国的政策目标是一样的，提供政策支持，进行固定资产投资，减税，或者公共卫生支持，都有同样的目的。还有其他一些政策，比如帮助减免租金，减缓社保基金的缴费和财政部提供的一些对小微企业贷款利率、利息开支的补贴，都非常重要。

这样的政策，应该成为现在帮助企业渡过难关的最重要的措施。重要原因就是首先要让它们活下去，不仅仅让中小微企业活下去，也要让老百姓活下去。因为危机突如其来，很多人都没有准备。

只有保持足够的现金流，保持相对健康的资产负债表，当有一天疫情控制住，复工复产的时候企业还存活着，老百姓还有现金，经济复苏才有条件。我们想象一下，如果老百姓的日子都过不下去了，即便疫情控制住，也没有消费的需求。企业都已经倒闭了，工人都被解雇了，再谈经济复苏就会很困难。

疫情后中国经济结构的变化

这一次的经济复苏恐怕是个相对缓慢、充满不确定性的过程，在这个过程中，我们的经济结构也会发生一些变化。过去 20 年，我们也受到过几次大冲击：在亚洲金融危机期间，我们的经济受到很大冲击；在全球金融危机期间，我们同样受到很大的冲击。过去的做法基本是通过增加固定资产投资来增加需求，稳定经济，稳定就业。这两次危机的应对都是比较成功的。这次的冲击跟之前有点不一样，这是一个公共卫生危机，不是系统性金融危机。在目前的情况下，我相信我们政府在下一轮经济恢复过程中还是会采取措施。把政府应对疫情的政策做简单分类，大概有三大类。第一类是抗疫政策，到目前为止，我们做得比较有效，但客观来说，还不能掉以轻心。第二类是疏困政策，要使老百姓和中小微企业活下去，支持经济复苏。第三类是经济重建政策，类似于过去的一揽子经济刺激计划，或再之前为支持经济增长，政府提供很多开支来做固定资产投资。

在这次危机当中，我们也听到一些关于政府应该支持什么样的建设的讨论，比如新基建，或大城市、都市圈建设。我个人判断，在下一轮的经济复苏当中，会有一些比较大的结构性变化。主要原因之一是出口不可能像以前那样，经济一复苏就开始反弹恢复，也许出口的恢复会更困难一些。前段时间东南沿海地区很多地方政府想方设法把内地民工接回来，这样制造业就可以开工，但开工后发现一些出口订单被取消了，这就是我们现在面对的全球性危机的重要体现。全球性的公共卫生危机就意味着全球经济能否很快回到遭受冲击前的状态，在一定程度上并不取决于做得最好的国家，而是取决于做得最糟糕的国家。当然我们需要一起把疫情控制住，恢复经济。

此外，即便做固定资产投资，力度也不可能像之前的一揽子计划那样大。货币政策和财政政策的空间和十几年前相比还是有很大变化的，很多学者和官员也在反思我们2008年时实行的政策。当时出手很快、很重都是对的，但有没有过度，有没有退出太慢，从而引发了我们今天面对的一系列经济金融风险？我相信政府会出手，但是力度跟过去会有一些差异。从一定意义上来说，这也是因为我们的经济结构发生了改变。我们的经济复苏会变得更加困难吗？现在还不太好说。我们的经济增长速度其实在减慢，但是我觉得还是有亮点的，我简单说两个亮点。

第一个亮点是，消费也许会成为下一轮推动中国经济增长的重要力量。我经常开玩笑说，在过去改革开放的40年，中国经济创造过两个全球性的经济故事。第一个故事是中国出口了大量劳动密集型制造品。国际市场上很多产品都是中国制造的，中国出口决定国际市场状况，在所谓的劳动密集型、相对比较低端的制造业市场，中国曾经一度发挥举足轻重的作用。第二个故事是在大宗商品市场，因为中国的投资力度非常大，对这些大宗商品的需求很强，很多出口大宗商品的国家一度经历了所谓的超周期，即10年、20年没有经济衰退，因为中国在不断地买大量大宗商品以支持国内的投资。

第二个亮点是，在这一轮危机冲击中，数字经济发挥了很大的作用。受疫情冲击，封城后很多活动都停下来了，但是线上的经济活动变得越来越活跃。比如，网购、线上会议、网上教学，没有数字技术是不可能实现的。类似的经济活动其实比比皆是。很多餐馆在疫情冲击期间开始做外卖，很多制造公司在线下店关门之后，把业务转到线上，这样的故事有很多。我把数字经济称作宏观经济的稳定器，在宏观经济受到冲击的时候，数字经济起码缓冲了部分冲击。在数字金融领域就更明显，很多网络贷款在疫情期间还在线上进行，而实体银行门店基本上都关了。经过这一次疫情，我个人觉得数字经济的发展会迎来一个新的高峰，尤其是我们大家都关注的新基建。新基建是什么？就是投资数字技术发展所必需的基础设施建设，这些基础设施的投资将带来数字经济发展的新高潮。

疫情后世界经济格局的变化

疫情过后，世界经济格局也许会发生一些结构性变化。这只是我的初步猜测，到底会不会发生，我也不能确定，但我认为这个风险是值得我们每个企业、每个人去关注的。这里的风险包含两个部分。

第一个风险是疫情过去以后，逆全球化的政策会不会找到新的动力。因为有人说，在疫情冲击下，过去的供应链风险一下子暴露出来了，比如自己没有生产口罩，就很难获得足够的口罩。可能因为这样的事情，一些政府和企业家觉得把供应链放在本国会更加放心。我并不认为我们会因此走上逆全球化的道路，但对于这样的风险，我们要足够重视。公共卫生危机发生之前，我们一直在谈论中美经济会出现所谓的局部脱钩（我现在认为是局部脱钩），但之后局部脱钩的程度会不会比疫情冲击以前更高一些，需要我们加以关注。很多问题不仅涉及经济思考，更多是出于对风险的管理，甚至有政治需要，但我们对于这个风险要有足够的重视。

第二个值得关注的风险是，如今危机来临，各个国家都在采取所谓不惜一切代价的财政政策、货币政策。美国、日本、欧洲等采取的几乎是无限度的量化宽松政策，各个国家的财政政策也在加大实施力度。国际货币基金组织做了预测，疫情过后发达国家的公共债务占 GDP 的比重很可能从 105% 上升到 122%。我个人觉得，大危机来临时，采取不惜一切代价的政策无可指责，因为要防范的是系统性崩盘。但我同时也比较担心，危机过后退出这些不惜一切代价的非常规政策是很难的。2007—2009 年的全球金融危机后，很多非常宽松的货币政策一直没有退出，经济也没有很明显的复苏。但不管是哪一种情况，退出在政治上阻力比较大，宽松比较得人心，紧缩不太容易受到欢迎，所以假如未来宽松的财政和货币政策退出非常困难，甚至有人认为永远不退出，我们就需要对此类国际经济政治环境做充分估计，预先准备应对举措。

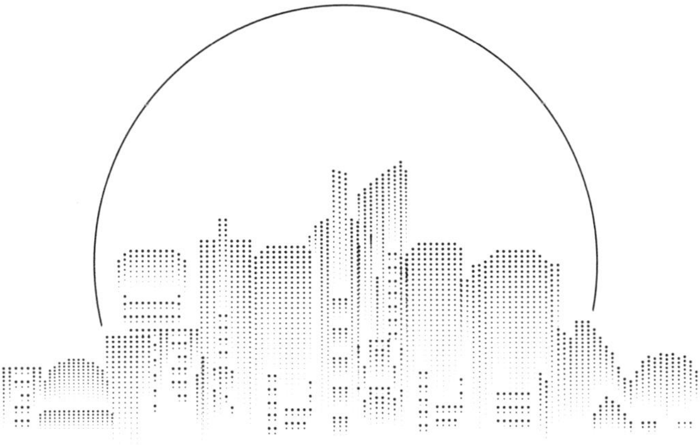

第二章

金融的改革与发展

完成金融市场化改革[1]

经济发展新阶段的金融挑战

我国在2021年实现第一个百年目标之后，下一个目标是到2035年基本实现现代化，并最终在2049年实现第二个百年目标，建成社会主义现代化强国。与过去四十几年的经历相比，未来15年至30年的经济发展环境会发生很大的变化。第一，我国已经从改革初期的低收入经济体变成中高收入经济体，2019年人均GDP达到10410美元，已经非常接近高收入经济体的门槛。第二，过去世界经济处于全球化的进程中，投资和贸易体系不断开放，但未来国际经济体系如何演变，存在很大的不确定性。第三，中国在改革开放的头30年享受了人口红利，劳动年龄人口比重持续上升，抚养比不断下降，不过自

① 本文创作于2020年。

2010 年开始，人口发展趋势已经逆转，老龄化成为一个重大挑战。

低成本优势对于支持过去几十年的经济发展发挥了十分重要的作用。1978 年中国是全世界最贫穷的经济体之一，人均 GDP 只有不到 200 美元。由于生产成本极低，只要能够生产出有一定质量的产品，就具有很强的国际竞争力。在改革开放的头 30 年，虽然生产成本和产品质量在不断提升，但低成本优势这个基本特点并未改变。未来 15 年中国经济如果能够保持可持续增长，其发展轨迹将会发生重大变化，成本大幅提高之后，创新就变得更为关键，这样才有可能保持竞争力。国际市场扩展空间收窄，国内需求要发挥更大的作用。老龄化减少劳动供给，人工智能的重要性提升。归根到底就是增长模式要从要素驱动型走向创新驱动型。

但当前的金融体系尚不能完全适应经济增长模式的转变。改革开放刚刚开始的时候，中国只有一家金融机构，即中国人民银行，它既是中央银行，也是商业银行。这主要是因为在计划经济年代，资金的调配都是由中央计划决定的，对金融中介的需求很少。但改革就意味着中国经济要逐步走向市场经济，金融功能变得不可或缺。因此，从 1979 年开始，政府就开始建立中国银行、中国农业银行等国有专业化银行以及一批全国股份制商业银行。1984 年初，原来的中国人民银行一分为二，商业运营部分成为今天的中国工商银行，而宏观管理部分则成为新的中国人民银行。1990 年和 1991 年，中国分别在深圳和上海成立了证券交易所。

今天中国的金融体系呈现三个非常突出的特征，即规模大、管制多、监管弱。无论是从金融机构的数量还是从金融资产的规模来看，中国的金融体系已经排在全球前列：商业银行资产全球第一、股票市场市值全球第二、债券市场市值全球第三。目前银行业机构就超过 4000 多家，四大国有商业银行的资产规模每年都排在全球前十位甚至前五位。广义货币供应量即 M2 可以被看作金融资产的宏观变量，中国的M2总量已经超过美国，名列全球第一。M2与GDP之比超过200%，在全世界排在第三位。当然，M2大同时也反映了两个基本事实，一是中国的金融体系由银行主导，资本市场的重要性相对较低，二是经济杠杆率比较高。毫无疑问，从数量指标看，今天中国的金融体系与1978年的单个机构相比，已经发生了翻天覆地的变化。

但政府依然对金融体系的运行保持了相对普遍的干预。反映政府干预程度的金融抑制指数从1980年的1.0下降到2015年的0.6，这清晰地表明了金融政策在不断地朝着市场化的大方向过渡，政府的干预程度在逐渐降低。但与其他转型国家相比，中国金融市场化的速度比较慢，同期俄罗斯的金融抑制指数从1.0下降到0.4，而且俄罗斯的金融改革要比中国起码晚10年。在2015年有金融抑制指数数据的130个国家和地区中，中国的金融抑制指数排在第14位，政府对金融体系干预的程度不仅超过世界平均水平，甚至超过低收入国家的平均水平。具体的抑制性金融政策包括对利率、汇率的干预，对资金配置的指导，对大型金融机构的控股，以及对跨境资本流动的管制。

中国的监管体系也比较弱。这一点过去我们关注比较少，主要是因为几十年来我国的金融体系一直比较稳定，中国可能是大型新兴市场中唯一一个没有发生过系统性金融危机的国家。但这不一定就意味着中国的监管是行之有效的，事实上过去维持金融稳定主要靠两条，一是经济持续高增长，二是政府兜底。1997年亚洲金融危机期间，中国商业银行的平均不良率超过30%，但因为大多数银行都是国有的，因此没有发生挤兑，政府可以非常从容地剥离坏账、补充资本金、引入国际战略投资者并最终上市。之后多年的高速经济增长，又相对容易地消化了之前剥离出来的坏账，同时进一步改善银行的资产负债表。但这一套做法现在变得越来越难以持续，近年金融的许多领域都暴露出风险，政府也无法再对所有的问题兜底。

这样一个规模大、管制多、监管弱的金融体系的形成，有其独特的经济与制度背景。中国的经济改革政策通常被称为渐进式改革或摸着石头过河，其实质策略是双轨制改革。前文提过，双轨制形成了改革期间产品与要素不对称的市场化策略，大量廉价的资金被配置给国企，成为一种变相的补贴。

不过这一套看起来问题不少的金融体系，在过去几十年并未妨碍中国实现高速经济增长与基本金融稳定。这表面看起来与传统的金融自由化理论不太一致，主要是因为金融市场并不总是有效的。俄罗斯所采取的休克疗法有一个重要假设，只要放弃计划经济的手段，市场经济就会有效运转。但事实上市场机制是逐步形成的，不可能一蹴而就。实证研究也表明，中国的抑制性金融政策在 20 世纪八九十年代对经济增长有促进作用，但进入 21 世纪之后就变成了负面因素。这是因为，在一个有效的金融市场，金融抑制会降低资源配置的效率，遏制金融发展，因此对经济增长是不利的。但如果金融市场并不是有效的，尤其是如果监管框架并不成熟，适度的政府干预可能有利于提高资源配置的效率，支持金融稳定。这可能是过去中国政府对金融体系的干预没有严重影响宏观经济表现的主要原因。

但现在这个机制无法持续下去。一方面，金融不支持实体经济的问题在最近几年已经变得相当突出。在微观层面，中小微企业融资难的矛盾变得越来越尖锐。虽然监管部门采取了很多政策措施，但这个问题并没有得到根本性的缓解。现在中小企业在就业、创新与增长中的作用越来越大，如果融资的问题不能解决，增长的可持续性就无法保证。同样重要但过去受关注比较少的是普通老百姓投资难的问题。总体看来，中国经济中可投资的资金很多，能够购买的资产很少。一是这很容易造成资金快速流动的现象，引发金融风险。二是居民的资产性收入占比很低，在老龄化日益加剧的背景下，这也会影响未来的消费增长。在宏观层面，金融的效率似乎也在不断下降。边际资本产出率一直在上升，即每生产一个新的单位 GDP 所需要的资本投入的单位数量在不断增加，2007 年为 3.5，2019 年已经超过 6.0。如果这个趋势不改变，最终可能造成经济停滞不前的后果，再多的资本投入也将不会形成新的产出。

另一方面，金融风险也变得越来越大。我们最初关注到这个问题是因为全球金融危机以来中国非金融负债占 GDP 之比上升了 100 多个百分点，非金融企业的杠杆率尤其高。纵观几百年的金融危机历史，高杠杆率是一个重大的风险因素。这才有 2016 年政府出台“三去一降一补”中的“去杠杆”政策。但实际上，过去几年金融风险确实在各个领域不断出现，一开始是股票市场急剧回调，然后是债券市场违约率上升，影子银行与数字金融快速扩张，资本外流、货币贬值压力大幅上升，最近几年中小银行风险高涨。风险点如此之多，引发了人们对系统性金融危机的担忧。一开始我国把改革的重点放在改善监管政策的协调方面，2017 年、2018 年采取了一些具体的步骤，包括成立国务院金融稳定发展委员会、合并银监会和保监会等。但现在看，防范金融风险的任务尚未圆满完成。

改革开放 40 多年来渐进的金融改革，形成了一个庞大的金融体系，但也保留了普遍的政府干预。这样一套看上去并非完美的市场化改革方案，在支持经济增长与维持金融稳定方面的效果并不差。因为不彻底的金融改革，既是对当时的制度环境妥协的结果，实际上也是适合当时的市场条件的。在市场机制尚未成熟的经济中，盲目放开金融市场，有可能造成混乱局面。保留适度的政府干预，同时持续减少这样的干预，虽然会有一些效率损失，但总体的效果反而更好。这段经历可能为金融改革理论提供一个十分重要的启示，任何政策选择都会有正、反两个方面的效应，绝对好和绝对坏的政策很少。改革决策就是要选择那些适合当时、当地的环境并且利大于弊的政策举措。

但现在经济发展进入了新阶段，金融改革也需要继续往前走。下一步的金融改革主要有两大任务，一是改善金融对实体经济的支持，二是守住不发生系统性金融危机的底线。这就要求金融体系要完成向市场的过渡，终结双轨制改革，终结不对称的市场化，真正实现让市场机制在金融资源配置中发挥决定性作用的政策目标。过去四十几年间积累的金融改革的一些成功经验，未来仍然会有价值。完成市场化改革，不能一放了之。往前推进改革的时候仍然需要选择那些适合中国实际的政策安排，尽可能选择那些正面效应大、反面效应小的政策，循序渐进地实施。最终形成的市场化金融体系，还可能会有很多反映中国经济实际的特点，而不是欧美金融模式的简单翻版。

改善金融对实体经济的支持

改革期间普遍存在的抑制性金融政策，肯定会造成一定程度的效率损失，所以出现金融不支持实体经济的现象并不奇怪，双轨制改革本来就意味着对待国企和民企的政策并非完全一致。金融不支持实体经济这个矛盾变得比较突出，主要是全球金融危机之后的事情，尤其是在 2013 年之后。全球金融危机前后发生了许多变化，国内外经济增速大幅放缓，国内劳动力供给不断减少，同时中国从中低收入水平快速提高到中高收入水平。一大批原来生龙活虎的制造业企业一下子陷入了困境，这在中国经济发展的龙头地区长江三角洲和珠江三角洲表现得尤其突出。这可能是最终需求萎缩与生产成本上升两面挤压的结果。所以，金融不支持实体经济的一个原因可能是实体经济低迷不振，经济回报下降，金融也就很难发挥作用。

但其实还有一个更为重要的原因。全球金融危机以后，中国经济增长模式从要素投入型走向创新驱动型，但金融体系尚未实现转型，无法适应新的增长模式的需要。各国的金融体系大致可以分为两类，一种是金融市场主导，另一种是商业银行主导。前者的代表是美国、英国，后者的代表是德国、日本。当然，这个分类也是相对的，即便在美国、英国，资本市场在非金融企业外部融资中的比重也没有超过一半，但这个比例在德国和日本只有 15% 左右。中国的比例和德国、日本差不多，也就是说中国的金融体系也是商业银行主导的。一般而言，商业银行更擅长支持粗放式增长，而资本市场则在支持技术创新和产业升级方面有明显优势。当然，这也不是绝对的，德国、日本在技术和产业方面应该也算是全球领先的。

但中国的金融体系，既有银行主导的特点，又有政府干预的做法，在支持创新方面就有点力不从心。过去这套金融体系在支持经济增长方面没有出现很大的问题，是因为经济活动的不确定性相对比较小。低成本优势基础上的粗放式扩张的基本特点，是技术、产品和市场都相对成熟，只要能够生产产品出来，在市场上就有竞争力。金融服务的关键就是动员大量的廉价资金投入制造业。中国这套金融体系可能在资源配置上有效率损失，但将储蓄转化为投资的有效性很高，在不确定性比较小的前提下，资金配置失败的风险不大。只要有基本的技术和管理能力，再注入资金，经济活动就可以扩张。

但现在经济环境发生了改变，低成本优势丧失之后，可持续的经济增长需要依赖技术创新和产业升级，这实际就是所谓的“中等收入陷阱”，即绝大部分国家能够从低收入水平上升到中等收入水平，但能够迈过高收入门槛的很少。大多数国家缺乏的是创新能力，但创新能力并非仅仅是技术问题。18 世纪英国发生工业革命之前的几十年，蒸汽机技术早已成熟，但这项新技术需要等待金融革命才能引爆工业革命。没有大量廉价资金的投入，技术是无法转化为产业的。所以经济历史学家希克斯说，工业革命需要等待金融革命才能发生。这一点对我国当前经济发展有很重要的启示意义，如果没有金融的有效支持，创新驱动型的经济增长一定步履艰难。

2013 年以来，政府努力克服“金融不支持实体经济”的一个重要着力点是解决中国小微企业融资难、融资贵的问题。可惜的是，虽然政府连年出台政策措施，这个问题并未得到彻底的解决。但这个问题不解决，中国的可持续增长就会有问题，也就很难跨越“中等收入陷阱”。以中小微企业为主体的民营企业在中国经济中的地位已经举足轻重，它们贡献了超过 60% 的 GDP 增长、超过 70% 的企业创新和超过 80% 的城镇就业。也就是说，中小微企业融资难的局面不改变，企业创新就会举步维艰，城镇就业就很难得到保障，经济增长也就无法持续。正是从这个意义上说，在很多国家，普惠金融的主要意义是保障中小微企业和低收入人群获得金融服务的平等权利。在我国，它则事关经济发展和社会稳定的大局。

造成中小微企业融资难的原因很多，集中体现在如下四个方面。

第一，产权歧视。我国经济改革的基本策略“双轨制”其实就是区别对待国企、民企，虽然初衷是为了维持改革期间的平稳过渡，最终给民企创造更大、更为宽松的发展空间，但事实上，要素市场扭曲特别是抑制性金融政策的一个重要目的，就是给国企提供变相的补贴。最近一段时期，许多银行高管都认为产权的作用已经不再重要。但银行为何仍然在资金配置中偏好国企，据说是因为一旦国企发生经营困难，政府依然会帮助重组、并购，最终贷款还是会得到偿还。而如果民企发生经营困难，大概率会破产，银行贷款也就打水漂了。尽管银行高管把这样的决策看成纯粹的信用风险决策，但造成差异的原因还是产权和政府对不同企业的不同责任。这个现象不改变，要缓解中小微企业融资难的问题，难度很大。

第二，获客难。中小微企业的特点是数量大、规模小、不确定性大、地域分布分散。要找到这些潜在的客户并为它们提供相应的金融服务，挑战很大。商业银行的做法是开办许多分支行，只有当分支机构离这些潜在的客户足够近，银行才有可能提供金融服务。但这也意味着成本很高，如果业务量不够大，对商业银行来说可能是得不偿失的。在金融领域存在一个“二八法则”，说的就是金融市场最上面的

20% 的客户提供大约 80% 的市场份额，服务这些客户相对容易，回报也高。服务剩下 80% 的客户成本很高，回报又低。这大概是普惠金融难做的一个基本原因。

第三，风控难。金融交易的最大困难是信息不对称，服务中小微企业，这个矛盾更加突出。传统商业银行做信用风险评估，通常有三种方法：一是看历史财务数据，具体有三张表，即资产负债表、利润损益表和现金流表；二是看抵押资产，即贷款人将房地产押给银行，获取贷款，这样就降低了银行的风险；三是关系型贷款，即通过银行信贷员的长期跟踪，了解借款人的各种软信息。大体而言，这些方法对于解决我国目前面临的中小微企业融资难的问题帮助不大。大多数中小微企业既缺乏完整的财务数据，也没有足够的固定资产，关系型贷款可能有效，但对银行而言，成本过高，很难做大规模。银行缺乏有效的风控手段，自然很难大量提供融资服务。

第四，利率扭曲。过去几年，监管部门一直致力于降低中小微企业的融资成本，经常将降低贷款利率作为明确的监管要求。这样的政策，动机很好，但执行效果值得商榷。金融交易的一个基本条件是市场化风险定价，即资金成本要能够覆盖风险，这样的金融交易才能商业可持续。行政性要求压低贷款利率，很可能造成事倍功半甚至适得其反的效果。因为回报太低，贷款无利可图，银行就不会真的有积极性去扩张业务，要么迫于监管压力，不得不为之，要么阳奉阴违，表面一套、背地一套。无论如何，人为地将融资成本压得太低，反而会进一步加剧融资难的矛盾。

过去这段时期，如果说中小微企业融资环境有所改善，主要是两个方面的因素在起作用。一是政策层面的努力。央行通过定向降准和直接注入资金等手段为服务中小微企业的银行提供流动性支持。监管政策要求从原先的“两个不低于”，到后来的“三个不低于”，再到现在的“增量降价、提质扩面”，核心就是要求金融机构增加对中小微企业和“三农”的贷款服务，同时降低贷款利率。这些措施起码在短期内确实增加了中小微企业贷款，改善了它们的融资环境。

二是机构层面的创新。最为突出的是数字普惠金融，特别是大科技信贷，即大科技公司利用大科技平台和大数据风控，为大量的中小微企业提供贷款走出了一条独特的道路。首先是利用大科技平台的长尾效应，低成本地获取海量的用户；然后用户在大科技平台上留下数字足迹，累积成大数据，既可以用于实时监测平台上借款者的经营状况，还能用来支持大数据风控；大科技公司还可以利用其平台及生态系统做还款管理，进一步遏制道德风险问题。根据北京大学数字金融研究中心、国际货币基金组织和蚂蚁集团研究院的联合研究，基于大数据及其学习模型的大科技信用风险评估方法预测违约率的可靠度，远超基于传统数据和打分卡模型的传统银行信用风险评估方法。无论是大数据还是机器学习模型，都能有效提升风险评估的可靠度。更重要的是，即便没有财务数据或者央行征信信息，大科技信用风险评估方法依然能够比较可靠地预测违约率，这就意味着许多缺乏银行贷款资质要求的中小微企业，都有可能获得贷款。

这个大科技信贷模式是由中国的阿里小贷首创，形成了独特的“3-1-0”业务模式，即三分钟线上申请，一秒钟资金到账，零人工干预。大科技信贷的业务模式现在已经在许多国家落地，但中国的规模做得最大，质量可能也最好。三家新型互联网银行包括微众银行、网商银行和新网银行，现在已经分别能够每年发放1000万笔左右的小微和个人贷款，同时还将不良率控制在2%以下，明显低于银行同类贷款的不良率。可以说，大科技信贷是一个非常突出的中国故事，同时也是一项具有世界意义的前沿金融创新。

但从宏观层面看，大科技信贷在总信贷中所占的比重还非常小。要从根本上解决中小微企业融资难、金融不支持实体经济的问题，需要多管齐下。政府也需要积极努力改善政策环境，支持金融机构更好地服务中小微企业。

首先，终结双轨制改革策略，实现所有权中性。产权歧视的政策不消除，中小微企业的融资和经营环境很难从根本上扭转，公平竞争无从谈起，即便制定再多的监管政策要求，也只能事倍功半。毫无疑问，过去双轨制改革策略是成功的，但双轨制是一个过渡期策略，不是长期的制度安排。在中国境内注册的企业，无分国有、民营还是外资，都是中国的企业，都在中国创造就业、支持增长，理应一视同仁，更何况今天民营企业在中国经济中的作用已经远远超过了国有企业。

其次，真正实现市场化的风险定价。金融交易的一个基本前提是资金回报要能够覆盖风险，否则金融交易就无法持续。如果决策部门希望降低中小微企业的融资成本，其实有很多选择：一是放松货币政策，降低政策利率或者增加流动性供给；二是增加金融业的竞争，提供金融效率，同时合理挤压金融部门的利润空间；三是改善金融机构的风控能力，比如利用大科技信用风险评估方法，精准判断违约概率，降低融资成本。中小微企业融资不是政策性金融，也不是慈善事业，只有进行市场化的风险定价，才能做到商业可持续。长期依靠行政命令，很难达成政策目的，甚至会适得其反。

再次，发展资本市场、提高直接融资的比重。资本市场在支持不确定性大的创新活动方面有独特的优势，大力发展资本市场是适应经济增长模式转型的一个重要方面。许多创新型初创企业，有知识、有理念，但缺乏资产与经验，天使基金、创投基金甚至股权基金等，识别创新项目的前景与风险的能力比较强，同时也可以与创业者共担风险，甚至提供相应的指导和支持。

最后，支持金融创新，更好地服务中小微企业、创新型企业。前面提到的大科技信贷是一个比较成功的案例，但新型互联网银行也仍然面临许多困难，比如因为不能远程开户，资金比较缺乏。如果这些银行可以与传统银行合作，也许可以提供很多的中小微企业贷款。另外，大科技信贷服务的小微企业的规模都特别小，服务大一些的企业可以通过数字供应链金融的做法。商业银行也可以尝试许多创新，包括利用自己的平台与数据展开大科技信贷业务，同时还可以推进科技子行、投贷联动等业务模式。

守住不发生系统性金融危机的底线

我国金融体系面临的另一个重大挑战是能不能守住不发生系统性金融危机的底线。世界经济历史表明，系统性金融危机会对一个国家的长期经济增长表现造成非常负面的影响。我国过去维持金融稳定主要是靠政府信用背书，但最近几年的实践表明，我国监管部门在防范金融风险方面的作用十分有限。而随着金融市场的规模扩大、种类增加、复杂性提高，政府兜底变得越来越难。过去维持金融稳定主要靠政府信用，将来要更多地依靠金融监管。

2015 年国内展开了一场关于金融监管框架改革的大讨论，辩论我国应该实行大央行制、采用双峰模式，还是保留分业监管的格局。我也写了一篇文章，叫《呼唤国家金融稳定委员会》，关注的焦点是如何改善政策协调。因为当时央行、银监会、证监会、保监会各管一摊，各扫门前雪，谁发牌照谁监管。一些交叉业务成了三不管的空白地带，引发了不少风险。股票投资者到银行、信托部门加杠杆，银行利用基金公司的通道投资非标产品，互联网金融更是一个全新的业态，这些都没人管。2017 年，国务院金融稳定发展委员会成立，2018 年银监会和保监会合并，政策协调有所改善。

但现在我对我国金融监管主要矛盾的看法发生了变化。2015 年起金融领域接二连三地暴雷。一开始是股价崩盘，股市发展了 30 年，并未形成稳健的投资渠道。然后是保险行业，部分机构在相当长时期从事违反保险法规定的经营行为。再后来是随着去杠杆政策的落地，影子银行收缩，对中小微企业融资造成很大影响。而随着互联网金融整治措施的落地，P2P 行业几乎发生了系统性的崩塌。最近又有一大批中小银行被发现了长期存在违法、违规行为，平均不良率非常高。可以说，除了大型国有金融机构，几乎所有的金融机构都发生了或大或小的风险事件。

有意思的是，每次金融风险一爆发，大家都非常一致地把矛头指向从业人员，说他们“胡作非为”，搞“庞氏骗局”等。经济学家哈耶克曾经说过：“坏的制度会让好人作恶，好的制度能让坏人从良。”以此类推，如果个别金融机构出了问题，可以主要从管理层或董事会找原因。但如果一大批机构同时出了同样的问题，恐怕就需要更多地从规则上找根源。数百家中小银行长期存在经营不规范甚至违法行为，监管部门恐怕难辞其咎。P2P 行业从 2007 年起步，平台累计发展到 6000 多家，但 2016 年之前监管部门没有给它们划定任何经营边界与规则。

我国当前分业监管的框架是在 1992 年之后逐步形成的，之前是集中统一的监管体制。1992 年证监会成立，1998 年保监会成立，2003 年银监会成立，形成了以“一行三会”为核心的监管体系。从表面形式看，中国的这一套监管体系与市场经济国家相比，差异已经不大。一方面，监管政策与制度安排基本上应有尽有，比如资本充足率要求、存款保险机制、央行最终贷款人制度、宏观审慎评估体系以及金融消费者权益保护政策等。另一方面，金融监管的常见做法已被普遍地运用，比如信息披露程序、现场与非现场调查以及压力测试等。

但从实际效果看，这套监管体系与市场经济国家的差距还非常大。有不少政策有其名而无其实，比如银监部门对于银行向关联机构输送资金有非常严格的限制，但似乎并没有管住有的银行长期存在这样的做法。“有法不依”的原因可能很多，能力不足、意愿不高或者干扰过多。一个突出的问题是，“一行三会”是监管部门，也是政府的组成机构，有不少政府行为的特征：（1）它们既要管监管，又要管发展；（2）监管政策经常需要配合宏观调控；（3）它们对违约与破产的接受度比较低；（4）施政具有很强的运动式特点。中央要求守住不发生系统性金融危机的底线，有监管部门的官员就表示要把金融风险压到零。

现在亟须对金融监管进行一场彻底的改革，关键是要尊重金融规律，让金融监管回归初心。既然规章制度已经到位，监管手段也已经被掌握，现在需要做的就是把监管落到实处。可以从理解金融监管开始，金融监管应该做什么、不应该做什么，以及应该如何做。具体可以考虑采取如下几个方面的改革措施。

第一，明确监管的政策目标。金融监管的目标应该是保障公平交易、保护金融消费者、维持金融稳定。其他一些政策目标，比如资产价格的水平、宏观经济的波动、金融行业的发展等，都不是金融监管部门的责任，这些政策目标与监管政策的目标并不总是一致的，有时候甚至会直接对立。首先可以考虑把发展的责任从监管部门分离出来，监管机构成为被监管对象的行业领导者，很难不产生道德风险问题。

第二，把金融监管部门从政府的序列中独立出来。金融监管既有明确的政策目标，也是一项专业性很强的技术活。当然，独立性要以明确的责任作为前提条件。至于监管部门是向国务院还是向全国人大负责，可能并不重要，重要的是按照已经确定的政策目标来评价它们的工作，但不要干预它们的具体举措。另外，监管独立性并不意味着监管机构与政府部门之间完全隔绝，恰恰相反，它们应该保持紧密的日常沟通。

第三，监管政策一定要追责。这几年金融体系出了很多风险，但几乎很少有监管官员为此承担责任，这样他们就缺乏必要的负面激励。当然，在有一些领域，监管追责确实有一定的难度，P2P 行业的监管主体起初一直没有明确，银行的许多违规行为与政府的支持纠缠在一起。因此，追责的前提，一是明确职责，二是确保独立性。如果在这两个条件下还没有做好，监管人员就必须承担相应的行政、经济甚至法律责任。

第四，增加监管部门的编制与经费。这些年监管效果不好，还有一个重要的原因是监管资源严重短缺。人手不够，“顾不过来”就很正常。比如，1999 年末我国金融业总资产大概是 15.5 万亿元，到 2019 年第三季度末上升到 312.5 万亿元，翻了 19 倍。如果看市场结构、产品种类以及投资者数量，金融行业的复杂性更是明显增加。但在此期间，监管部门的编制完全跟不上这样的变化。

中国的金融改革已经持续了四十几年，总体看来成绩很好，问题也不少。这些成绩与问题应该放在经济改革的大背景下来看，许多政策措施都是决策者在当时环境下权衡甚至妥协的结果。1978 年底开始实施改革开放政策，当时不可能提市场经济，只能一步一步地往前走，双轨制改革策略也好，抑制性金融政策也好，都是这样产生的。现在回过头去看，起码从实现经济增长、保持金融稳定的角度看，效果相当不错。

但过去行之有效的金融政策现在遇到了新的坎，一方面，金融支持实体经济的力度越来越弱，另一方面，系统性金融风险显著抬头。这两个方面的问题处理不好，就有可能导致改革开放以来强劲经济增长的终止。所以，金融改革需要继续往前走，从大的方向来说，就是要完成金融市场化改革的进程。今天出现金融不支持实体经济的矛盾，客观地看，是因为经济增长模式从要素投入型转向创新驱动型，旧的金融模式不能适应新的经济模式，所以需要金融创新，通过发展资本市场、运用数字技术及创新银行业务等，改善对创新型企业、中小微企业的金融支持。

现在最迫切需要做的是学会尊重市场规律。双轨制策略所隐含的产权歧视，其实是造成民营企业融资困境的一个重要原因。监管部门不断地强迫金融机构降低融资成本，以为是在帮助中小微企业，实际反而令融资难问题的破解变得更为困难。一味地靠政府兜底控制金融风险，很难持续，甚至会加剧道德风险问题。政府给监管政策赋予促进发展的责任、宏观调控的责任，最后演变成市场纪律被明显削弱，不仅资本市场的质量很难提高，金融风险也很难得到有效控制。

从 40 年改革看金融开放的经验与教训[①]

从百废待兴的中国金融业说起

1978 年 12 月 18 日至 22 日，中国共产党第十一届中央委员会第三次全体会议在北京举行，会议决定将工作重心从阶级斗争转向经济建设，从而开始了改变国家、民族命运的改革开放政策。不过在改革开放初期，领导人并没有一个明确的改革蓝图，所以只能“摸着石头过河”。当时的金融体系不但与世隔绝，而且只有一家金融机构即中国人民银行，其金融资产占到全国金融总资产的 93%。当时实行计划经济，企业之间的资金调配都是由政府计划委员会决定，再加上老百姓也没多少储蓄，金融中介发挥不了什么作用。

但中国的金融体系并非一直都是这个样子。大概在 100 年前，中

① 本文创作于 2018 年，原标题为《如何金融开放？中国四十年改革的经验与教训》。

国的金融体系不但很发达，还很开放。在国际金融中心上海，市面上一度有 100 多个国家的货币同时在流通。当时实行银本位制，跨境资本流动完全自由，当局并不直接控制货币的数量和价格。不过在 20 世纪三四十年代，因为受到大萧条和连年战争的冲击，金融体系基本上崩溃了。1949 年中华人民共和国成立，从 1952 年开始，金融机构都国有化了。从 1956 年开始，在社会主义改造运动中，金融机构几乎全部都被取消了。

1978 年末的中国金融业确实百废待兴，不过在改革前期，政府的主要精力还是放在了重建国内金融体系，包括商业银行、保险公司和资本市场上。虽然日本输出入银行早在 1979 年就在中国建立了代表处，但在很长时期内对外开放并非中国金融政策的重头戏。政府第一次开始集中关注金融开放问题应该是在 20 世纪 90 年代初期，主要采取了两大举措：第一是 1994 年初汇率双轨并轨并从此开始实行有管理的浮动汇率体系，第二是 1993 年实施“以市场换技术”的外国直接投资政策。

当然，这两个政策也非横空出世，它们都是有前序故事的。汇率的调整大概始于 1980 年，当时人民币兑美元汇率为 1.5：1，严重高估。为了鼓励出口，政府设立了内部结算价，从而开始了官方、市场两个汇率持续贬值的过程，直到 1994 年初人民币兑美元汇率合并到 8.7：1。吸引外国直接投资的政策则源于 1980 年建立的深圳经济特区，只不过经济特区吸引外资来投资，主要是为出口，其目标市场还是在国外。而“以市场换技术”政策则是把国内市场让出去，同时把资金和技术引进来。单纯从吸引外资的角度看，这个政策是十分成功的，在随后的 20 年间，中国一直是全球吸引外国直接投资最多的国家之一。

亚洲金融危机爆发，资本项目开放被搁置

直到此时，指导中国金融改革政策的基本上还是封闭性的理念，虽然通过汇率政策支持出口，通过各种优惠吸引外资，但并不存在实质性的内外金融交流。仅仅在两三年之后，这个格局就被打破了。1996 年下半年，当时的中国人民银行行长戴相龙写信告知国际货币基金组织，中国已经实现了人民币经常项下可兑换，并准备再用 5～10 年的时间实现资本项下可兑换。政府还明确了“先进后出、先长期后短期、先直接投资后投资组合”的开放策略。现在解读当时的政策思路，应该是把欧美金融体系作为目标模式的，因此，改革的方向就是实现“完全可兑换”。

可惜的是，不到一年，这个看上去很有章法的计划就被突然爆发的亚洲金融危机打乱了。1997 年 7 月 31 日泰铢被迫大幅贬值，引发亚洲货币纷纷溃败，泰国、印尼、马来西亚和韩国经济均处于危机的风暴眼，周边经济体如中国的香港、台湾等也都深受其害。中国政府当机立断宣布将人民币兑美元的汇率固定在 8.28∶1，为地区货币市场的稳定做出了重要贡献，其勇于承担的行为也受到了国际社会的高度肯定。基于可以理解的原因，资本项目开放的计划被放到了汽车后座，只能静待新的时机。

但也可能正是因为中国在当时还保留着资本项目管制，才免于遭受灾难性的打击。同时，亚洲金融危机也给中国提供了一些重要启示。第一，如果国内金融体系尚未健全，过早开放资本项目无异于玩火。第二，不灵活的汇率体系加上高估的货币，几乎就是可以大概率引发国际收支危机的导火索。第三，在紧要关头，充足的外汇储备可以救命。第四，如果外债尤其是短期外债过多，一旦信心发生动摇，资金回流，很容易断送金融稳定。这些教训或多或少地影响了之后中国的政策选择。

事实上，当时中国金融体系的状况并不比印尼或者韩国好多少。商业银行的平均不良率高达 30%～40%，中国之所以没有发生金融危机，除了存在资本项目管制以外，政府兜底也发挥了关键性的作用，以至于银行的坏账率这么高却没有发生挤兑。因此，政府一方面开始致力于积累大量的外汇储备以备未来的不时之需，另一方面则集中精力化解银行系统的风险，采取冲销坏账、注入新的资本金、引进国际战略投资者直至最后到国际资本市场上市。这两项政策都取得了巨大的成功，中国的外汇储备规模居全球第一，一度高达 4 万亿美元，中国的四大国有商业银行现在稳居全球十大银行之列。

现在回想起来还是有点后怕，假如央行在 1996 年快马加鞭，把资本项目开放了，那么在 1997 年中国也许就成了“危机国家”之一。亚洲金融危机爆发之后，中国政府采取了几条应对措施，现在看来都还是比较明智的选择：一是让人民币暂时盯住美元，帮助稳住国际金融环境；二是局部收紧了跨境资本管制；三是开始加速积累外汇储备，后来在国际金融市场几次大的震荡过程中，投资者对中国的信心都相对比较稳定；四是尽快处置国内金融风险，商业银行的资产负债表很快出现了显著的改善。

加入 WTO，金融服务业开放造成内外压力

亚洲金融危机虽然暂时阻止了中国资本项目开放的计划，但并未真正改变金融开放的方向。2001 年底中国加入 WTO，并明确承诺向外资开放金融服务业。比如在银行业，中国政府承诺每年向外资银行开放五个城市的人民币业务，五年之后所有的城市都向外资银行开放，让外资银行享受国民待遇。这个承诺的开放力度非常大，甚至在国内金融界引起了恐慌。这主要是因为当时国内银行业的状况非常糟糕，很多人担心“狼来了”就会把“羊”吃掉。

不过当时我就不太认同这种担心。我和《比较经济学杂志》主编博宁教授一起做了一个研究，我们借鉴世界各国的经验，认为外资银行进入中国市场，最值得担心的并非外资银行冲垮国内银行，而是外资银行会在国内市场举步维艰。[①] 后来的发展大致印证了我们当初的猜想，中国加入 WTO 之后，外资银行资产在中国银行业总资产中的比重反而下降了。原因很简单，外资银行能去哪儿、可以做什么样的业务，仍然需要经过监管部门的审批，比如外资银行一年只能在一个省办一个分行。

但无论如何，我们认为政府暂缓资本项目开放，把重点先放在金融服务业开放上的决策还是十分合理的。这是因为金融服务业开放对金融稳定的风险要小很多，当时国内也有不少人担心外资金融机构进来，可能会把国内金融体系搞乱。我和博宁认为这个看法是不准确的。外资银行进入中国市场，相当于外资在中国银行业的直接投资，只有中国金融稳定，它们的投资才能获得好的回报。更重要的是，外资银行进了中国市场，就要受中国监管部门的监管，金融体系能否保持，不取决于其所有权，而取决于监管的能力。

不过，金融服务业开放的五年过渡期尚未结束，中国的国际收支就遭遇了新的问题。中国加入 WTO 之后，经济增长强劲，出口非常活跃，经常项目顺差不断扩大，外汇储备也迅速积累，很多人认为这些都是人民币被显著低估的重要证据。从 2003 年开始，国际社会要求人民币升值的呼声越来越高。国内公众也不满意，主要是因为看到大量的外汇储备被投资到了美国国债市场，感觉是穷人借钱给富人用，而且富人给的回报特别低，不合理。这样，央行似乎就落入了一

---

① Bonin, John B and Huang, Yiping, “Foreign Entry into Chinese Banking: Does WTO Membership Threaten Domestic Banks?” , *The World Economy*, 2002, 25 (8): 1077–1093.

个里外不是人的境地。

作为对这波内外压力的回应，央行采取了三方面的措施：一是鼓励中国企业“走出去”，二是重新回归有管理的浮动汇率体系，三是进一步放松对跨境资本流动的管制。中国企业走出去的政策最早是在1992年党的十四大上提出来的，但加速推动是在2003年的十六届三中全会之后，一开始主要是国有企业到海外投资原材料产业，后来才逐步变得多样化。另外，央行在2005年7月21日放弃了盯住美元的汇率体制，引入参照一篮子货币的有管理的浮动汇率体制。人民币从此开始了缓慢的升值之路，一直延续到2015年8月。

人民币国际化重走回头路

很快，中国与世界金融体系就遭遇了一场力度更大、持续更久、范围更广的金融危机。美国的次贷危机源于政府支持美国家庭拥有自己的住房的政策，商业银行向达不到资质要求的家庭发放了次级按揭贷款，然后通过资产证券化打包出售。这样一个带有很高风险的产品经过包装被销往世界各地，加大了信息不透明的程度。但因为当时全球经济“大缓和”现象，短期内并没有出现问题。2007年初美国房地产价格回调3%，在资产负债表恶化、被迫抛售资产和资产价格进一步下跌之间形成了恶性循环，终于酿成了一场世纪大危机。

中国政府再次及时地采取了一些应对措施，一方面加强了对跨境资本流动的管理，防范资本大进大出冲击国内金融体系的稳定，另一方面从2008年7月大幅收窄汇率的浮动区间，一直延续到2010年10月，但其实更受关注的是另外两项政策。

第一，中国政府于2008年底宣布实施经济刺激政策。这项政策帮助稳住了中国甚至其他一些国家的经济增长，中国的GDP增速从2009年第一季度的6.1%提高到第四季度的10.7%。当然，这个政策也留下了诸如地方政府负债过高、资金利用效率下降甚至资产泡沫上升等后遗症。

第二，从2009年开始，央行逆势推动人民币国际化。这主要是基于次贷危机发生之后，国际社会对美元作为国际储备货币的地位产生了怀疑。央行其实是顺势而为，推动人民币国际化的进程：一是积极鼓励跨境贸易与投资的人民币结算；二是在境外特别是香港建立人民币离岸市场，同时发行人民币计价的资产；三是向各国央行与主权财富基金开放国内金融市场，鼓励它们持有人民币资产；四是推动人民币加入IMF的SDR（特别提款权）篮子。与此同时，跨境资本流动的自由度再次开始缓慢提升。

应该说，人民币国际化的政策一度很成功，人民币在国际支付、储备中的比重稳步上升，除香港以外，伦敦、新加坡甚至纽约都积极争取建设人民币的离岸市场。令人始料未及的是，人民币国际化进程的暂停居然是为了让人民币加入SDR篮子的努力所触发的。2015年上半年IMF关于人民币入篮的报告批评了人民币中间价非市场化机制，为了让定于11月底举行的IMF董事会顺利批准人民币入篮，央行在2015年8月11日启动了中间价的改革，主要是增强市场化的成分，每天早晨的中间价由三个因素决定：头一天的收盘价、隔夜的全球外汇市场变化以及其他因素。

这样一项本来应该受到市场欢呼的改革居然变成了引发人民币大幅贬值预期的导火线，应该是大大出乎决策者预料的。但真正牵制人民币国际化进程的应该是不够灵活的人民币汇率。2005年以来，我国虽然实行有管理的浮动汇率体系，央行一再表示要提高汇率的弹性，但弹性总是不够。2010年以后，经济增速持续下行，经常项目顺差也不断缩小，自2014年下半年起市场形成了人民币贬值的预期。央行在完善中间价的同时适度下调人民币汇率，这令市场以为贬值预期终于得到转增，引发了一轮波澜壮阔的资本外流浪潮。

为了稳定金融体系，央行再次采取了两方面的措施：第一是加强跨境资本流动的管理，“拓流入、限流出”；第二是动用外汇储备进行干预。经过大概一年半的努力，到2016年底基本消除了贬值预期。加强跨境资本流动管理的结果就是人民币国际化被踩了刹车，资本流动不那么自由了，货币国际化从何谈起？为了防止香港离岸市场汇率扰乱在岸市场预期，央行甚至抽干了离岸市场的流动性。一些国际金融机构响应央行号召设立的“人民币国际化业务部”以及一些支付基础设施只好暂时进入休眠状态。

客观地说，央行当时采取这些措施也是迫不得已，而且达到了预期的目的。但教训也很深刻，在无法承受汇率相对灵活的波动之前强势推动人民币国际化进程，起码在改革次序的选择上是有瑕疵的。这其实也是亚洲金融危机给我们的教训之一，即要重视金融改革与开放的次序。人民币国际化不得不走回头路，只是再次印证了这一朴素的原则。

中国金融开放政策的经验教训

2017年的经济形势相对稳定，但国内的一些金融风险因素频繁爆发，特别是在影子银行、互联网金融和地方融资平台等领域。政府开始把精力集中到防范系统性金融风险，包括对监管框架的改革。2017年7月召开的全国金融工作会议决定成立国务院金融稳定发展委员会，统筹经济、金融政策。原先为了稳定汇率所采取的一些管理跨境资本流动的政策也纷纷退出了市场。10月，国务院宣布进一步加大金融服务业的开放力度，提高外资持股比例，并且承诺在三年之后不再对外资设定持股比例的限制。

可惜的是，国际社会没怎么买账。2018年元旦一过，美国总统特朗普就开始对中国挑起全面的贸易摩擦。贸易摩擦的表面理由是中美双边贸易顺差过大，但更重要的原因是他们认为中国的一些政策对美资企业造成了不公平的竞争，特别是保护知识产权不力、政府干预资源配置以及服务业不够开放，政府一度引以为豪的“以市场换技术”的政策也遭到了国际社会普遍的诟病。值得注意的是，美国有很多人不喜欢特朗普的做派，但却一致赞同他对中国的经济政策立场，欧洲各国的态度大致也是如此。7月6日中美开始对来自双方的进口品加税，标志着贸易摩擦正式开始。同期，人民币贬值的压力也一再上升。

中国的改革开放政策已经进行了40年，推进金融开放政策也已经历时20多年。如果用宏观指标来考量金融开放政策的效果，成绩还是很突出的。大量的外国直接投资对出口和增长都做出了重要贡献，国内金融体系相对稳定，而且国际收支一直比较健康，对投资者信心提供了支持。不过，金融开放政策的一些问题也比较明显，2017年“径山报告”《中国金融开放的下半场》对中国的金融开放政策总结了三大特征：一是缓慢、反复；二是决心大、推进难；三是政策协调性不够。

中国金融开放政策的经历也提供了一些重要的经验和教训，这些经验教训可以帮助中国更好地设计、执行下一个阶段的政策，对于其他正在开放中的新兴市场经济或许也有借鉴意义。

第一，宣布的政策要尽可能落实。过去我们经常“说得多，做得少”，这也许是“渐进式改革”的基本特征，但次数多了，会在市场上失去信用。我们在加入世贸组织时承诺对外资银行开放国内市场，实际上外资银行并没有真正享受到国民待遇。过去13年来我们也一直说要提高汇率的灵活性，但每当市场波动，决策部门就很紧张，央行就不得不采取各种干预措施。不过好在自2016年底以来，央行基本上没有再采取常规性的市场干预措施，几乎实现了“清洁浮动”，但这个政策能坚持多久，还有待观察。

第二，改革政策的先后次序很重要。金融改革要讲次序，这是有共识的，但这个理念并不总能得到很好的执行。我国从加入世贸组织的经历中总结出一条经验，就是“以开放促改革”。但如果把这个从实体经济中总结出来的经验机械地套用到金融领域，可能就不合适。如果国内改革没做好，打开金融大门就容易引发风险。因此，在实践中还是应该尽量把“以开放促改革”和“以改革助开放”结合起来。我国的当务之急应该是尽快完成利率市场化改革，同时大幅提高汇率的灵活性，然后才能考虑跨境资本流动的进一步开放。

第三，金融服务业开放可以先行。如果把广义的金融开放分为金融服务业开放和资本项目开放，那么前者完全可以走得快一点，因为外资金融机构的进入可以增加竞争，带来新的经营管理技术，有利于国内经济增长。金融服务业开放不涉及资本的大进大出，而且同样受到国内的监管，其实风险相对比较低。国内对外资金融机构的抵制，既有理念的因素，也有利益的因素。理念的问题可以通过讲清楚道理来说服大家，但利益的问题就比较难克服，可能需要决策者站在宏观的角度做出决断。

第四，务实地确定资本项目开放的目标。过去我们习惯性地将完全自由兑换当作资本项目开放的目标，这一点实际上值得进一步讨论。东亚国家发生金融危机的一个原因就是外债过多，而次贷危机之后，国际政策界形成了新的共识，即短期资本大进大出可能会带来较大的风险。因此，IMF 也开始改变政策立场，允许各国出于维护金融稳定或者货币政策独立性的目的对跨境资本流动采取局部的、临时的限制。对于中国来说，在短期内可能很难完全承受资本项目完全开放的后果，基本开放也许是更加务实的目标。

第五，金融监管的加强必须与金融的开放同步推进。金融开放有好处，但也会增加不稳定性，所以构建有效的监管框架的努力必须同步进行甚至先行一步。过去学界认为金融开放一定要选择宏观经济环境最好的时候，后来发现效果并不好，因为环境好的时候，会有大量的资本流入，进一步推动经济与金融的繁荣，但这就可能埋下金融危机的种子。反之，如果选择一个经济环境不那么好的时机开放，政府会更加重视风险因素。可见，关键并不是什么时机最好，而是在开放的时候有没有同步构建有效的风险防范机制。

债券市场改革发展的方向[①]

中国的债券市场有两个比较令人困惑的现象。

最近这几年，特别是十八届三中全会以来，政府一直在说要发展多层次的资本市场，尤其是债券市场和股票市场。过去我们担心出现高杠杆，担心很多钱进入银行体系，那杠杆率当然会直线上升，所以要发展多层次资本市场。但我们看到的结果不是资本市场上直接融资规模扩张，而是影子银行大幅扩张。影子银行的规模，有人估计为 50 万亿元，有人估计为 90 万亿元，总之非常庞大。债券市场目前大概有 75 万亿元的规模。这是第一个令人困惑的问题，从银行体系里流出的资金为什么没有去债券市场？

2009 年以来，政府一直在鼓励人民币国际化，其中一项重要的工作是开放债券市场，让外国投资者持有人民币资产，其中最主要的

① 本文创作于 2018 年。

就是债券。但实际上，外资持有占中国债券市场总规模的比例不到2%，2017 年底大概是 1.6%。这有点令人意外，虽然我们觉得中国的债券融资不够发达，但实际上债券市场的总规模已经很大了，在全世界排在第三位。这是第二个令人困惑的问题，债券市场在对外开放，为什么进来的外资却不多？

债券市场的七大问题

中国的债券市场到底存在什么样的问题？我们对国内外的市场参与者做了一些调研，归纳起来大概有七个方面。

第一，政策不确定性比较大。有时一项政策的推出没有经过太多预热，国际投资者反映最多的是过去两三年中国加强了对跨境资本流动的管理，这对很多国际投资者造成非常大的影响。

第二，监管标准不一。这里面比较大的问题是"九龙治水"，由于中国债券市场割裂比较严重，每个市场有不同的管理规则，而且相互之间并不连通，标准不一样，基础设施不一样，这对投资者非常不利。

第三，存在非市场化的定价机制。国企、地方平台和地方债中的这个问题更加突出。从国际货币基金组织的数据看，中国的信用利差和其他国家相比较要窄很多。同样的信用评级，如果信用利差比较窄，或者是因为债券风险比较低，或者是因为评级有问题。

第四，市场纪律没有真正落实。十八届三中全会提出要让市场机制在资源配置中发挥决定性的作用，但还没有落实到位。债券违约开始出现，但案例还非常少，而且绝大部分都是非国有企业。债券违约率远远低于国际水平，说明市场机制还没有真正发挥作用。

第五，流动性很低，主要是换手率低。原因很多，商业银行持有很大量的债券，但基本持有到期不换手。换手率过低有两个坏处：一是没有流动性，投资者不敢投资，担心进去之后出不来。二是没有交易就很难准确地发现金融产品的市场价值。

第六，中国的评级系统可信度比较低。对比一下中国和美国的债券评级，很容易发现评级的分布差异明显，中国债券的评级基本上都处于最高端，明显虚高，也就缺乏市场信誉。

第七，跟国际市场不接轨。外资起码可以通过三条通道进入中国，中国的企业也可以到海外投资，但这里面有两个问题：第一，这几个通道所对应的市场不一样，方法不一样，标准不一样；第二，市场打通了以后，由于国内外规则、制度不一致，包括会计、审计、结算等方面，导致了一个奇怪的现象——市场打开了，投资者进不来。

症结所在与解决之道

中国的债券市场存在这么多问题，原因很多。如果从路径依赖的角度来分析，可能有以下三个方面的原因。

第一，中国最初发展债券市场或者发行国库券，目的是帮助政府融资，弥补财政缺口。20 世纪 80 年代发行国库券，对于公职人员来说，购买国库券基本是被强制要求的，购买资金直接从工资里扣。这就意味着制度建设并不是相关部门在发展债券市场时最关注的问题。

第二，中国债券市场的发展是在资本项目相对被严厉管制的条件下进行的，出台各种政策或管理办法时没有考虑到外资的因素，当然也没有太多地考虑跟国际市场接轨的问题，一直是自己摸索着在做。现在债券市场开放了，这方面的问题就凸显出来了。

第三，中国的债券市场分割非常严重：有交易所的市场，有银行间的市场；有发改委管的企业债，有证监会管的公司债，有央行管的融资工具等。所以中国债券市场总规模比较大，但是格局看起来很混乱。在分割的大局面下，推动的主体不一样，发展的目的不一样，几个不同的债券市场间就出现了各自为政的现象。

如果再做一个概括，中国债券市场的问题五花八门，但要害问题是两点。第一点，多头监管，各管一摊。其结果就是今天我们看到的各债券市场标准不一、相互不连通，很多规则在制定时只是为了解决短期问题，没有考虑整体、长期的问题，刚性兑付、非市场定价、和国际不接轨等都跟多头监管有关系。第二点，商业银行持有大量债券，而且持有到期。银行对于所持有债券一般都是以成本计价持有到期，以资金池为主，交易行为不活跃，这会影响市场的深度。由于债券市场交易量很少，导致市场定价不准确，流通性也不好，很多投资人不敢进来。

现在怎么办？中国债券市场的总规模已经很大了，但还存在很多问题，这不但会阻碍债券市场的长期发展，也会严重影响债券市场在整体金融、经济中的作用。因此，我们现在需要对债券市场做一次大的改造、修补、翻新。总体的原则有三条：第一，要坚持市场化的方法，无论是发行定价，还是评级，或是刚性兑付等，都必须坚持市场化的原则；第二，要接受国际化的标准，特别是重新构建基础设施，这样才能让我国的债券市场真正地融入世界经济；第三，保证监管的独立性，监管职责要统一，监管标准要一致。

具体的措施有很多，但可以抓住一个切入点，即构建一个既协调又相对独立的债券市场监管体系，这可以从两个方面来做。一是在国务院金融稳定发展委员会的构架下成立一个“债券市场改革协调小组”，吸收人民银行、证监会、发改委和财政部的官员共同参与，其工作任务就是明确一套统一的监管标准与实施力度，同时加强各部门政策之间的协调。二是在明确政策框架之后，尽量保障具体的监管部门的专业性、独立性和权威性，同时把促进市场与行业发展的任务从监管部门分离出来，它们的任务就是支持市场秩序、保护投资者利益。

债券市场还要过四道坎

在未来这一段转型期或改革期，债券市场还会面临一系列挑战。从大环境来说，挑战来自两个方面：一个是宏观环境，包括政策的变化、去杠杆、经济增速放缓、利率市场化等；另一个是监管政策的加强，尤其是一些新的监管政策出台，会对债券市场的定价、估值造成影响。

具体而言，我认为有四个比较大的挑战。

第一个挑战，如何化解债券市场的风险。债券市场积累的风险比较多。第一，很多地方平台的债券到期后都需要展期，可能对市场造成冲击。第二，央行等部门在 2018 年 4 月发布了资管新规，对整个市场会造成比较大的影响。第三，信用风险。过去隐性担保、刚性兑付比较明显，现在相关部门说要释放风险点，那怎么在打破刚性兑付和维持金融相对稳定之间求得平衡，又会对市场造成什么样的冲击，需要关注。

第二个挑战，要去杠杆，这是中央的大政方针。现在全世界都说中国的杠杆率太高，我们必须把杠杆率降下来，这是中国应对系统性风险的重要政策工具。如何平衡债券市场的发展和去杠杆的关系，需要认真思考。从负面看，债券也是杠杆。从正面看，债券市场有利于识别、提高杠杆的质量，因而可能是有利于去杠杆的。

第三个挑战，中国的金融抑制政策还是很严重，在债券市场上，具体反映在名义 GDP 增长率和市场收益率之间的巨大差异。这种现象是不可能长期持续的。中国现在的情况和日本在 20 世纪六七十年代的情况差不多，名义 GDP 增长率非常高，但市场收益率很低，即资本的成本很低，这就是金融抑制的体现。有两种办法可以消除两者之间的差异，一种是名义 GDP 增长率不断下行，一种是市场收益率不断上升。日本当年的经历是经济增长率不断下降，中国会怎么样？

第四个挑战，是协调开放与改革的关系。过去我们一直坚持以开放促改革，但以改革助开放同样重要。债券市场的开放是中国下一轮资本市场的改革、人民币国际化的必要途径。但债券市场的投资是一项短期可移动的资本，很多国家的金融危机，尤其是新兴市场国家的金融危机都是从开放开始的，资本进来之后到了一定程度汇率便不断升值，资产泡沫升级，到了一定高点资本又会往外走，这时就可能引起金融危机。所以，在开放的过程中，要以国内相应的改革做出更好的铺垫，而不能单纯地以开放促改革。另外，在开放的过程中，必须设立一系列宏观审慎监管的政策。资本进来了当然好，但是总有一天还会出去，要避免资本大进大出酿成重大金融风险。

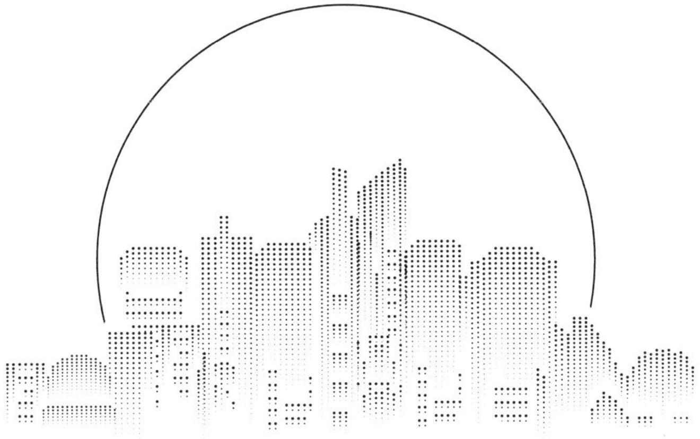

第三章

金融如何
支持实体经济

金融支持实体，重在普惠[①]

2020年9月1日，习近平总书记在中央全面深化改革委员会第十五次会议强调，加快形成以国内大循环为主体、国内国际双循环相互促进的新发展格局。这是根据我国发展面对的一系列国际国内环境条件变化做出的科学战略部署，意味着我国改革开放40年来，推动经济发展重心将从实施了近20年的出口导向型发展战略、“两头在外”的国际大循环发展模式调整为提高国内全要素生产率以提升我国重要产业在全球价值链中的话语权、“以我为主”的国内国际双循环模式，以满足内部需求作为出发点和落脚点，以更深层次改革促进更高水平开放，决胜脱贫攻坚后全面进入小康社会，经济转向高质量发展的新时代。这虽是百年未有之大变局下于去全球化思潮泛起、民粹主义和

① 本文创作于2020年，原标题为《“十四五”期间金融支持实体经济重在做好普惠》，有删改。

贸易保护主义抬头的变局中开新局的被迫之举，但亦彰显出我国最高领导人的高瞻远瞩、对经济发展规律的准确把握，这也为“十四五”规划做了方向指针。

实际上在过去一段时期，经济政策已经日益重视内需推动经济增长的作用。一方面，中国经济从改革初期的小国经济成长为当前的大国经济，在国际市场上出现了“中国买什么，什么贵；中国卖什么，什么便宜”的现象，这就意味着中国很难像过去一样长期保持出口的快速增长，不然可能给国际市场造成持续结构调整的压力。另一方面，全球金融危机以来，一些国家基于国内经济结构的原因，开始转向采取贸易保护主义的政策，特别是美国政府不断挑起与中国的贸易冲突。更重要的是，当前中国已经成为超大经济体，内需不仅可以帮助中国企业增长，甚至会成为一大批国际企业的目标市场。但国内国际“双循环”的政策思路并不仅仅指内需变得更加重要，而是在国内需求与生产之间形成一个良性循环，同时与国际循环形成密切合作的关系。

金融业作为现代经济的核心、实体经济的血脉，于波谲云诡的国际经济政治和市场环境变局之中开新局，于不断上演的贸易摩擦和金融危机之中育新机。我们需要深刻了解当前经济金融环境和其衍变的客观规律，一方面提高对科技创新的金融支持力度，促使重点领域尽快突破核心技术不再受制于人，新技术新产业多点开花为以国内大循环为主提供科技支撑力，另一方面扭住扩大内需战略基点，将金融资源融入生产、分配、流通、消费多个环节，促使其更多依托国内市场，为形成需求牵引供给、供给创造需求的更高水平动态平衡提供“金融活水”。这都需要金融业更好服务实体经济，更好地借助金融科技手段做好金融普惠。

金融为什么不支持实体经济

从2007年到2018年，中国的边际资本产出率从3.5上升到6.3。也就是说，每生产一个新的单位GDP，在2007年需要3.5个单位的资本投入，而到了2018年就需要6.3个单位的资本投入，这说明资本的效率确实已经直线下降。过去几年，中小微企业关于“融资难”的抱怨一直没有停止过，甚至有愈演愈烈的趋势。另一个同样严重的问题是普通老百姓“投资难”，老百姓有很多可投资的资金，却缺乏有效的投资渠道。“融资难”和“投资难”两个问题如果不解决，不仅金融体系会出现很大的问题，经济增长也会遭遇重大困难。

出现这个问题的一个根本原因在于经济增长模式已经在发生转变，但金融模式还没有转过来。1978年中国改革开放之初，生产成本极低，中国经济依靠劳动密集型制造业迅速扩张，大批农村剩余劳动力从农村进入城市，推动制造业快速增长，其产品也是因为成本低而具有价格优势，虽然质量不高，但在国际市场上有绝对竞争力，“中国制造”的品牌推动中国完成向世界工厂的转型。因此，过去40年中，中国经济增长在一定意义上是在借鉴他国成熟技术、成熟管理、成熟产品的经验，实现了大幅的粗放式增长，依靠要素投入型增长从低收入发展到中等收入国家行列。2007年，中国人均GDP达到了2600美元，进入中低收入水平行列，2019年中国人均GDP已经超过1万美元，已是中高收入水平。世界银行的高收入标准是12600美元，意味着中国离高收入门槛已经很近了。

在这十几年间，人民群众的生活改善是毫无疑问的。但是从另外一方面来说，我们的生产成本也提高了，人均工资提高，尤其是农民工收入报酬水平提高，使得消化这些成本中国需要直面中等收入陷阱，需要通过产业升级来生产高附加值、高技术的产品，而并非低端劳动密集型产品，通过加大创新来跨越中等收入陷阱。中国2001年加入世界贸易组织之后，变为世界工厂，制造业全球扩张，获得快速发展，但客观而言，中低端产品较多，在全球市场面临替代性竞争，同时在贸易摩擦日益加剧的全球市场环境下，制造业增长日益疲软，也需要通过产业升级来实现竞争力的提升。因此，世界工厂需要在“中国创造”上下功夫。

世界银行数据显示，按现价美元测算，2010 年中国制造业增加值首次超过美国，成为全球制造业第一大国。中国拥有 41 个工业大类、191 个中类和 525 个小类，是全世界唯一拥有联合国产业分类中全部工业门类的国家，形成了一个举世无双、行业齐全的工业体系，能够生产从服装鞋袜到航空航天、从原料矿产到工业母机的一切工业产品。这是中国竞争力的重要源泉，也是进一步升级产业所必需的基础和动力。

可以看到，我国工业在全球格局中整体呈现“大而不强”的局面，这与我国改革开放 40 年的粗放式发展息息相关。因此，进入“十四五”时期，要实现经济高质量发展与更高水平开放，更好参与全球竞争与合作，我国产业升级迫在眉睫，应大力发展战略性新兴产业。要提升产业创新能力，以筑牢产业链安全体系、破解产业链发展中“卡脖子”问题为核心，集中资源实施重大科研攻关，打造世界级产业集群，引导互联网、大数据、人工智能、区块链等新兴技术与实体经济相互融合。

这些对于金融业而言，就意味着金融服务模式、风险管理模式的转型，如何更好地支持经济转型和产业升级成为摆在金融业面前的一道难题。在目前经济增长从要素投入性增长向创新驱动型增长的过程中，也因为金融服务惯性而出现了金融不能很好支持实体经济的情况。边际资本产出率从 3.5 变成 6.3，就说明金融服务效率在逐步下降。因此，金融业需要因时因势迎接经济环境改变带来的挑战，改变传统服务模式，支持经济可持续增长。金融业如何更好地支持创新，来做好自身供给侧结构性改革的时代课题，也是迫在眉睫的问题。

一方面，目前在以银行为主的间接融资金融体系下，中国非金融企业外部融资中，银行信贷和影子银行类信贷占比大约为85%，资本市场融资占比大约为15%。这样的金融结构服务传统企业行之有效，但是当经济需要创新驱动的时候，可能产生的不确定性风险大幅增加，而风险和回报成正比，因此金融资源的投入需要相对更高的回报来覆盖其承担的风险。在这方面，资本市场支持创新的能力更强，直接融资可以更为专业地识别风险，甚至在股票市场上实现投资家和企业家的风险共担。这就对金融体系提出了创新的要求。因此，近年来我国也在不断推进直接融资市场的发展。对比国际上的金融体系，美英以资本市场主导的直接融资体系为主，而德国和日本则以银行间接融资为主导。对于目前的中国而言，资本市场以多大程度、多快速度支持中国经济的创新增长，如何借鉴两种金融体系的经验和优势，都需要做好衡量。总体而言，德国和日本的金融模式更应该是我们学习的对象。

另一方面，虽然大型集团创新研发较有实力，但创新通常更普遍地如星火散落在中小微企业之中。同时，扩大内需战略也需要推动国内服务业尤其是生产性服务业大力发展。服务业企业的大多数为民营和中小微企业。而融资贵、融资难问题一直困扰着中小微企业的发展，传统银行业的风控体系制约了其对中小微企业等长尾用户的精准风险定价和服务。传统银行风控一看财务数据，包括资产负债表、利润损益表和现金流量表，而中小企业财务并不规范；二要求抵押贷款，但并不是所有中小微企业都有房产可以抵押；三是关系型贷款，主要依靠人际关系、社会关系信息等软信息，但这需要在小规模的熟人社会，成本也相对较高，建立在有长期交往的前提下。

这种情况下，盲目要求扩大贷款覆盖面，提升企业贷款可得性，鼓励金融机构多发放贷款，就会有更大风险。金融机构必须苦练内功，独具慧眼。

数字科技推动金融普惠中小微企业

为了更好服务创新创业和中小微企业，同时弥补传统银行业服务上的空白，国内还是有了新的探索——新型互联网银行，如微众银行、百信银行、网商银行、新网银行等，没有实体营业部，基于线上服务为客户提供贷款。总体而言，其特点在于：一是大型科技平台实现网上贷款，网络平台依靠其C端获客优势，可以很好地覆盖中小微企业、个人等长尾人群，且平台获客的边际成本几乎为零；二是广泛用户的“数字足迹”生成用户画像，互联网银行用户的社交、支付、浏览等行为大数据在中台计算之后反过来反映用户信用条件和业务状况；三是大数据技术与机器学习技术相互融合，依据用户信用条件实现大数据风控和预警。

北大数字金融研究中心和国际货币基金组织做了一个研究，将利用网商银行的后台金融科技和非传统数据构建的风控模型与传统银行依赖于财务数据和打分卡的风控模型进行比较，结果显示对于小微企业而言，前者更为有效。原因在于：第一，互联网实时数据与行为数据的动态化和交互性更强，比传统有滞后性的财务数据更有优势；第二，机器学习模型可以抓住很多非线性关系和变量之间的交互作用，最后做出来的对违约的预测比传统银行更好。

因此，当前经济转向高质量发展阶段，要迈过中等收入陷阱，我们直面的问题是金融系统如何支持创新和中小企业。具体做法是：一方面大力发展资本市场，促进直接融资市场在支持创新和小微企业方面发挥更大作用；另一方面传统金融业需要加大金融创新，“两条腿走路”，一条腿是线下中小银行利用软信息，一条腿是线上新型互联网银行利用大数据。目前，我国金融科技已经在一定程度上实现了引领性发展，普惠金融发展成就举世瞩目，这方面的经验可以继续推广，同时需要进一步加大风险管控能力。

2020年以来，突如其来的新冠肺炎疫情给了实体经济和金融体系很大挑战，企业资产负债表迅速恶化。但是同时也倒逼金融机构加大数字化布局，促进金融资源通过科技手段普惠到更基层领域。为了应对疫情，我国出台一系列金融、财政措施：一方面货币政策多次降准确保流动性，在前期推出3000亿元抗疫专项再贷款和1.5万亿元普惠性再贷款再贴现的基础上，进一步创设了普惠小微企业信用贷款延期支持工具和普惠小微企业信用贷款支持计划这两个创新直达实体经济的货币政策工具；另一方面财政资金给予利息补助，在“六保”“六稳”格局下推动第二季度GDP实现正增长。

一般而言，面对危机，政府对小微企业的救助包括提供补贴、失业救济与直接发放，这也是很多发达国家和发展中国家在本次疫情之中用得最多的三大财政政策。而中国的政策不太一样，主要着力于三个方面：一是固定资产投资，二是减免税收，三是公共卫生开支。这三项都很重要，与其他国家的差异在于把钱直接送到中小企业和老百姓手上的渠道不多。因此，财政政策目前创设直达基层，主要在保基层运转上下功夫。但推动疫后经济发展还是主要靠金融业在政策扶持下更好地做好普惠，下沉金融服务，推动经济内生动力的迸发和消费的转型升级。

值得注意的是，虽然数据显示从2020年3月开始，中国个体经营户的业务开始复苏，但是到80%左右就起不来了，这意味着本次疫情的影响要恢复，是一个很缓慢的过程，而且仍有很多不确定性。因为新冠肺炎疫情的国际蔓延趋势还在，对于金融机构而言，就意味着不确定性和不良率上升的风险。前期在货币政策和财政政策的配合下，我国扩大了金融机构对受疫情影响的企业的支持，在战疫保供、复产复工的基础上，后续需要金融机构、央行与财政一起为中小微企业提供“几家合作”的风险处理预案。而在落实相关财政金融支持政策方面，金融科技将大有所为，比如精准支持、提高时效性、降低成本、大数据风险管控等。数字金融的大发展，对全世界而言都将是一场创新性革命，但一定要做好风险管控和预案，需要提前明确不良承担如何分配。

农村金融的新方向[①]

我国农村金融的发展困局

我国农村居民和涉农企业贷款难主要体现在两个方面：一方面，农户的贷款需求没有被充分满足，甚至有些根本没被金融服务覆盖；另一方面，随着农业产业化的逐步升级，资金问题也成为制约农村企业发展壮大的关键阻碍。

农村金融服务天然困难

金融交易的根本矛盾在于信息不对称，具体的困难体现在获客与风控难度大、成本高。一方面，我国农户生产规模普遍较小，农业经

① 本文创作于2019年，原标题为《改善农村金融服务的重大机遇：产业化、数字化与市场化》。

营的市场风险和自然灾害风险都较高。再加上涉农主体可抵押资产少和缺乏完善、长期的财务信息等信息不对称问题导致银行难以对涉农主体进行信用评估，进一步加剧信贷风险。另一方面，农村地区网点少、地区面积大、农户单笔贷款金额低，每位信贷员负责的贷款笔数较多，在尽职调查、监督贷款用途和催收等方面的力度十分有限，造成了农村金融服务的规模不经济。

不当管制加剧农村金融发展困局

虽然我国政府为促进农村金融发展出台了大量的政策措施，但是这些改革措施尚未触及竞争性市场和市场化的利率价格这两个配置金融资源的最核心手段。农村金融发展面临困局，主要表现为以下几方面。

第一，金融市场准入的严格管制。长期以来，我国金融机构的成立和市场准入以牌照管理的形式受到政府部门的严格管控，农村金融市场也不例外。其直接的后果是，农村金融机构数量少、竞争不充分，农信社、农商行在当地一家独大。虽然近年来农村金融领域开展了一系列改革，村镇银行、资金互助社和小额贷款公司等新型农村金融机构获得了发展，但机构数量还极其有限，而且吸储等银行服务功能还受到高度管制，无法在农村金融市场跟农信社形成有效竞争的局面；民营银行的设立在逐步放开，但由于“一行一点”的监管规定，民营银行不能另设分支机构，也因无法扩展规模而被限制了发展。

第二，对存贷款利率的严格管制。尽管目前银行存贷款利率已经放开，但农信社、农商行等农村金融机构的贷款利率并不能完全自主浮动。根据调研了解，只要农信社、农商行制定较高的贷款利率，便会受到来自省联社的关注以及监管层的窗口指导。目前国内小额贷款利率低于国际平均水平，国内小额贷款机构中，银行类机构利率又显著低于其他机构。难以浮动的信贷价格使得涉农贷款利率无法完全覆盖其风险和成本。

第三，农村金融机构的公司治理缺陷。自2003年改革以来，虽然农信社历史包袱得到有效化解，资本状况有一定程度改善，服务“三农”的能力有所增强，但是农信社相对发展仍然较慢，不良率居高不下，近年来还长期高达2.6%，明显高于一般商业银行和城商行等。而由于农信社历史遗留的治理结构缺陷，管理体制难以理顺。一是农村信用社资金向上集中，有效激励约束机制缺失导致创新不足，涉农信贷服务仍然薄弱，在“三农”市场上的覆盖深度和广度没有根本改善。二是微观层面产权不清和管理体制上省联社行政干预并存且互相适应。农信社产权改革不彻底，法人治理失效，内部控制制度薄弱，内部人控制倾向明显；在省级政府承担风险处置责任的背景下，省联社以控制风险之名，施行政管理之实，对农信社人事任命、业务经营形成全面干预。

第四，政策性金融扶贫的乱象。农村政策性金融是为配合政府实现发展农村经济的政策目标，在农村特定领域内进行的直接或间接政策性融资活动。目前各地在农村金融领域以补贴形式为主所采取的政策性金融和普惠金融相融合的方式造成了地方金融机构目标多元化：既要满足政府的一系列政策性扶贫要求，又要作为经营主体追求利润。两个难以调和的目标极容易扭曲政策效果：既容易使农村金融机构利用政府提供的优惠补贴资金服务农村非贫困群体，也容易使金融机构出现道德风险的倾向，以自己承担扶贫任务作为经营业绩差、讨要政府补贴的理由。由于政策性金融和普惠金融在实际政策中混为一谈，政府的扶贫措施难以精准落实到贫困农户上，往往是有社会关系、有经济实力的农户和涉农企业获得了政府补贴，致使政策效果反向而行。

农村金融的新方向

农业产业化的兴起

农业产业化使得农村经营主体由农户转变为养殖大户和农业企业，其经营管理能力、风险抵抗能力相比农户获得极大的提高，企业运作的规范化又能部分解决企业与银行间的信息不对称问题。依托于企业上下游供应链的整合，银行能够更加清晰地了解到核心企业周围的小微企业、农户的生产经营状况，为风控提供了评估基础。通过基于龙头企业的供应链金融，原本农村小散户信息缺乏、没有抵押品等问题就可以通过企业这样的“信息中介”得到解决。

数字金融的兴起

随着金融科技、农村业务模式的不断发展，除了传统线下利用熟人软信息的普惠金融模式以外，又出现了利用供应链进行数据化放贷、融资租赁和数字普惠技术等新型农村金融的解决办法。它们各有优势且互为补充。农村金融产业链共分为两大基础设施，三方主体：两大基础设施分别是以支付结算体系、征信体系和监管体系为代表的基础设施；三方主体则为资金供给方、资金需求方和中间的金融中介商。随着第三方支付的兴起和大数据风控技术的发展，基础设施的完善使得传统金融机构以外的新型金融中介得以参与并改善农村金融供给不足的问题。目前，活跃在农村金融领域的新型金融中介机构主要有以农业龙头企业为代表的农业产业平台（如正邦、正大、温氏等），以蚂蚁金服、京东金融为代表的电商平台，以及 P2P 类的涉农互联网金融平台。

分层次的解决方案

农村金融领域的需求是多层次的，按照客户群体大体可以分为三层：第一层是资金需求量较大、信用资质较好的农业大户群体，这类群体主要通过传统金融机构以及供应链金融获得金融服务；第二层则是资质较为普通、有生产性融资需求的普通农户或小微农村企业，这部分农户在获取传统金融机构贷款时由于资质原因，额度可能会有所不足；最后一层是普通分散的个体农户，他们主要会在生活中产生一些消费性金融需求，这些需求额度较小、频率较高，但传统金融机构因成本收益不对等而对此重视程度不高。

对于第一层的农业大户群体，农业产业化的趋势将导致更深入的行业整合，从而更有力地解决信息不对称问题，为降低信贷风险提供了可能。拥有产业信息优势的农业企业，结合互联网技术，可以使贷款流程效率提升。蚂蚁金服和龙头农业企业的合作就是典型的案例。另一种可能的尝试是在特定的细分领域下发挥农业产业化的优势，例如宜信看准了随着规模化生产而兴起的大型农机租赁生意，将一个专业的领域用数字技术的风控模型识别清楚了，就可能通过大规模推广而获取收益。

对于第二层的中小微企业和农户，虽然长期以来由于风险太大、信息不足等原因，传统金融机构覆盖率有限，但目前由于技术水平的推进，加上未来利率灵活性的进一步提升，此类最难获得贷款的群体将有希望获得金融服务的覆盖，例如蚂蚁金服联合中和农信就做出了有益的探索。另一方面，技术革新推进了在不同场景下的服务方式创新，京东金融通过把小型合作社的养鸡过程进行全方位数据化，可以在一定程度上估测农户的未来收益，使之成为获取贷款的信用凭据，更好地服务了这类相对弱势的群体。

对于第三类群体，他们的消费性需求小而分散，正好与数字金融的网络性、快捷性、去中心化的特征相匹配。目前蚂蚁金服等企业已经通过支付宝的普及积累了大量的个体数据，再经过初步的风控模型即可为普通个人授信。虽然这样纯线上授信的方式额度有限，一般满足农民的临时性、消费性需求，但也正因为其数额小的特点，并不容易形成广泛的坏账；而且通过贷款人在平台上的续贷行为和延伸消费行为，平台可以更精准地为用户画像，未来还会有更广阔的发展空间。

政策思考

我国的农村金融正面临一个重大的发展机遇。如果能够很好地抓住市场化、产业化和数字化这三大趋势，并以此来改造我国的农村金融，农村金融不仅可以很快地改变面貌，而且可能很快会走到其他发展中国家的前面。

一是市场化。关键就是让市场机制在农村金融资源的配置与定价中发挥决定性的作用，如果过去我国的农村金融服务做得不如很多其他发展中国家好，最重要的原因可能就是市场化改革远远地落在了后面。利率不够灵活、回报不能覆盖风险，进入门槛很高、农村的金融机构很少，部分农村金融机构的治理结构扭曲，行政权凌驾于所有权之上，等等，都导致农村金融服务供给的减少。一些政策措施也经常“好心办坏事”，比如监管部门要求商业银行增加对小微企业和涉农企业贷款的比例，但同时又大力整治“乱收费”，结果往往让金融机构“里外不是人”。如果能够尽快推进市场导向的农村金融改革，消除这些政策扭曲，相信农村金融服务的供给将会显著增长。

二是产业化。农村金融难做，其实是一个世界性的问题，关键还是因为农户往往居住分散、规模小、生产季节性强、风险大，也没有抵押资产。这些问题使得获客成本提高，风控难度增大。农业产业化却可以极大地缓解上面这些问题的约束，产业化有利于进行专业分工，加强市场开拓，提高经济效率，当然最重要的是可以帮助降低信息不对称的程度。生产规模的扩大会降低信用平复的难度与成本，而依托龙头企业的供应链金融则可以把金融服务的范围扩大到在产业链上与龙头企业合作的农户，直接利用产品和信息的流动帮助做风控，走出在传统农业中金融服务难做的困境。

三是数字化。中国的数字金融起步时刻应该是2003年阿里巴巴的支付宝上线，现在已经走在了世界的前列。一些新兴与传统的金融机构利用移动终端和大数据分析支持金融决策，已经展示出极大的普惠性特点，而这恰恰也是数字技术可以推动农村金融发展的重要原因。传统农业与农户的一些特点不再是金融服务不可逾越的障碍。只要农民“触网”，金融机构并不需要把实体分支机构建到每一个乡镇，也不一定需要去实地验对抵押物、生产活动、收入来源。金融机构可以利用社交媒体或者网络购物等数据分析潜在客户的信用状况。如果能很好地运用数字技术，我国的农村金融服务也可能会走到世界前列。

按照农村客户分层的思路，顶层是产业化客户，中间是小规模农户，底层是个体农民。新的农村金融策略的突破方向显然是在两端，服务个体客户可能主要得依靠数字金融，而服务小规模农户依赖很多软信息，这是本地化的传统金融机构的长项，产业化的客户则可以由传统和数字金融机构共同服务。当然，让哪个机构服务哪个客户，并非政府部门的责任。但市场化策略应该要由政府来推动，包括从利率市场化、开放非歧视性准入和理顺农村金融机构的治理结构等方面入手。落实产业化策略和数字化策略主要是经济部门的任务，但也需要政府的努力才能有效推动。比如，农业产业化需要土地的流转和人口的流动，再比如金融数字化需要网络、数据和必要的信用环境。

以下是几条具体的政策建议。

第一，尽快实现市场化利率，该取消对农村存贷款利率的变相限制，增加农村金融服务的有效供给。

“融资难”和“融资贵”实际上是两个不同的问题，对于农村的服务对象来说，解决“贷款难”的问题比解决“贷款贵”的问题更加重要，只要没有出现人为的市场操纵，并且利率不超过高利贷的界限，监管部门不要轻易干预资金定价。农村的借贷成本相对较高，实际上很正常，因为风险也高。监管部门尤其不应再违背市场规律，行政性地要求金融机构降低对涉农企业的借贷成本，否则反而会减少农村金融服务的供给，甚至造成金融资源配置的扭曲，实际上是“好心办坏事”。

第二，建立金融市场非歧视性准入的准则，鼓励民营金融机构服务农村金融市场，增加竞争。

现在在农村提供金融服务的，基本上就是农村商业银行或者农村信用社。提供农村金融服务的，当然可以是大银行、大机构，如中国农业银行和美国富国银行，但主力必定是中小金融机构。因此，有必要在不降低资质条件的前提下放开准入，增加农村金融机构包括民营小银行和新型互联网金融机构的数量，这样既有利于增加农村金融服务的供给，也会提高竞争压力，改善服务质量，同时遏制融资成本的上升。

第三，遵循“谁出资、谁决策、谁承担后果”的原则理顺农村信用社的公司治理机制。

农村信用社的省联社已经成为一个十分尴尬的存在。不可否认的是，省联社曾经发挥了非常重要的作用，在一些地方可能还在从事有益的工作。但当前大多数省联社的构架和功能都是违背市场规则的，既非所有者，也不是上级部门，又不是监管机构，却对农信社和农商行行使人事与业务干预权力。这在很多农商行完成股份制改造甚至已经在资本市场上市之后，显得非常荒唐。不过最近各地省联社也做了一些转型尝试，从作为持股股东到转型为服务机构，各种模式都有。

不管省联社改革走哪条路，都应该遵从以下几条原则：一是按照市场经济规则，明晰产权关系，促进农村信用社法人治理结构的完善和经营机制转换，使农村信用社真正成为自主经营、自我约束、自我发展、自担风险的市场主体。二是按照为“三农”服务的经营方向，改进服务方式，完善服务功能，使农村信用社真正成为农村金融主力军和联系农民的金融纽带。三是按照因地制宜、分类指导原则，积极探索和分类实施股份制、股份合作制、合作制等各种产权制度，建立与各地经济发展、管理水平相适应的组织形式和运行机制。四是按照责权利相结合原则，充分发挥各方面积极性，明确农村信用社监督管理体制，落实对农村信用社的风险防范和处置责任。

关乎治理结构改革，有两条具体的建议：一是做实各农村商业银行的治理结构，保留区域性牌照的定位，鼓励深耕本地市场，不鼓励盲目以“做大做强”为主要目标，因为农村金融的关键是要做到“深耕细作”。同时，要允许农村商业银行之间市场基础上的跨区域并购，增强市场化的竞争。二是建议省级联社转型为市场基础上的服务平台，主要功能定位为做好基础设施建设、建立健全信息系统等，在专业性的基础上努力提升服务职能。原则上应该由专业的人做专业的事，省联社为农商行提供科技系统输出、产品研发、战略咨询、人员培训、岗位招聘、业务指导、同业交流等服务，逐步淡出行政管理领域，理顺治理关系，避免管理上的权责不匹配。同时应该注意到，由于各地具体情况有差异，“一刀切”式的改革模式并不可取，充分尊重县级联社意见、采取因地制宜的改革模式已成为业内的共识。

第四，积极支持数字技术的软硬件设施建设，为数字金融的健康发展创造良好的外部环境。

发展数字金融是机构的事情，但政府可以提供重要的助力，比如提高通信信号的覆盖面和智能手机的普及率。更为重要的是帮助建设一个良好的数据与信用环境，大数据分析是数字金融的生命线，但政府应该规范市场行为，在保护个人隐私和运用大数据分析之间划一道界线。政府部门也可以开放诸如税收和电费等的信息，特别是把数字金融纳入征信体系。

第五，重构中央和地方双层农村金融监管框架，统一标准、分散实施，同时建立有效的风险防范和处置机制。

建议明确双层农村金融监管框架，农村金融机构通常数量大、规模小、业务区域集中，因此可以把监管政策的实施责任交给地方的金融监管局。农村信用社省联社改革的一种思路是转型为农信社的监管者，纳入省金融监管局的编制。但监管政策标准、规范的制定和统筹一定要放在中央的“一行三会”，这主要是因为金融业特别是数字金融业迁移比较容易，金融风险传导比较快，不能因各省的监管政策不一致而导致严重的套利行为。不要学美国各州独立发牌照的做法。

除了准入，监管部门的一个重要责任是防范与化解农村金融风险。建议设立一个日常的风险监测与分析机制，及时宏观调整、微观审慎监管政策，预防金融风险的累积与蔓延。同时应该建立一个统一的、市场化的风险处置机制。现在由各省政府承担农信社风险处置责任的做法不可持续，应该考虑将这类机构纳入全国的存款保险制度。同时强化市场纪律，资不抵债的金融机构就要及时退出。

金融如何支持民营企业[①]

民营企业融资问题

过去几年来，社会上关于“金融不支持实体经济”和“民营企业融资难、融资贵”的抱怨一直非常强烈。政府几乎每年都会出台一些具体的举措解决这些问题，但似乎没有产生显著的效果。这些现象起码提出了三个方面的问题：第一，为什么近期经济对金融服务的满意度下降了，是金融体系恶化了还是经济本身发生了改变？第二，为什么政府出台的这些政策效果有限，如果政策出现了一些偏差，主要是发生在制定过程还是实施环节？第三，需要采取一些什么样的举措，才能从根本上扭转目前的局面？

中国经济发展进入了新的阶段，在经过多年的快速发展之后，低

① 本文创作于2019年。

成本优势已经不复存在。中国已经面临“中等收入陷阱”的挑战，要保持可持续增长，经济就必须转型，从要素投入型增长向创新驱动型增长过渡。但创新驱动型增长需要更多地依靠民营企业。今天，民营企业不但提供了中国经济中 90% 的新增就业，也贡献了 70% 的国内知识产权。可以说，民营企业发展得好不好，在相当程度上决定了中国经济的未来。所以，今天中国所面对的根本挑战是经济需要转型，但金融体系还没有转变过来。

客观地说，当前的金融体系内生地存在一些对民营企业的歧视：第一，商业银行风控决策需要看历史数据和抵押资产，而民营企业最缺的就是这些；第二，政府对国有企业还有一些或隐性或显性的担保，民营企业通常享受不到这样的担保，这实际就是对民营企业的政策性歧视；第三，政府把正规金融部门利率压得很低，让银行能够真正服务的民营企业的数量变得更少。也就是说，民营企业融资难这个现象是长期存在的，只是现在变得更加突出。而现在变得突出的一个原因，是民营经济在中国经济中的重要性大为提升，如果说民营经济过去只是发挥补充性的作用，那未来就要成为关键性的力量。

以上两个导致民营企业融资不利的因素比较容易理解，利率干预的影响就相对复杂一些。我们可以设想中国存在两个金融市场，一个是正规的金融市场，比如商业银行，另一个是非正规的金融市场，比如民间借贷、影子银行甚至数字金融。首先我们假设两个市场之间不存在企业资质的差异以及政策扭曲，这样两个市场的均衡利率应该是一样的（图 3–1 中的 r^*）。现在我们考虑正规金融市场的政策扭曲，具体而言就是压低银行的存贷款利率（图 3–1 左图中利率从 r^* 降低到 $\bar{r}$），这个市场就会出现贷款需求过度、供给不足的问题。如果银行要做信贷配给，肯定会首先将民营企业排除到正规市场之外，因为从银行的角度看，这些缺乏历史数据、抵押资产和政府担保的民营企业的风险更高一些。无法从银行获得贷款的民营企业只好到非正规市场去寻找融资，这样就推高了非正规金融市场的融资利率（图 3–1 右图中利率从 r^* 提高到 r）。

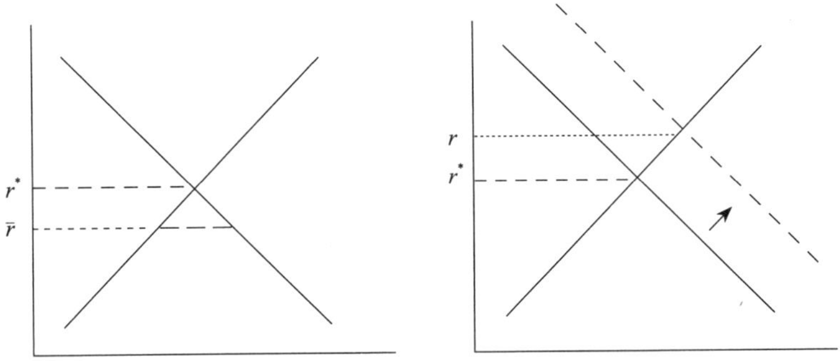

图 3–1　正规金融市场与非正规金融市场的利率双轨制

上面这个简单的分析告诉我们三个基本的金融道理：一是政府商业部门将银行的贷款利率压低，实际是恶化而不是缓解了民营企业的融资困难问题，同时也推高了大多数民营企业的融资成本；二是“融资难”和“融资贵”这两个难题，不要混在一起解决，最好分开来化解，因为对于大多数民营企业来说，最大的矛盾即融资难的问题已进一步恶化。

相关政策效果为何不明显

从 2013 年起，中国政府一直高度关注民营企业融资的问题，几乎每隔两三个季度就会出台一个政策缓解金融不支持实体经济与民营企业融资难、融资贵问题的政策。虽然每次政策出台以后，我们都可以看到反映了“立竿见影”效果的统计数据，但如果深入银行和企业调研，就会发现实现效果并不明显，民营企业融资难、融资贵的问题在短期内可能有所缓解，但并未得到根本性的扭转。

深究原因，恐怕还是所采取的政策措施对基本金融规律重视不够，没有完全对症下药，行政性举措和运动式施政的特点非常突出。政府部门在过去出台了许多政策措施，归纳起来主要是两条：一是要求商业银行增加对民营企业的贷款，尤其是每年民营企业贷款在总贷款中的比例要明显提高；二是银行必须降低民营企业的融资成本，取消一些额外收费甚至直接降低贷款利率。应该说，这两条政策措施都充分体现了决策部门扶持民营企业的良好意图，但结果却不尽如人意，不是事倍功半，就是好心办坏事。比如，商业银行不愿意给民营企业贷款，无非就是两个方面的原因：第一，对于没有历史数据、抵押资产和政府担保的民营企业，商业银行缺乏有效的风险评估和风控手段；第二，贷款利率太低，商业银行无法对民营企业做市场化的风险定价，因为民营企业本来就风险大，资金回报太低，就不能覆盖风险。基础性的障碍没有消除，政府部门却强制要求银行执行支持民营企业的政策，商业银行只能被动应对，勉为其难地增加对民营企业的贷款，但因为利率水平低于风险水平，未来这部分资产很有可能形成新的风险。我们在调研中也发现一部分银行存在阳奉阴违、弄虚作假的现象，比如银行以低利率贷款给民营企业家，民营企业家又反过来购买收益率稍高的银行理财产品。这样经过一轮资金空转，从表面看银行满足了监管的要求，民营企业家也得到了好处，但资金并没有按照政府部门的要求用于支持民营企业的发展。过去几年，我们每次都感觉支持民营企业融资的政策收到了一定的效果，但很快民营企业融资难的矛盾又会变得很突出，很有可能银行数据有不少表面文章。

民营企业融资难的问题折射到宏观经济，反映出来的矛盾就是宏观货币与微观融资之间的通道被堵塞了。即使货币政策扩张增加市场的流动性，钱也很难流到迫切需要融资的民营企业，也就无法有效起到逆周期调节的作用。这个矛盾也反映到近年“去杠杆”政策的效果当中，本来“去杠杆”政策的目的是降低综合杠杆率，同时提高杠杆的质量，但实际上，“去杠杆”政策降低了民营企业的杠杆率，国企的杠杆率不仅没有下降，反而有所上升。考虑到平均而言民营企业的效率要高于国有企业，这个变化相当于好杠杆减少、坏杠杆增加，这显然是与政策目标背道而驰的。而其背后的原因是跟融资难问题一致的：金融机构既不会对越来越重要的民营企业做合理的风控，又无法实行市场化的风险定价。理所当然地，民营企业就不是它们的“优质客户”。这样，银行的合理选择，要么是把资金贷给国有企业，要么从事类似影子银行交易的各种“投资”活动，要么让资金在金融体系内空转，要么去推动资产价格的大幅上涨。“金融不支持实体经济”的矛盾，其实就是由此而来。

因此，金融改革最为迫切的任务应该是打通宏观货币与微观融资之间的渠道。但完成这个任务，不能主要依靠行政手段，而要靠市场化的工具，特别需要尊重金融规律。行政手段不是不可以用，短期内事关紧急，要求银行响应政府的号召做一些事情，可以理解。但行政手段毕竟难以持续，搞不好还会事与愿违，好心办坏事。如果政府觉得有必要对一些特定的企业在特定的时期提供政策支持，这样的政策应该由政府财政或者起码由政策性金融机构来执行，而不是强制性地将责任推给商业性金融机构。

金融改革的市场化手段

金融改革的市场化手段有很多，简单地看，可以从三个方面入手。

第一，完成利率市场化的改革。利率市场化的核心是要做到市场化的风险定价，有多高风险，就定什么样的价格。过去长期压低正规金融部门特别是银行的利率，相当于让居民补贴企业，支持生产、出口和投资，但客观上这个政策反而减少了银行对民营企业的融资支持。2015年底央行取消了对存贷款利率波动区间的最后一道限制，但仍然保留了银行定价的影响，主要是因为担心银行风险定价的能力不足和货币政策传导渠道不畅。但利率不灵活，银行就无法根据风险来确定利率。因此，利率市场化不仅是为了控制风险、提高资金配置效率甚至改善货币政策的传导机制，更重要的是为了实现市场化的风险定价。没有市场化的利率定价，金融机构就无法真正为民营企业提供金融服务。为什么民间借贷、影子银行和金融科技可以为民营企业提供融资服务，其中一个很重要的原因是它们摆脱了正规部门的利率管制，实现了变相的利率市场化。好在央行现在已经在部署进一步推进利率市场化的改革，特别是优先实现贷款利率市场化，相信这对民营企业融资环境的改善能够起到积极的作用。

第二，构建多样化服务民营企业的金融体系。多样化的金融体系应该包括资本市场、商业银行以及像数字金融这样的新型金融机构，不同的机构各有侧重，各显神通，全面改善民营企业的融资环境。十八届三中全会提出中国要健全多层次的资本市场体系，提高直接融资比重。资本市场发展对于中国经济的未来非常重要，一些不太适合由银行提供的融资业务可以由各种直接融资渠道来服务。尤其是现在创新型民营企业变得越来越重要，一些专业化的投资基金比如天使基金、创投基金、私募基金甚至产业引导基金，都可以发挥积极的作用。科创板的落地，对于支持创新型民营企业是一个重大利好。

但我们同时应该意识到，起码在中国，资本市场不太可能承担起服务民营企业的主要责任。这可以从两个方面来理解。一方面，一个国家的金融体系是由市场主导还是由银行主导，并非简单地由政策决定，而是涉及更为全面的政治、文化与经济制度。简单地说，凡是资本市场主导的经济体，比如美国和英国，基本上都是自由主义、个人权利至上，决策分散化，而且法制体系相对健全。而凡是市场主导的经济体，比如德国和日本，基本上都崇尚集体主义精神，决策相对集中。这样看来，中国的资本市场可以进一步发展，但短期内的发展必然会受到制度环境的制约。而另一方面，与到银行贷款相比，到资本市场融资对企业的资质要求更高。金融的核心困难是信息不对称，风控的关键任务就是要降低信息不对称的程度。企业到资本市场上去融资，就需要达到更高的信息披露要求，正因为这样，资本市场融资的门槛比银行融资的门槛要高很多。如果民营企业无法从银行获得贷款，不可能主要依靠资本市场来缓解这个问题。

因此，在可预见的未来，解决民营企业融资问题的主力还是间接渠道特别是商业银行，但银行需要从很多方面进行改革。首先，除了利率市场化，也需要引进更加科学的对不良率的监管政策，现在这样终身追责的做法，实际上非常不利于银行为风险相对较高的民营企业提供服务。其次，政府也需要逐步取消对国有企业的间接担保，这样才有可能消除对民营企业的变相歧视，真正实现“竞争中性”。最后，银行也需要创新获客与风控的做法，特别是学会如何为没有抵押资产、历史数据和政府担保的企业提供金融服务。

第三，规范而不是消灭非正规金融部门。不管是影子银行还是数字金融，因为它们的业务规避了正规部门的监管政策，确实会带来一些金融风险，需要加强监管，控制金融风险。但它们实际上也避免了不少正规部门不尽合理的管制措施，为实体经济提供了金融服务，为正规金融部门提供了有益的补充，是实质性的金融市场化产物。从这个角度看，正规金融部门和金融政策应该向非正规部门看齐才对。

更重要的是，非正规金融部门创新了很多风控的做法。比如正规金融部门无法为民营企业提供服务，主要是因为获客难、风控难。一些线下的机构通过软信息，了解客户，提供金融服务。而一些线上的机构则利用互联网平台、移动终端和大数据分析，同样可以很好地为民营企业服务。这两类机构在发展普惠金融方面走出了新路子，在全世界都居于领先地位。金融改革的任务应该是一方面规范这些非正规金融部门的做法，守住不发生系统性金融风险的底线，另一方面将非正规金融部门的一些好的做法推广到正规金融部门，真正改善对实体经济的金融服务。

建议对小微信贷政策效果做独立评估[①]

2018年关于“民营经济退场论”的全民大讨论，最终以决策层多次强调民营企业在中国经济发展中的重要作用收场，相关的政府部门也出台了许多政策措施支持民营企业的发展。在金融领域，实际上多年来政府一直在想各种办法，努力改善小微企业的融资环境。2018年11月，国务院再次出台了一系列改善小微企业融资难、融资贵问题的政策。2019年3月，政府工作报告明确提出，当年国有大型商业银行小微企业贷款要增长30%以上，小微企业综合融资成本必须有明显降低。相关部门形成货币、财税、监管等“几家抬”的策略，实施稳健的货币政策，灵活运用定向降准等货币政策工具，建立对中小银行实行较低存款准备金率的政策框架；要求商业银行对普惠小微企业贷款单列全年信贷计划，发挥大银行“头雁”作用，并带动其他

① 本文创作于2019年。

金融机构降低小微企业贷款利率；推动国家融资担保基金加快发挥作用，督促金融机构疏通内部传导，引导建立商业可持续的长效机制。可以说，小微企业信贷政策已经形成了一个比较完整的体系。

如果看官方截至 2019 年 5 月末的数据，上述政策框架的效果几乎算得上是立竿见影。第一，普惠小微贷款余额 10.3 万亿元，同比增长 21%，不仅比上年末的增速高 5.8 个百分点，也远远超过同期总贷款余额 13.4% 的增速。第二，信贷支持的小微经营主体达到 2365 万户，同比增长 35.4%。第三，五家国有商业银行的普惠小微贷款余额比 2018 年底增长 23.7%，平均贷款利率为 4.79%，较 2018 年全年下降 0.65 个百分点。第四，在小微企业贷款余额中，信用贷款占 11.3%，比上年末提高 2.5 个百分点。这些数据确实给人一种欢欣鼓舞的感觉。

但真实的政策效果如何？根据我的调查与观察，过去这段时间，小微企业的融资环境确实有所改善，但可能远远没有官方数据描绘的那么乐观。2015 年夏天，宋国青老师和我带领一个以北京大学国家发展研究院师生为主的团队，受委托对金融支持实体经济政策的效果做第三方独立评估。当时我们关注的问题之一就是小微企业的融资困难，监管部门的举措主要有两条：一是所谓的“三个不低于”监管要求，核心是商业银行每年对小微企业的贷款在总贷款中的比例必须上升；二是整治银行乱收费，降低小微企业的融资成本。当时监管部门提供的数据都非常好看，不但所有银行每年小微企业的贷款比例都在增加，而且取消了上千项银行收费。但我们在调查中发现，小微企业的“获得感”普遍不强，有的感觉融资环境还恶化了。原因就在于，银行为了达到监管要求，采取了很多“应对”手段，比如“灵活”定义小微企业。而对行政要求取消的收费项目，银行要么对收费采取改头换面的做法，要么干脆就不贷了。

这一次我没有做系统的分析，不好轻易下结论。但我所了解到的一些情况，值得重视。简单说就是，看数据，企业、银行、监管，皆大欢喜，但实际上各有苦衷。类似“银行贷款给小微企业，企业又回过头来买银行理财产品”的故事，相信很多人都听到过。其实还有两个更值得深思的问题，第一，政府采取措施缓解小微企业融资难、融资贵问题已经多年，每次报上来的数据也都很好看，可是为什么这个问题一直没有得到根本性的解决甚至变得更加严重了呢？第二，当前经济下行压力加大，中美贸易战前景不明，小微企业借这么多贷款干什么用呢？银行既要增加小微企业贷款，还得降低贷款利率，将来会不会形成大量的坏账？

我建议国家对小微企业信贷政策组织系统性的独立评估，评估一下自 2018 年年中以来，政府所采取的缓解小微企业融资难、融资贵的政策有没有真正达到预期的目的，官方数据所反映的情况是否准确，取得了什么成绩、遗留了什么问题，又形成了什么新的风险。如果政策没有完全达到预期目的，根源是什么？总之，“年年化解小微企业融资难”的局面不应长期持续，金融政策不能自娱自乐，要努力从根本上解决实际问题。

我以为，如果最近几年政府试图化解小微企业融资难的政策有不尽如人意的地方，一个重要的原因可能是过于强调行政命令，而对金融规律重视不够。比如，过去七八年来，监管部门一直要求所有银行对小微企业的贷款在总贷款中的比例上升，商业银行执行起来肯定有困难，且不说不同的商业银行的比较优势不同，有的适合做小微企业贷款，有的不擅长为小微企业服务。而且，随着宏观经济形势的变化，小微企业的风险也会有起伏，银行必须随之调整贷款结构，这是风险管理的必要步骤。现在实行一刀切，确实有点强人所难的味道。更要命的是，监管把融资难和融资贵问题捆在一起解决，不但要增加贷款，还要降低利率，银行无法做风险定价，只好要么阳奉阴违、弄虚作假，要么硬着头皮上，将来出了风险再说。

那么，小微企业信贷的金融规律是什么？核心是风险定价，一是要准确分析贷款企业的风险，二是根据风险水平确定相应的贷款利率。我国存在严重的小微企业融资难现象，原因在于上述两方面都有问题。我国当前金融体系的两大突出特征是政府对金融运行的干预比较多和银行在金融交易中的比例非常高，这个金融体系擅长于支持大企业、制造业与粗放式增长，因为银行做风险评估的传统方法就是看企业的历史财务数据、看可以做抵押品的固定资产和看政府提供的担保。这样，被政策人为压低的存贷款利率不再成为大量放贷的一个重要障碍，也因此，抑制性的金融政策并没有妨碍中国经济在过去几十年实现高速增长。但这个体系对小微企业确实存在一定程度的歧视，因为小微企业往往缺乏历史数据、抵押资产与政府担保，银行不太擅长对这样的企业做风险评估，被政策压低的贷款利率更进一步降低了银行对小微企业提供贷款的意愿。

因此，如果要改善小微企业的融资环境，政府应该创造条件，帮助银行提高对小微企业做风险评估的能力，同时支持银行进行市场化的风险定价。如果只是通过行政命令的办法解决问题，很难取得实质性的成效。过去几年，政府一直在采取政策措施，小微企业融资难的矛盾却没有得到根本性的解决，就是这个原因。事实上，2013 年以来，小微企业贷款在银行总贷款中的比例是明显下降的。

事实上，中国的许多金融机构已经创新性地形成了一些对小微企业进行金融风险评估的有效方法，简单地概括，就是线下软信息、线上大数据。线下软信息就是信贷员了解小微企业家的综合信息，包括其经历、社会关系、个性、行为等，然后依次来判断信贷的风险。江浙一带有许多中小型银行在这方面形成了相对成熟的经验，尤其以浙江台州的泰隆、台州和民泰三家银行为代表。线上大数据就是根据小微企业或者企业家在互联网平台上留下的足迹，利用机器学习和大数据分析的方法来判断信贷风险。以网商、微众和新网为代表的新型网络银行已经能够每年发放上千万笔贷款，完全没有人工干预，而且将不良率控制在很低的水平。我国这种“线下软信息、线上大数据”的风险评估模式，不仅已经相对成熟，而且走在全球普惠金融发展的前列。但客观地说，并不是每家银行都可以在短期内落地这样的风控模式，因此，也不应该简单地采取一刀切的行政措施。政府可以做的，是尽量消除小微企业所面对的不平等的政策环境，尽快完善小微企业的征信体系，打通包括政府、社会、商业数据在内的大数据信息平台，帮助弥补小微企业财务数据和抵押资产缺乏的不足。

市场化风险定价的基础是“金融风险一定要得到补偿”，这也是货币银行学的基本原则之一。政府强行要求商业银行降低对小微企业的贷款利率，可以说是好心办坏事。符合金融规律的降低融资成本的做法有三条：一是通过货币政策宽松，基准利率下移会导致平均贷款利率下降；二是改善风险识别能力，贷款利率要与风险水平相匹配，因此，精准地判断风险水平，也有助于降低小微企业的融资成本；三是政府提供担保、贴息等政策支持。除此之外，行政性地要求银行降低贷款利率，一方面会妨碍银行信贷配置的有效性，另一方面也会吸引更多高风险的企业来贷款，进一步加剧银行的风险。特别需要强调的是，对于大多数小微企业而言，基准贷款利率（4.35%）或者稍高一点的水平（国有商业银行的平均利率4.79%）都太低，无法完整地覆盖风险，商业银行增加小微企业贷款的意愿不高，完全可以理解，而这恰恰加剧而不是缓解了小微企业的融资难。因此，解决融资难的第一步，应该是提高而不是降低商业银行对小微企业的贷款利率。

最后需要明确一个原则，就是必须区分商业性银行与政策性银行，商业银行贷款的一个基本前提是商业可持续。解决融资难政策的目标并不是要让所有小微企业都能获得贷款，而是要让所有具备偿还能力的小微企业能够获得贷款。我国当前的金融体系确实不利于小微企业获得融资，但解决这个问题仍然需要尊重金融规律。客观地说，很多小微企业都是小本生意，不见得需要贷款支持，而且中国的小微企业的平均寿命大概不到 5 年，所以做好小微企业贷款的关键仍然是提高风险评估的能力，然后按照市场化的原则定价。如果政府觉得从道义或者公平的角度考虑，需要对一些小微企业提供资金或融资成本方面的支持，就应该利用财政或者政策性金融工具，但这些与通常讨论的小微企业贷款不是一个范畴。

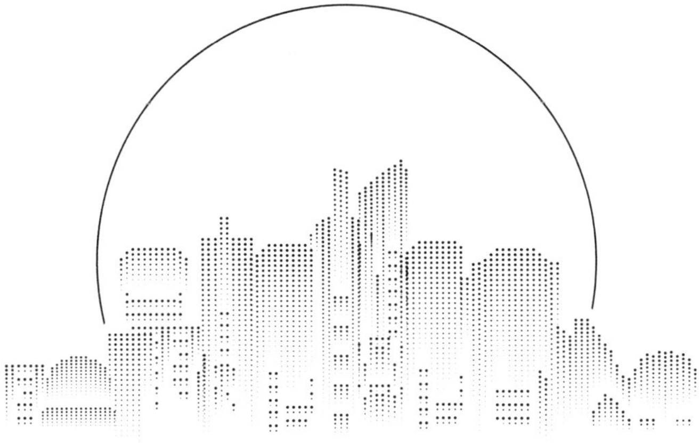

第四章

以金融创新
促经济发展

好的金融创新与坏的金融创新[①]

金融创新非常重要，特别是在今天的中国，需要进一步的金融创新，以满足产业升级换代、新旧动能转换的要求。但过去十几年来，我们确实也看到了很多不好的金融创新，比如美国的次债和中国的部分现金贷。如何判断好的金融创新，什么情况下一个金融创新会由好变坏，讨论这些问题，需要从金融创新的定义开始。

什么是金融创新

经济学家熊彼特是在经济学领域里研究创新现象的标志性人物，他将创新定义为建立一种新的生产函数，把一种从来没有过的关于生产要素和生产条件的“新组合”引入生产体系，简而言之即企业家对

① 本文创作于2018年。

企业要素实行新的组合。这样看来，创新可能包括两方面的含义，一方面是为投入品赋予新的含义，另一方面是提高同一投入品的生产率。

从这个定义来看金融创新，也可以包括两个方面：其一是对现行金融体制的改变；其二是增加新的金融工具。当然，这两者的最终目的都是在风险可控的前提下获得更好的回报。

美联储前主席保罗·沃尔克曾经说过，过去几十年最有效的金融创新是发明 ATM（自动取款机）。ATM 的出现极大延长了银行的服务时间，可以提供 7×24 小时不间断的金融服务，成为银行柜面服务的有力补充和营业网点的有效延伸，使得银行业的服务效率和质量得到了很大的提高。数字金融则是另一种金融创新，虽然从事的仍是贷款、支付和保险等传统金融业务，但是方式发生了变化，利用互联网技术放大了金融服务的覆盖面，创造了新的风控方式。

可以看出，金融创新有两个重要的方面：金融工具的变化和金融交易方式的改变。从金融机构的角度来看，都是为了在风险可控的情况下获得更好的回报。从宏观层面来看，则是提高金融效率，改善金融服务的质量，支持经济增长。

为什么金融创新很重要

英国的经济史学家约翰·希克斯发现，工业革命不仅是技术创新的结果，更是金融创新的结果。金融为新技术的发展提供了大量、长期的廉价资金，是技术革新演变为工业革命的关键推动力量。

回看历史，几乎每一次技术变革背后都有金融在发挥作用。2000 年左右的互联网浪潮不仅是技术变革的结果，更是来源于全世界的大量资本投入的产物。虽然最后互联网泡沫破灭，但是互联网科技行业能发展成如今的局面，也得益于当时在资本催化下互联网技术的飞速发展和大规模应用。

耶鲁大学的威廉·戈兹曼教授在《千年金融史》中也提到了这个问题。他提出19世纪东西方工业上的发展差异其实源于金融差异，并且金融发展上的差距早于技术进步上的差距出现。至于差异出现的原因，他认为中国的金融创新在时间维度上存在缺失，“至少从中国的角度来看，中西方金融制度出现分流的原因在于欧洲国家意识到人们对于债券的惊人需求时，当时处于宋朝的中国还没有发展出国债机制”。

至于中西方金融制度出现分流的原因，或许在于当时政府的强弱差异。欧洲国家的所有权较为清楚，君主与贵族之间的差异只是大小地主而已，国家无权直接取用老百姓的资源。比如1215年英国国王与贵族们签订的《大宪章》，就限制了国王征税的权利。因此当国家由于某些特殊情况需要资金时，对融资的需求会大幅度增加。相反，当时中国还处于“普天之下，莫非王土”的时代，政府对资金的需求大多通过通胀和征税完成，很少用有组织的方式将个人投资者的资本和有技术优势的企业联结起来。两者的差异带来金融发展道路的差异。

明清时期中国出现了山西票号和钱庄所代表的金融创新，但一直没有成规模，当时票号最主要的功能是异地汇兑而非融资，无法从资本的角度支持科技创新和工业发展。这也许部分地揭示了所谓的李约瑟之谜：为什么工业革命没有发生在中国？正如希克斯所言：“工业革命不得不等待金融革命。”

当然，不是说有好的金融创新就一定会发生工业革命，但如果没有金融创新，17世纪、18世纪没有形成能提供大量、长期廉价资金的金融渠道，英国的工业革命也很难发生。

如何判断好的金融创新

如何判断好的金融创新，具体可以来看两个例子。

第一个例子是金融衍生品，包括远期合约、期货期权、资产证券化等。1972年以后金融衍生品市场大规模发展，原因是布雷顿森林体系的解体，世界各国逐步走向浮动汇率体制。而金融衍生品作为应对市场波动的金融创新工具，首要目的就是帮助避险。但金融工具究竟是好的金融创新，还是坏的金融创新，不能一概而论。比如资产证券化，小额贷款公司通过资产证券化开拓融资渠道，支持小微企业发展，是普惠金融发展的重要渠道，可以认为是一种正面的金融工具。但引发美国金融危机的"次债"，即以次级住房抵押贷款为底层资产发行的债券，也是一种资产证券化产品，它使得本不应该获得银行按揭贷款的高风险潜在客户拿到了按揭贷款，并且隐藏了其中存在的风险，这种金融工具则具有很大风险和严重的后遗症。

第二个例子是数字金融，或者称互联网金融。数字金融的基本特征是用数字技术来支持金融决策与金融交易。数字技术包括有场景的移动终端和大数据分析。前者如淘宝、微信、京东，这些平台移动终端通过"场景"吸附客户的成本，比传统金融机构获客成本低很多；大数据分析则可以帮助解决部分风控问题，因为金融交易最大的问题在于信息不对称所带来的逆向选择或者道德风险，而基于人们行为的大数据风险评估，则可以帮助金融决策。数字金融可以解决很多传统金融模式解决不了的问题，但是它也有好和不好两个方面。好的方面，最典型的例子是移动支付，如支付宝、微信这样的移动支付工具已经进入经济活动的各个领域，便利了生活，提高了效率。但从不好的方面看，数字金融也会带来各种风险，特别是如果风控缺失，金融监管不到位，就可能演变为非法集资或者庞氏骗局。比如2017年特别火的现金贷，有的就出现了问题。

好的金融创新至少需要同时满足两个条件。

第一条是能够满足实体经济的合理需求。这里特别强调了合理需求，即不是所有对金融服务的需求都是合理的。举例来说，次债就不是好的金融创新，因为它刺激了不合理的贷款需求，风险迟早会暴露；同理，一些现金贷产品将钱贷给了没有偿还能力的个人，这些借款人无职业、无资产、无收入，这种金融需求就超出了合理的范围。

第二条是风险可控。风险控制是金融交易的核心，不能有效控制风险就会很危险。比如前文举例中的次债和现金贷，并不是说这样的产品一定不好，但前提必须是风险可控。一些网络借贷平台没有风控能力，不仅自身存在极大风险，也破坏了整个金融市场的纪律。这种行为如果泛滥，甚至会对整个金融体系造成冲击。

从这个意义上看，比特币是否属于好的金融创新，现在还不能下定论。比特币在提高汇兑效率以及提高安全性方面有一定的积极意义。但目前比特币的最大需求来自地下经济，例如使用比特币规避海外项目资金限制。我国的金融体系还未全面开放，如果比特币合法化，将给金融监管带来很大风险，给金融稳定带来不利。

中国金融创新的四大任务

中国金融体系还存在很多问题。首先，中国目前已经形成了一个规模庞大金融体系，四大行均名列全球十强，股票市场全球排名第二，债券市场全球排名第三，但是抑制性的金融政策还比较多，政府对金融体系、金融市场运作的干预比较大，市场机制尚未完全发挥作用。其次，中国的金融体系主要还是商业银行主导，银行部门提供的融资占非金融企业总融资的 85%，这也是中国的杠杆率高的重要成因之一。再次，中国金融的对外开放程度仍然较低，外资机构在中国发展还面临比较多的政策壁垒，资本项目也仍处于逐步开放之中。与此同时，2008 年以来，中国经济面临增长速度持续下行、经济结构再平衡和系统性的金融风险上升等变化。如果金融体系不能很好地创新，要想支持中国迈过“中等收入陷阱”成为高收入经济体，就会遇到困难。

未来中国的金融创新应该关注下面四个方面的任务。

第一，提高金融资源的配置效率，让市场机制发挥作用。核心是能不能由市场定价、能不能由市场来决定资源配置。过去金融抑制的一个结果，就是导致了在正规金融体系之外派生出来一个非正规金融体系，而且逐步壮大。再来看小微企业融资难、融资贵的问题，其实这是两个不同的问题，融资贵反映的是市场供需力量所决定的利率水平，融资难恰恰在于人为压低利率使之低于市场出清利率，造成供需缺口，配置效率低下。因此，金融创新的第一步就是完成市场化改革，让市场来配置资源。

第二，改善金融结构，支持技术创新、创业与产业升级换代。过去，中国 85% 的企业融资来自银行，这样的金融体系有利于支持稳定的经济扩张，但不利于支持创新创业。现在经济增长需要依靠新技术、新业态和新经济，不能再主要靠银行贷款。十八届三中全会提出要发展多层次的资本市场，创投基金、私募股权投资、基金等直接融资需要发挥更大作用。另外，资本市场普遍缺乏耐心，政府应发挥关键作用，对发展技术的企业提供有耐心的资本，给予长期的支持。

第三，利用数字技术创新，改善金融尤其是普惠金融服务。中国政府一直在致力于发展普惠金融，但获客成本高和风控难题始终难以得到有效解决。而数字技术的运用，特别是有场景的移动终端和大数据分析，为解决这些难题提供了可能的方案。如果在有效控制风险的前提下，大力推进数字金融在各个领域的落地，有可能会推动一些革命性的变化。

第四，金融创新很重要，但是任何时候都不能放弃对金融稳定的追求。在创新的过程中，一定要坚守金融风险的底线。过去中国实行分业监管，更通俗的说法是谁发牌照谁监管，但随着交叉业务和全能银行模式的普遍化，监管部门相互分割的局面已经很难持续。更重要的是，很多业务并没有取得牌照，例如P2P平台。因此，监管体系改革要将宏观审慎监管和行为监管分离开来，要从过去的机构监管变成未来的功能监管、行为监管、审慎监管。发展和稳定这两个职能并不完全一致，需要政府寻找适当的方式加以协调。

保证经济创新的关键点[①]

中国经济发展现状

今年的经济增长形势肯定比去年好，而政府工作报告提出 GDP 增长目标为 6% 以上，与市场预期相比相对比较保守。这可能是因为决策者将更多的关注点从增长的数量转向增长的质量，但同时也说明今年的经济增长还面临许多挑战，主要体现在两个方面：一是疫情的反复；二是国外的一些政策调整。疫情如果总是反复，对经济增长肯定会有影响。另外，如果疫情很快被控制住，其他国家的经济很快复苏，对我们也会造成多方面的影响。因为去年我们的出口情况出乎意料地好，很大程度上是因为其他国家没有生产。如果它们将来都恢复

① 本文根据 2021 年 3 月《经济观察报》记者欧阳晓红对作者的专访整理，原标题为《保证经济创新的关键点是市场机制的相对有效与活跃》。

能力生产，那可能会对我们的出口有一些分流，总之是一个不确定的因素。

从政策角度来说，如果一些主要国家的央行开始调整货币政策——现在看来今年调整可能性不太大，总体上是一个风险。从外部环境来看，我们今年的经济增长到底面临怎样的环境，还有很大的不确定性。

另外，经济复苏也受国内因素影响，去年经济复苏强劲，但并不平衡。出口与生产的恢复势头很强，投资与消费的恢复势头一般，而且有所分化，如基础设施与房地产投资势头非常强，但制造业投资势头弱。消费中，疫情过后高收入家庭的消费较强劲，但低收入家庭的消费较疲软，这些都意味着经济持续复苏，还有不少困难。

我国经济总量突破100万亿元，表明我国经济进入了新的发展阶段。客观地说，增长模式的转变跟发展水平有关，与经济的绝对总量关系不大。我们过去的增长模式是要素投入型，现在要成为创新驱动型。其差异在于：创新变得很重要，过去几年我们关注的是中国经济能否跨越中等收入陷阱，现在看来，跨越中等收入陷阱，即人均GDP达到12600美元这个世界银行定的高收入门槛，应指日可待。中国的人均GDP前年就超过了1万美元，估计要达到这个目标就在今明两年。但成为高收入经济体之后，还有一个持续发展的问题。而且，我们越来越逼近国际经济技术前沿，也就意味着对创新的依赖度或创新质量的要求变得越来越高了。

至于GDP达到100万亿元到底会有多大的影响？直接的冲击是，可能会让国际社会觉得中国日趋强大。正面影响或在于大家意识到中国市场将越来越大，会更加重视中国经济的发展。从负面来看，其他国家又会认为中国对其的挑战越来越大，所以，这也可能使我们的外部环境变得更加困难。总体上，100万亿元这个数字本身并不重要。

如果我们把创新定义得宽泛一些，甚至可以认为20世纪80—90年代的经济增长也是创新驱动的。比如，农民不在地里干活，开始办工厂，也是创新活动。但达到中等收入水平以后，对产品质量和技术的要求就变得越来越高——这也是中等收入陷阱的一个根本性挑战。

就此而言，它仍然是我们今天面临的问题，现在我们日益逼近国际经济技术前沿，对创新的质量要求变得越来越高，竞争压力也越来越大，我们过去的低成本优势越来越不成为竞争优势。将来只能拼实力，也就是主要拼产品竞争力，拼产品技术含量，拼创新能力……应该说，类似这种压力变得越来越大了。

放眼来看，中国经济，包括长三角、珠三角的经济，在全球危机以后，尤其是2011年以后，都遭遇了困境，其中一个原因就是低成本优势丧失，劳动力短缺。这两个三角洲原来的大量劳动密集型制造业难以为继，经历了非常痛苦的调整。但现在来看，它们都已经跨越难关了，这是为什么呢？这有各方面的原因，但我个人觉得，关键点是其市场机制相对有效与相对活跃，这两条是保证经济创新的重要原因，从现在国内各界都关注的南北差异中也能看出端倪。

南北经济产生差距的原因我们能找到很多，比如，要素禀赋、经济结构、文化等诸多方面，但归根到底还是市场是否在有效运作，企业家是否很活跃。如果往前推进或往后退一步看，这其实是政府怎么对待市场的问题。

为什么珠三角和长三角的市场经济比较有效？它们各有传统优势，但客观上政府未把什么都给管死，市场仍很活跃——企业家可以发挥作用，政府在可能的情况下还起到很多辅助帮衬的作用。换言之，机制能“转”过来，而企业也就“活”了，即便面对全球危机以后那种令人非常痛苦的调整。总之，按照市场机制运行，不行就淘汰，企业有压力就会自己想办法“扛过去”，而这在很多北方地区可能还看不到。

与经济发展相协调的金融环境

中国经济要实现这种高质量发展需要匹配怎样适宜的金融环境以及宏观政策呢？宏观政策要维持一个稳定的经济金融环境，这是最重要的。但从金融角度来说，确实有很多事情要做，主要是两个方面：一是支持金融创新，二是完善市场机制。

支持金融创新方面，因为过去那套金融体系支持要素投入型、低成本优势基础上的粗放式增长没有问题，但在支持创新方面有点力所不及，需要创新，而创新有以下几方面。

要多发展资本市场。一般来说，资本市场直接融资，其在支持创新方面的能力会超过传统金融机构如银行，所以要多发展直接融资，多发展多层次的资本市场。但同时，银行在金融体系中的比重还会很大，银行本身也要创新。银行过去支持大基建项目，支持劳动密集型制造业的项目，总体上，产品与管理也好，市场也罢，风险相对较低。但现在做创新支持融资时，银行也需要创新，学会如何控制风险，如何支持融资创新。很多商业银行的创新其实不少，如科技银行、投贷联动跟金融科技公司合作等等。

还有就是国内数字金融在支持中小微企业方面，最突出的是大型新科技公司。其一方面用平台吸收用户，同时积累大数据，另一方面再用大数据做信用风险评估，这样就解决了过去银行很难为中小微企业提供服务的痛点。因为银行做不了风控，找不到这些企业，而大科技平台能做到。

另外一个模式也值得特别关注，即数字供应链金融，其业务形态就是在供应链中嵌入“数字金融”，因为每家企业多少都与生产或供应过程相关，通过关联信息来控制风险、评估信用风险的效果很不错。

客观而言，2016 年至 2020 年的普惠金融发展很快，但 2016 年国务院印发的《推进普惠金融发展规划（2016—2020 年）》中甚至都没提到数字普惠金融，而后来的发展却主要发生在该领域，所以金融业务本身需要创新。

在完善市场机制，让其在资源配置当中发挥决定性作用方面有两点：一是公平竞争，对民营企业、国有企业、外资企业一视同仁，给它们提供融资支持。可能现在还做不到所谓的中性原则，但要慢慢往所有制中性的方向走。

二是市场化的风险定价。当然，给中小微企业、创新企业提供融资没问题，但需要知道怎么控制风险，融资成本要能够覆盖风险。中小型企业风险比较大，融资成本就应高一些。而在此过程中，监管部门若过于着急，如不断让金融机构把融资成本压下去，这样是否可持续，值得商榷。

这两年我国的金融环境一直在改变，尤其是数字金融创新，我国在全世界范围都算做得比较好的，资本市场也在变化，比如推行注册制等制度改革。

中央政府对资本市场的监管提出三条原则：建制度，不干预，零容忍。我觉得这九字方针特别到位，如果它真的落地，相信资本市场的发展和监管会有飞跃性的进步。十八届三中全会提出了金融改革三条任务，头一条就是健全多层次资本市场体系，第二条是让市场在资源配置当中发挥决定性的作用，第三条是守住不发生系统性金融风险底线。目前看来，要做到这三条依然任重道远，还要继续往前推进。

近几年，我国的政策协调情况肯定有改善，2017 年成立国务院金融稳定发展委员会，2018 年银监会、保监会合并，同时增强央行在政策制定中的作用，这些都是改善监管政策以协调金融发展的重要举措。但政策协调需要调整机构，更需要从工作机制着手。现在金融领域遇到的一个更大的问题是，监管框架建立起来了，许多监管的规则、方法也都有了，但一些领域的金融风险并没有被控制住。所以我们还需要进行一场比较彻底的金融监管改革，让监管部门专注监管目标，有责、有权。

判断垄断最好的标准

2020年中央经济工作会议定调要抓好八大重点任务，对金融领域而言，“强化反垄断和防止资本无序扩张”被提上议事日程，如此将怎样影响行业及经济发展？

我认为行业发展非常快，一定程度上是因为初期管理部门对其监管相对自由或比较友好，所以行业具备快速发展条件。但金融交易都要接受金融监管，深化金融监管就要全覆盖，所以目前的监管都是应该做的事情。

接下来，就是怎么监管的问题。国家定调“要反垄断，防止资本无序扩张”，这是大方向，因为监管的最终目的就是保护保障公平交易、维持金融稳定、保护消费者的利益，这三条永远都不会变。所以现在要加强监管，尤其一些平台做得比较大，有很多不规范的做法，甚至一些作恶行为。

我们在定义垄断的时候，可能需要考虑什么是判断垄断最好的标准。欧美国家过去在传统产业一般是看市场份额，比如家电行业、汽车行业、电脑行业，如果一家公司之供应占市场总量的80%甚至90%，那它就是垄断，因为其他同业无法进入市场，它便可以操纵市场，西方的应对办法就是分拆。

而在数字经济领域可能有一些差异，即平台垄断是其天然特性，因为做不好就不集中，做好了必然会集中。在此过程中，我们可能更需关注什么叫“可竞争性”。在平台经济中，最关键的是看同业是否能够进入市场，如果进来的很多都是跨界竞争者，就需要打个问号了。目前来看，似乎数字经济领域之可竞争性还比较强。

当然，放眼国际，现在很多欧美国家都在反垄断，反大平台垄断，我们也在反垄断。不过，似乎欧美与中国的情况并不太一样。再者，欧美“分拆”的做法是否就正确呢？

其实，如果把市场份额和分拆当成反垄断的主要手段，那可能就有点本末倒置了。因为不让平台经济占据很大的市场份额，每家仅占10%以下的话，那是否会失去平台经济的本意？平台经济应该有规模效益。

就此来看，我们似乎驶入了监管的“无人之境”，没有老师可以学，因为国情、经济结构等都不一样。更重要的是，我们不要从坏老师那里学。首先要区别不规范的行为和垄断性行为的差异，不要一听到有人抱怨平台，就认为存在垄断行为。

数字金融与人民币国际化

我们的数字金融发展得比较好，中国数字普惠金融创新在全世界走在了前面，诸如移动支付、大科技信贷、线上投资和即将看到的央行数字货币等。直观来看，这可能有三方面的因素：

一是传统金融领域未覆盖，市场缺口较大。例如布鲁金斯学会研究人员的一篇关于中国移动支付的报告说，中国在这方面做得非常好，但他认为美国不需要这种支付，因为美国的支付很充分。就此而言，我们市场有需求，所以数字金融应运而生。正如现在最活跃的几个数字金融业务都是在弥补市场缺口，这也在一定程度上解决了普惠金融的问题。

二是过去10年数字技术进步很快，这是3G、4G技术推出以后，智能手机普及以后开始的。

三是监管部门相对较具容忍性。以欧洲为例，其金融科技创新很少，因监管较严厉，没有生存时间。至于将来如何持续发展，我觉得要看监管如何在中间找到一种平衡，不能完全不管，但也不宜像欧洲那样管得太严。如果能平衡创新和稳定之间的关系，便具备可持续发展的空间。

关于数字人民币，到现在为止，其迈出的步伐还比较小。其实它就是数字化的人民币，现在只用于零售流通当中。当然它出来了之后，会改变我们的很多金融方式，比如移动支付会在一定程度上被替代，将来对大数据的收集和分析会有些影响。但我不觉得它在短期内会造成特别大的影响，只能说目前是数字人民币推出的第一步。

至于人民币国际化，我觉得也有空间。但首先必须指出的是，数字人民币并不意味着货币国际化。首先人民币国际化了，数字人民币才能走出去，即便它是一种密码；如果人民币没有国际化，没有地方接受与兑换，即使人民币数字化了，也会无济于事。所以，首先还是要稳慎推进、做好人民币资本项目可兑换，以及提升国际化质量等，完善这些前提条件之后方可走下一步。

具备条件了，数字人民币才能出去。现在的数字人民币设计，只是用于零售当中，如此对国际化的作用还很小，因为国际化的业务大部分都是机构业务，投资也好，贸易也罢。

寻找开锁的钥匙

我曾在《理解中国金融的六个现实问题》一文中提出“金融体系高度干预”“抑制性金融政策”“金融不支持实体经济”“中国数字金融发展”“系统性金融风险”“未来的金融体系”等相关问题，它们之间是有逻辑关系的。前文已经讲过，每一步政策选择都是在给定条件下做的，是尽可能优化的一种选择，现在看起来很多不合理的选择，在一开始的时候都有道理，只是随着经济环境的改变，以前的政策变得不再有效了。

那么，现在的问题是如何改变。就像之前讨论的——还是要继续沿着市场化改革的方向走，一方面让金融体系更好地支持实体经济增长，另一方面守住不发生系统性金融危机的底线。当然，我们往前走的每一步，都是在特定环境下做的相对最优选择，但这些选择都有局限性，在一定时间内有效，之后随着环境、约束条件的改变，它可能会失效，故此，我们还要继续往前走。

我们走过来的这条路虽然经常受到很多抱怨，但它可能是一种相对有效的选择与路径。其实，任何政策都有正反两面，而政策分析无非是看正大于负还是负大于正，然后再做政策建议。

既然要守住系统性金融风险，那么，杠杆、债的问题会是我们一个比较大的麻烦吗？这主要从两个方面去看：一是 2021 年的债务违约率肯定会上升，包括银行的不良率也会上升，因为经过去年一年的疫情冲击和政策支持，今年可预期的金融风险会上升；二是经过去年这一阶段，整体杠杆率还会大幅度上升，风险会增加。

不过，尽管今年金融风险会有所上升，但我个人认为无须过于担忧总体的金融稳定，尤其是地方政府和国企负债，归根结底还是跟中央政府的信用连在一起的。当然，现在有问题的杠杆率升得较高，又迟迟不退出，这也要看地方政府还能不能“兜得住”。

我觉得，杠杆率目前看来还可以，我并不认同所谓的高杠杆。有人说很快会发生债务危机或进入明斯基时刻，这就有点杞人忧天了。

如果要预警中国将来的风险，我觉得很可能是像日本那样，未来高杠杆率导致金融效率低下，最终就变成没有增长后，进入失去的

10年或者失去的20年——这是我们比较大的风险，其重要性超过明斯基时刻和直接发生债务危机的可能性。

最新统计显示，中国的CPI（消费者物价指数）和PPI（生产价格指数）的通货膨胀率从1月的-0.3%和0.3%分别上升至2月的-0.2%和1.7%，高于市场预期（-0.3%和1.5%）。CPI同比小负、环比增0.6%，PPI同比增1.7%、环比增0.8%，有人说，这是典型的“滞胀组合”。而且现在全球通胀预期都在升温，一定程度上影响了资本市场。

我认为，目前从整体看还是一种通胀趋势，全球石油涨价，物价也都在上涨，但在今后一两年发生大通胀的可能性不太大。现在的通胀是一种结构性的调整还是长期性的趋势，还需要再观察。

最近美国的专家在热烈地争论通胀抬头的风险，有很多不同的看法，但金融市场特别是债券市场确实已经做出了一些反应，这其中有几点值得关注。

一是如果通胀抬头，可能是一件好事情。过去二三十年，国内外经济出现了货币供应与通货膨胀脱钩的现象。通胀不抬头，货币政策持续扩张，因为货币政策的主要目标是保持价格水平的稳定。但现在我们知道，通胀没有起来，金融风险却会累积，与那种情形相比，也许通胀是一个相对好一点的结果。

二是通胀一旦起来，央行的货币政策就会调整。现在说“滞胀”显然言过其实，2020年第四季度我国GDP增长6.5%，今年肯定增长6%以上，哪里来的“滞”？通胀高了，货币政策需要调整，更有利于各国央行退出去年实施的扩张性政策。不会再像全球金融危机之后，宽松的货币政策迟迟不能退出，容易导致一系列其他的风险。

三是如果美联储提前调整货币政策，可能会对世界各国造成冲击。去年美联储再次实施量化宽松政策，令大部分新兴市场经济流动性增加、货币升值、市场利率下降、资产市场繁荣。但如果美联储退出量化宽松政策，上述变化就会逆转，容易造成一定的金融风险。美联储主席之前一再表示2022年底前不会调整货币政策，但如果通胀快速上升，这个转折点就会加快到来，对于包括中国在内的新兴市场经济而言，就需要准备好应对流动性的回流。

数字技术的三次金融创新[①]

2020年，我们应该说经历了很大的风浪，遇到了前所未有、始料未及的新冠肺炎疫情的冲击，经济几近停顿，各个方面都受到了很大的伤害。但我们知道，在经济学里有一个“破窗理论”。所谓的“破窗理论”是说，玻璃被打碎了，财产和经济活动受到损害，但与此同时，可能也会创造一些新的就业和经济活动机会。

我觉得这次的新冠肺炎疫情可能也是这样，一方面使得我们的投资消费甚至贸易活动停顿下来，起码是明显地减速。但同时我们也看到，新冠肺炎疫情期间出现了经济的亮点，就是数字技术在经济和金融应用当中的优势明显地体现，尤其是我们所说的无接触交易。我们看到当隔离和封城成为控制疫情传播最主要手段的时候，很多线下的

① 本文根据作者在2020年12月“2020中国银行业发展论坛智慧金融峰会”上的主旨演讲整理而成。

活动一下子就减少了，但线上的活动很明显就开始活跃起来，比如说网购、线上教育，还有其他一系列活动。

从一定意义上说，线上活动的活跃起到了宏观经济稳定器的作用，因为线下活动一减少，线上活动可以起到一定的补充作用。在新冠肺炎疫情刚刚开始的头一个月，我们看到一组数据，当时线下的餐饮业业务量大概减少了 70%，但我们同时看到线上的业务量也在减少，因为快递、外卖也受到了很大的冲击，但是只减少了 40%，也就是说线上减少的幅度远远低于线下减少的幅度。从这个角度来说，我们把线上经济活动称为宏观经济的稳定器，还是比较恰当的。

我们还看到很多其他的线上活动，比如说上半年北大就没有进行线下的教育，我讲的两门课都是在线上完成的，这使得我们的教学和其他经济活动可以延续下去。

现在我们都知道，世界各国的很多经济活动也还受到很多限制，尤其是国际旅游。但客观来说，在过去这一年我所参与的国际交流活动，线上的讨论远远超过往年同期的数量，现在几乎每周、每个月都会有很多次线上讨论，这也是因为数字技术带给我们的便利，让我们可以通过线上的方式继续交流。

我觉得数字技术确实给我们带来了非常大的好处，最突出的一点就是无接触交易，避免了在疫情期间仍然需要见面交易所带来的很多不便。但是无接触交易其实仅仅是一个方面，事实上数字经济的发展、数字金融的发展应该已经延续了相当长一段时间。现在有一个说法是，我们正处在第四次工业革命当中。

第四次工业革命什么时候开始，有各种各样的说法，一般是说在 7~10 年以前开始的。第四次工业革命其实主要就是数字技术的大力发展，我们一般讲的数字技术就是大科技平台、大数据、人工智能、云计算。数字技术对于经济活动的改进，对于经济活动的支持，不仅仅体现在无接触交易，大科技平台、人工智能、大数据和云计算结合起来，其实可以在很多方面帮助我们克服过去经济活动当中的限制。

我举一个简单的例子，在经济学里一般讲规模报酬递减，也就是说同样生产一个东西，如果我们不断地增加投入品，一开始可能回报会增加，但达到一定的规模以后，边际回报就开始下降。所以，并不是说规模越大越好，规模太大，有的时候会影响投资回报。

数字技术在一定意义上有可能克服这样一个问题。我们现在都知道，在数字经济当中有很多大科技平台，在国内有淘宝，有微信，有京东，有美团，甚至有抖音，等等。这样一些大科技平台的一个非常重要的特征就是所谓的长尾效应，也就是说平台建立起来以后，一般来说增加几百万、几千万甚至上亿用户，对成本的影响其实是非常小的。比如说腾讯的微信，现在全世界有 12 亿人在用，大概 10 亿人在国内，2 亿人在国外，这样一种服务规模，我们把它称为“国民级的 App”，这在传统领域里是很难想象的，它的一个很重要的优势就是大科技平台的长尾效应。平台一旦增加新的用户，一般来说它的边际成本非常低，甚至可以说为零。也就是说传统经济活动当中非常明显的报酬递减定律已经在很大程度上缓解了，这是很多大科技平台的用户数量都非常大的原因，这反映出数字技术可以突破传统经济对规模的限制。

但是数字技术的好处可能还远远不只这些。它还可以更好地改善用户体验，因为它效率比较高，速度比较快，而且有很多个性化的服务，所以用户体验就会有很大的改善，当然效率也就同时提高了。另外，它可以降低成本，甚至可以帮助我们克服风险。

所以，数字技术应用到我们的经济活动中有很多方面的优势，如果简单地总结一下，就是可以扩大规模、提高效率、改善体验、降低成本，甚至控制住风险。这是我们在经济和金融活动当中已经看到的很明显的好处。

我在过去这 5 年一直跟踪学习我们国内数字金融的发展，数字金融发展的业务形态也是多种多样的，我就以金融科技信贷作为例子。

过去银行做信贷都是在线下进行，谁想要贷款，到银行申请，银行的信贷员专门对你进行风险评估，通得过，给你贷款，通不过，不能给你贷款。有一个基本前提就是要见面，要做尽职调查，要深入地了解。一般来说，我们看到银行对企业或者个人做信贷，需要做信用风险评估。传统的信用风险评估方法的第一条就是看财务数据，一般是看历史财务数据，通常包括三张表：资产负债表、利润损益表和现金流表。当然大多数大型企业都有这些信息，但是很多中小微企业没有这些信息，所以银行转而用抵押贷款这个方法，也就是把房地产抵押给银行，银行给企业发放贷款。当然很多中小微企业也没有房地产可做抵押。所以，银行还有一种做法，就是叫关系型贷款，或者称为线下软信息，就是银行的信贷员对企业主有充分的了解，了解他的人品，了解他的历史，了解他的能力，了解他创业的前景。根据这些软信息来做一个信贷决策，效果也不错，实际上这样的关系型贷款的不良率往往比一般银行的平均不良率要低一些，说明它的风险控制效果还不错。但是这样的做法有一个问题，就是成本很高。因为信贷员要了解每一个可能来借钱的企业主的情况，全方位地了解、长期地跟踪，成本就比较高，所以，要做起规模来确实非常难。

将数字技术运用到金融里，实际上就可以有一些新的突破。以信贷为例，国内这几年发展起来的有三个比较有意思的模式，有的做得好，有的做得不太好。

第一个模式从 2007 年开始出现，国内叫“个体网络借贷平台”，或者叫 P2P。P2P 平台实际上就是搭一个平台让大家都来借贷，有钱的人到平台上面出借，需要钱的人到平台上来借。应该说它作为一种信贷的补充形式，是有一定价值的，这个模式最早是在美国和英国发展起来的。但是这个模式有一个比较大的短板。大家都知道任何信贷都是需要做信用风险评估的，但这样的 P2P 平台从定义上来说就是一个信息中介，也就是说平台不能在中间做征信，不能做担保，不能做资金池等。这样的业务模式在我们国家运行起来可能比较困难。因为这些平台既不能用央行的征信系统，上面借贷的双方也从来没有见过面，又缺乏很好地评估对方信誉的方法。评估信用风险，其实看的是能不能降低信息不对称性，就是要充分地了解对方。因为如果不能了解对方，可能会引发两个方面的问题：一个叫逆向选择，你把钱借给了不合适的对手；另外一个就是你把钱借出去之后，他可能不还回来，这就是道德风险问题。

现在回过头来看，从 2007 年开始的 P2P 平台业务在我们国家当前的信用文化背景下，其实是很难发展起来的。但是因为我们过去长时间没有去管理它，任其野蛮生长，最多的时候这样的平台有 6000 多家，最后实际上做了各种征信，都变成了金融中介。但是到了 2016 年，监管部门出台相关规定，说它们只能做信息中介。实际上这样的商业模式是持续不下去的，现在这样的平台基本上已经清零了。应该说 P2P 平台的尝试在我们国家基本上失败了。核心原因其实是它虽然有了数字技术支持金融的形式，但没有实质，没有真正帮助做信用风险评估。我觉得这是一个很重要的教训，我们需要吸取。

第二个比较普遍的模式是大科技信贷，就是大科技公司利用它的大科技平台和大数据对信用风险进行分析，决定要不要做贷款。我们国内的三家新型互联网银行在这方面都做得不错，包括腾讯支持的微众银行、蚂蚁支持的网商银行、新希望和小米支持的新网银行，尤其是在疫情期间，它们还在持续地发放贷款，这引起了国际组织的一些关注。这样的业务模式从本质上来说有以下步骤。第一，利用大科技平台来获客。大科技平台有长尾效应，它可以通过平台的建立吸引很多用户，比如说微信和淘宝，还有支付宝，都有 10 亿以上的用户。所以，它首先解决了获客问题。第二，用户既然在平台上活动，就会留下数字足迹，这些数字足迹可以支持下一步大数据对信用风险的评估。我们和国际货币基金组织做了研究，发现用大数据来做信用风险评估的效果，尤其是对这些中小微企业、对规模特别小的企业来说，不比传统的商业银行的信用风险评估模型效果差。当然这有一些条件，既要有大科技平台，同时还要有很多大数据来做分析，最终的效果才会不错。应该说这种模式开通了一条用数字技术支持中小微企业的新道路。当然它服务的企业规模一般都比较小，而且贷款的数量和期限也比较有限，其实和传统银行的服务不太一样，但它也服务了一个非常重要的群体。

第三个模式将来会有进一步的发展，我们把它称为"数字供应链金融"。供应链金融其实在线下有很多，传统银行已经在做。但是数字技术应用到数字供应链金融里，能起到两个方面的作用。一个方面的作用就是验真。很多供应链金融需要利用供应链上的信息来支持信贷决策，但是这些信息是不是准确的，有没有被多次使用，中间有没有出现调整等？利用数字技术可以帮助我们解决一些问题。比如有一些应收账款，如果能够确认交易是真的，收入也会到账，那么金融机构就可以利用数字技术实现商流、信息流和资金流"合而为一"，来做放贷决策。这样的交易很难从传统金融机构获得贷款。

还有一个作用是动产质押。你的货物在我的系统里，我知道这是什么样的产品、有什么样的价格、什么时间在我的系统里，从一定意义上来说它就类似于抵押贷款，但它是动产质押。

这样就通过物联网、大数据和区块链技术，把供应链上的信息给调整了，然后提供新的决策。这样的信贷模式应该说是大有可为的，它们服务的对象其实更多是企业，可直接支持中小微企业的生产和经营活动。

用数字技术来支持信贷，有做得很成功的业务模式，也有做得非常不成功的模式，说明这样的应用是否成功，关键还是看有没有实实在在地帮助、改善金融服务的效率，有没有突破过去的一些门槛，在提高效率的同时是否很好地控制住了风险。

我简单地做一个总结，我觉得数字技术支持经济活动在未来一段时间会有很大的发展。我们现在正处在第四次工业革命当中，同时我们的政府在做新基建的投资，5G 通信网络在全国铺开，加上央行的数字货币马上就要推出，再加上今年经过新冠肺炎疫情，我相信数字技术和数字金融都会大幅度地发展。

打造粤港澳大湾区金融体系的关键[①]

由香港、澳门及珠三角九市共同组成的粤港澳大湾区具有成为世界级经济中心的潜力。大湾区内有国际水平的金融市场、创新能力和制造业产业基础，这些条件组合在一起，确实得天独厚。如果能够落实《粤港澳大湾区发展规划纲要》所提出的创新驱动发展战略，成功整合一区、两制、三地的资源，粤港澳大湾区完全有可能同时兼具纽约大湾区的“金融”功能、旧金山大湾区的“科技”功能和东京大湾区的“产业”功能，做到三大中心合而为一。

金融能力是经济创新不可或缺的条件。18 世纪 60 年代英国工业革命发生之前几十年，蒸汽机技术其实早就已经成熟。但科技创新必须等待金融革命才有可能转化为工业革命。只有大量廉价资本的投入，才有可能让蒸汽机技术转化为大规模的纺织、铁路和航运产业。

---

① 本文创作于 2019 年，原标题为《关于构建粤港澳大湾区金融体系的建议》。

同样，国家与国家竞争的最重要决定因素，往往并不是军事力量，而是金融能力。因此，粤港澳大湾区实行创新驱动发展战略，也需要构建一个能够有效支持创新活动的金融体系。

大湾区的金融资源已经十分丰富，根据英国智库 Z/Yep 集团与中国（深圳）综合开发研究院发布的全球金融中心指数，香港排名第三，仅次于纽约与伦敦。在中国内地，深圳与广州则分别位列第三与第四，紧随上海与北京之后。香港与深圳的资本市场，广州的区域性股权交易中心，深圳与广州的传统金融部门，深圳、广州与香港的数字金融，都是相对领先的。

但这个金融体系也存在两个明显的短板。一方面，一个大湾区，有两种制度、三种货币。丰富的金融资源相互分隔，没有形成统一市场。香港的创投基金无法自由地投资于仅一江之隔的初创企业。另一方面，大湾区内的许多金融模式并不擅长支持创新活动。香港拥有国际水平的股票市场，但过去无法接受内地的独角兽公司上市。深圳和广州都拥有规模庞大的传统金融部门，特别是商业银行，但这些银行在面对缺乏财务数据、抵押资产的创新型企业时，往往束手无策。大湾区的一些产业引导基金规模不小，绩效也不错，但在支持新兴产业包括创新型企业方面的作用很有限。

创新活动的基本特点是周期长、不确定性高以及失败概率大，但大多数金融模式都是追求短周期、低风险、高回报的投资机会。金融服务的供求之间存在明显的不匹配问题。如何评估创新型企业的风险，对传统资本市场与商业银行来说是一个挑战。因此，改善对创新型企业的金融支持，首先需要创新风险评估与风险控制方法。资本需要增强耐心，过于短期化的投资行为无法有效支持创新活动。投资者也要学会容忍失败，创新本来就是一项高风险的活动，专业的投资者应该接受风险，同时实行市场化的风险定价。

粤港澳大湾区未来的金融体系应该是三个层面金融业务的有机

组合。

第一层是开放的资本市场。从经济发展的视角看，资本市场更能适应新兴技术革命，因而资本市场导向的金融体系常常是技术领先国家的标配，英国和美国就是很好的例子。大湾区境内外有两大资本市场，但这两个市场目前都还没能为创新活动提供令人满意的金融服务。另外，在香港和珠三角，已经有大批各式各样的投资基金，包括天使基金、创投基金和私募股权基金。但区内各地之间的投资便利性不够高，资本市场的现状也影响了投资基金的作用。最近这些年，很多投资了创新型企业的基金没法退出。

第二层是稳健的金融机构。在可以预见的将来，传统金融机构特别是商业银行仍会是粤港澳大湾区金融体系中的主力军。另外，绝大部分创新型企业可能很难达到资本市场融资的门槛，因此只能从传统金融机构融资。过去几十年，这些传统金融机构支持制造业粗放扩张，主要依靠财务数据和抵押资产控制信贷风险，效果不错。但现在经济增长模式从要素投入型转向创新驱动型，商业银行也需要尽快调整业务模式，适应创新活动的特点，有效地降低信息的不对称性，控制逆向选择和道德风险问题。在这方面，国内的金融机构积累了一些有益的经验，也可以多向德国和日本学习。

第三层是新型的数字金融。粤港澳大湾区在数字普惠金融方面的创新走在了世界的前列，广州、深圳和香港均位列全球金融科技中心的前十位。腾讯的微信支付已经有约10亿的用户，微众银行依靠机器学习和大数据分析所建立的风控模型，成功地摆脱了传统风控模型对财务数据与抵押资产的依赖，每年提供超过1000万笔个人或小微企业贷款。这些业务对发展普惠金融以及支持初创企业的贡献，是具有世界性意义的。但过去这些年，中国的数字金融领域也出现了不少风险，尤其是在个体网络借贷行业，珠三角地区也不例外。如何在支持创新的同时控制金融风险，是一个值得深入探讨的课题。

打造粤港澳大湾区金融体系的关键，一是融合，二是转型。融合是指内部各区之间的壁垒要降低甚至取消，各业务模式之间也要展开深度合作。转型是指金融模式要改变传统的一些规则、制度与做法，适应支持创新活动的需要。以下是几条具体的建议。

第一，设立“粤港澳大湾区金融协调委员会”，促进区内金融体系的融合。政策与业务协调，对粤港澳大湾区金融发展至关重要，这个委员会最好由国务院金融稳定发展委员会的官员挂帅。委员会可以协调中央政府授权调整一些监管政策，更重要的是推动“三地”的金融体系融合。一是规则趋同，大湾区内的金融政策与监管框架要向高水平看齐。珠三角地区要学习并引进香港的金融监管，而香港则可以学习深圳的数字金融。二是业务联通，三地之间要增强投资便利性，金融产品与投资资金的渠道要畅通。“一国两制”是基本国策，但金融要融合，否则就谈不上统一的金融体系，大湾区也难有大的作为。

第二，积极推动深、港资本市场改革。一些传统的制度安排，包括公司治理结构和企业盈利年份的要求，显然并不适合创新型上市企业，应该尽快调整。自“深港通”实施以来，深圳证券交易市场的质量已经出现了明显的提升，将来可以考虑更深层次的全方位融合，两个市场之间既有分工，又有联合，共同支持大湾区的经济发展。另外，珠三角地区应积极引进大量境内外长线投资基金，特别是母基金。鼓励境内的创投基金到香港资本市场募资，同时也放开香港的各类投资基金跨境到珠三角投资创新型企业。

第三，鼓励商业银行加快业务模式转型，适应创新活动的需要。商业银行依靠财务数据和抵押资产的传统风控模型不适合创新型企业，但商业银行的优势是网点多、微观信息丰富。浙江台州的三家小银行利用线下软信息评估小微企业的风险，值得学习。商业银行可以预先布局，为区内的小微企业与企业家建档，长期跟踪、服务。银行也可以发挥了解企业与地方的优势，与拥有行业与技术专业知识的各类投资基金合作，比如采取投贷联动等做法。银行甚至可以尝试诸如“硅谷银行”“科技支行”等业务模式。大湾区还可以尝试金融混业经营的模式，在密切监测金融风险的同时，发挥直接融资与间接融资渠道的合力作用。当然，这些尝试与转型都会对现行的监管政策提出调整要求，但首先应该加快推进利率市场化的改革和落实“竞争中性”政策。

第四，努力打造世界级的数字金融创新中心。依赖许多得天独厚的优势条件，包括国际金融中心、领先的数字金融机构、大量的技术创新公司等，粤港澳大湾区有潜力成为国际领先的数字金融创新中心。在保证监管全覆盖与标准统一的前提下，监管部门应该允许新机构的设立与退出，并利用“监管沙盒”机制尝试新的金融业务模式，利用移动终端、大数据分析、云计算与区块链技术，创新风控模型，实践供应链金融，同时鼓励区内的数字金融机构包括微众银行服务更多的创新型小微企业。大湾区也可以先行先试，努力平衡大数据效率与隐私保护、金融创新与金融稳定之间的关系，同时大力推进数字金融基础设施的建设，比如加快5G通信系统落地，为区内企业与个人建立电子身份档案，整合政府与民间的大数据，在保护隐私与控制风险的前提下，支持金融决策，特别是支持创新型企业的融资。最后，积极落实人民币数字货币的试点，为国家的金融战略服务。

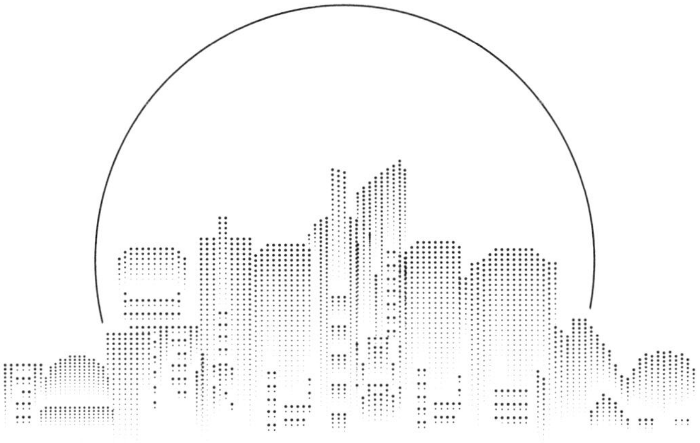

第五章

数字金融的未来

中国的数字金融革命：发展、影响与监管启示[①]

近年来，数字金融以惊人的速度革新了金融行业的各个方面。[②]在中国尤其如此，两家领先的移动支付提供商支付宝和微信支付均拥有超过 10 亿活跃用户，这些用户高度依赖支付平台上的“生态圈”，包括预约医生、购买机票、支付电费，甚至投资金融产品等。腾讯的微众银行、蚂蚁的网商银行以及小米的新网银行——这三家蓬勃发展的互联网银行，其员工规模只有 1000~2000 人，却每年各自为超过 1000 万的个人或小微企业提供贷款。这些具有中国特色的数字金融不仅开始改变中国的金融格局，同时也吸引了国际社会越

① 本文创作于 2019 年。

② Goldstein, I., Jiang W. and Karolyi, G. A. (2019). “To FinTech and Beyond”, *Review of Financial Studies*, 32(5): 1647–1661.

来越多的关注。[①]

中国的数字金融行业与发达国家的同行们相比，存在着诸多差异。中国领先的数字金融业务是移动支付、网络贷款、数字保险和在线投资，而几乎没有加密货币和跨境支付业务。虽然中国有大量的数字金融公司，但该领域由大型科技公司主导，特别是以 BATJ（百度、阿里巴巴、腾讯、京东四大互联网公司简称）为代表的互联网巨头。另外，中国数字金融的发展具有促进金融普惠的显著特征，为落后和偏远地区的小微企业和低收入人群提供金融服务，使其能以较低成本、更便捷的形式享受支付、缴费、存贷款等金融服务。[②]中国的数字金融革命在促进金融普惠性方面的贡献是具有世界意义的。

中国数字金融行业实际上起步于 2004 年阿里巴巴的支付宝上线，但 2013 年阿里巴巴成功推出在线货币市场基金余额宝，才标志着该行业快速腾飞期的到来。不过，数字金融在推动金融创新、重塑金融市场格局、改善金融服务的同时，也带来了严重的金融风险和社会问题。从 2014 年开始，政府工作报告几乎每年都提到“互联网金融”，但论调逐渐从评估其创新的价值转向对风险的警告。中国曾经形成了全球最大的个体网络借贷行业（P2P），但在监管部门于 2016 年 8 月公布了暂行管理办法之后，这个行业崩溃了，甚至令整个数字金融行业弥漫着焦虑和不安（见图 5–1）。[③]

---

① Frost, J.,Gambacorta, L., Huang, Y., Shin, H. S. and Zbinden, P. (2019). “BigTech and the Changing Structure of Financial Intermediation” , BIS Working Paper No. 779.

② 黄益平、黄卓,《中国的数字金融发展：现在与未来》,《经济学》(季刊), 2018 年第 1 卷第 4 期，第 205—218 页。

③ Wang, J., Shen, Y. and Huang, Y. (2016). “Evaluating the Regulatory Scheme for Internet Finance in China: The Case of Peer-to-Peer Lending”, *China Economic Journal*, 9(3): 272–287.

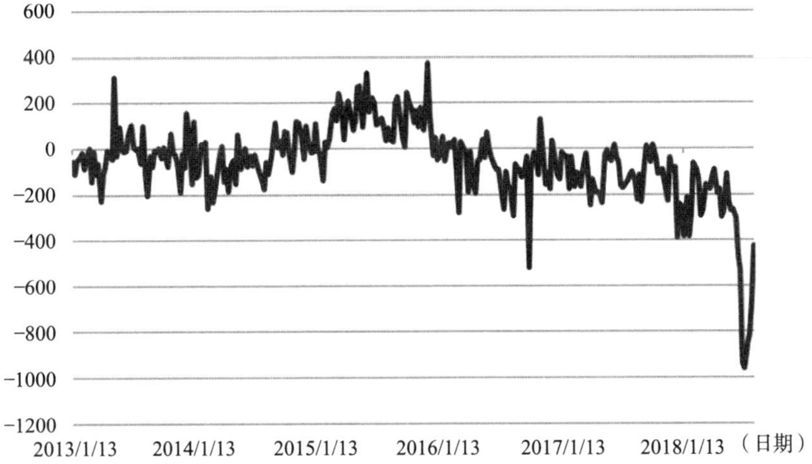

图 5-1　我国金融科技情绪指数（2013—2018 年）

资料来源：王靖一、黄益平，《金融科技媒体情绪的刻画与对网贷市场的影响》，《经济学》（季刊），2018 年第 17 卷第 4 期，第 339-366 页。

本文试图总结与梳理中国数字金融业的发展、影响和风险。首先，我们分析这个行业快速发展的主要促成因素。其次，在描述了中国数字金融行业的发展之后，我们展示数字金融在推动普惠、支持创新及改善社会平等等方面的重要作用。最后，我们建议通过建立金融科技行业的统一监管规则、统合监管体系、增强监管科技以及引入监管沙盒等实现鼓励金融创新、有效防控风险和保护消费者权益三者之间的均衡，并对我国数字金融的未来发展进行展望，提出未来研究的方向。

中国数字金融行业快速发展的主要因素

中国数字金融业的快速发展主要得益于三个重要因素：传统金融服务的供给短缺，监管环境的相对包容，以及信息技术特别是智能手机、大数据和云计算等的快速发展。

第一个因素是传统金融服务的供给短缺。1978 年末，中国开始经济改革时，只有一家金融机构，即中国人民银行，在接下来的 40 年里，无论是从金融机构的数量还是金融资产的规模来看，中国都发展出了一个极为庞大的金融部门。然而，在改革期间，政府干预的程度仍然相对较高，例如严格的利率管制、国家影响的信贷分配和严格控制的资本账户。[①] 我们发现，我国的金融抑制指数虽然从 1980 年的 1.0 下降到 2015 年的 0.6，但与其他转型经济体相比，这一降幅相当缓慢，而截至 2015 年，中国的金融抑制指数在 130 个经济体中仍排在第 14 位。这样的金融体系，虽然在经济改革初期有效支持了经济发展和金融稳定，但它确实对中小企业和低收入家庭造成了信贷歧视。例如，在 2011 年，中国只有 20% 的中小企业获得过银行贷款（“花旗 -CCER 服务型中小企业融资与发展”项目组，2011），根据西南财经大学发布的《中国中小企业发展报告》，在具有融资需求的中小企业中，只有 46% 能够获得银行贷款，11.6% 的申请被拒，还有 42.4% 未申请。有学者发现增长最快的中国公司主要依赖非正规融资渠道，还有不少学者指出，正规金融服务的严重供应短缺会导致非正规金融的诞生与发展。[②] 因此，当数字金融横空出世的时候，它立即被市场接受并得到了迅速的发展。[③]

第二个因素是对数字金融行业相对宽松的监管环境。这一方面是

---

① Huang, Y. and Wang, X. (2011). “Does Financial Repression Inhibit or Facilitate Economic Growth? A Case Study of Chinese Reform Experience”, *Oxford Bulletin of Economics and Statistics*, 73(6): 833–855.

② Allen, F.,Qian, J. Qian, M. (2005). “Law, Finance, and Economic Growth in China”, *Journal of Financial Economics*, 77(1): 57–116.

③ Hau, H., Huang, Y., Shan, H. and Sheng, Z. (2019). “How FinTech Enters China’s Credit Market”, AEA Papers and Proceedings, 109(5): 60–64.

因为许多数字金融企业表现出金融普惠的特征，自2005年以来，中国政府一直在推动普惠金融，定期呼吁商业银行增加中小企业贷款，并成立了近万家小额信贷公司，但收效甚微。当数字金融公司向大量中小微企业和个人提供金融服务时，监管机构看到了推进普惠金融的希望。另一方面则是由于监管体制与技术的相对限制，比如，中国的金融监管框架是按行业划分的，侧重于对金融机构的监管，当数字金融公司出现时，监管部门无法确定应该由谁负责监管。事实上，许多数字金融企业在相当长的一段时间内都没有受到监管。例如，支付宝从2004年推出，一直到2010年都没有牌照。同样，2007年PPD（拍拍贷）上线，预告了P2P行业的飞跃式发展，2015年底正常运营平台数达到3576家，相比2012年底增长幅度超过25倍。这种相对宽松的监管环境为数字金融参与者提供了试验金融产品和商业模式新创新的独特机会，但监管“宽容”也是一把双刃剑，它还给一些不正当的商业行为留下了投机空间。特别在P2P领域，行业监管缺失，准入门槛较低，出现了不少打着P2P网贷之名，干着非法集资诈骗勾当的平台，给投资者造成了巨大亏损，带了严重不良的社会影响。当监管机构2016年年中出台明确的监管框架后，新上线平台数量大幅减少，正常运营平台数呈逐级下降趋势，到2019年只剩下787家。

第三个因素是数字技术的快速发展，特别是智能手机、大数据和云计算。智能手机的普及有助于用户克服数字金融工具的地理位置和时间限制，2007年1月史蒂夫·乔布斯发布第一款苹果手机之后，支付宝才开始流行起来，通过智能手机，数字金融公司能够接触到前所未有的客户数量，而这些客户大多没有被传统金融服务覆盖。由于数字技术的进步，支付宝每秒可处理的交易量从2010年的200笔左右增加到2018年的30万笔，资金损失率远低于百万分之一。数字技术的长尾特征意味着，在几乎为零的边际成本下，大科技公司能够为大量客户提供服务。

中国数字金融行业的最新发展

中国已经是许多数字金融企业的全球领导者。根据毕马威发布的《2018 年全球金融科技 100 强》，中国公司占据了前五名中的三个，蚂蚁金服、京东金融和度小满分别位居第一、第二和第四。但是我们也发现，中国数字金融公司与北美和西欧国家的同行存在着明显的差异：第一，中国领先的数字金融业务是移动支付、在线贷款、数字保险和在线投资，而几乎没有加密货币和跨境支付业务；第二，虽然中国有大量的数字金融公司，但该领域是由大型科技公司主导，以 BATJ 为代表的互联网巨头进入数字金融领域较早，布局较全，同时凭借自身的技术、流量、用户、数据、品牌等优势，快速构建起数字金融平台生态，各自旗下的数字金融独角兽也日益强大；第三，中国数字金融的发展具有促进金融普惠的显著特征，发展普惠金融是推动金融普及、提升金融服务公平性、增强金融服务实体经济覆盖面的重要途径。在数字金融应用中，移动支付、移动银行、网络信贷等扩大了中国金融服务的辐射范围，为落后和偏远地区群体提供金融服务，使他们能以较低成本、更便捷的形式享受支付、缴费、存贷款等金融服务。

我们利用北京大学数字金融研究中心发布的北京大学数字普惠金融指数（PKU-DFIIC）[①] 对数字金融的发展趋势给出可量化的比较。我国数字普惠金融的一个特点是飞跃式增长，普惠金融的省级指数中位数在 2011 年仅为 33.6，而在 2018 年升至 294.3，意味着平均年

---

① 北京大学数字普惠金融指数（PKU-DFIIC）是由北京大学数字金融研究中心与蚂蚁金服合作开发的，每年对中国省、市、县三级的金融科技以及移动支付、在线贷款、数字保险、在线投资等不同业务进行量化。

化增长率为 36.4%。[1] 另一个特点是普惠金融在地区间的差异收敛化，普惠金融省级指数在最发达与最落后地区之间的差异从 2011 年的 50.4% 下降到 2018 年的 1.4%，市级层面的数据进一步显示，这一时期，全国各地区普惠金融的差异收敛程度均在不断加强。1935 年，中国著名的地理学家胡焕庸先生在中国地图上画了一条线，从黑龙江的黑河市到云南的腾冲市，线以西 56.3% 的领土面积仅养育了 5.6% 的人口，这条线后来也被称为胡焕庸线，地广人稀的现实困难使得中西部区域经济发展水平长期落后。然而，近年来，在电商网络、移动支付等技术和创新的帮助下，数字金融公司首次越过了胡焕庸线，并迅速进入了我国中西部的许多地区，借助数字技术的超地理性，数字金融特别是移动支付以其独特的优势推动“胡焕庸线”东西部地区的平衡发展，为西部地区提供了更充分的发展机遇与红利分享。[2]

此外，从分类的角度来看，金融技术的发展在移动支付、在线贷款、数字保险和在线投资基金方面更为成功，而出于对洗钱和金融稳定的担忧，目前我国的监管部门禁止交易加密货币和首次代币发行（ICO）。

移动支付是中国最突出的数字金融业务。2014 年春节假期期间，微信支付上的红包迅速“蹿红”，吸引了数亿新用户，而微信与支付宝也在打车软件、餐饮、医疗、金融等领域展开了吸引客户、培养消费者移动支付习惯等方面的拉锯战。2014 年也被称作为移动支付元年，第三方移动支付市场交易规模达到 59924.7 亿元，同比上涨

---

① 郭峰、王靖一、王芳、孔涛、张勋和程志云，《测度中国数字普惠金融发展：指数编制与空间特征》，《经济学》（季刊）。（作者写作本文时，此篇参考文献已被接收待发表，后发表于 2020 年第 4 期，1401–1418 页。——编者注）

② 郭峰、王靖一、王芳、孔涛、张勋和程志云，《测度中国数字普惠金融发展：指数编制与空间特征》，《经济学》（季刊）。（作者写作本文时，此篇参考文献已被接收待发表，后发表于 2020 年第 4 期，1401–1418 页。——编者注）

391.3%。随着应用场景不断丰富，移动支付已成为推动经济社会发展的重要力量，不仅改造了传统消费形态，而且催生了新的商业模式和产业链条，形成了一个有机多维的经济生态圈。

中国的移动支付业务在活跃用户、交易数量和交易金额方面都迅速增长。支付宝的活跃用户数量从 2013 年的略高于 1 亿增加到 2018 年的 9 亿，而同期微信支付的活跃用户从约 3.5 亿增长到 11 亿。总交易额从 2013 年的 14.5 万亿元人民币跃升至 2018 年的 277.4 万亿元人民币，年均增长 80%。移动支付在非现金支付总值中所占比例从 2013 年的不到 1%上升到 2018 年的 7.4%，移动支付在非现金支付交易总数中所占的比例从 2013 年的 3.3%增加到 2018 年的 27.3%。

除移动支付之外，中国数字金融行业的另一个代表性业务就是在线借贷，它具体包括两类模式，一类是 P2P 平台，另一类是互联网银行。这两种类型的机构在许多方面是可以区分的，比如互联网银行从一开始就获得监管许可，但大多数 P2P 并未得到适当的监管。根据现行规定，银行可以成为信用中介，而 P2P 只能充当信息中介。但是，两者之间最重要的区别在于它们评估和控制金融风险的能力，大多数 P2P 都没有控制逆向选择问题或道德风险问题等信息不对称的合理手段与有效机制。

P2P 在过去的 12 年间经历了翻天覆地的变化，从默默无闻到野蛮生长、风险爆发，再到监管落地、行业整改，正常运营的平台数目从 2016 年的 3000 多个急剧下降到 2019 年的 787 个；而互联网银行则在推动普惠金融、创新信用评分技术等方面做出了重要贡献。有不少证据表明，基于机器学习和大数据分析的信用评分模型优于传统的银行方法。[①] 比如，微众银行、网商银行和新网银行都是基于机器学

① Gambacorta, L., Huang, Y., Qiu, H. and Wang, J. (2019). “How do Machine Learning and Big Data Affect Credit Scoring? Evidence from a Chinese FinTech Firm”, BIS, mimeo.

习和大数据分析创建了自己的信用评分模型，微众银行在社交媒体数据基础上，通过查看员工的办公环境、住宅物业质量、亲密的社交媒体朋友和其他数字足迹来评估信誉度。网商银行从电子商务信息开始，发明了“310 模型”——客户花 3 分钟申请，获批的贷款资金在 1 秒钟内存入借款人的账户，整个过程零人工干预。2017 年，网商银行共有 377 名员工，但当年提供了 500 万笔中小企业贷款。而新网银行则建立了一个开放银行系统来与其他已有平台连接。这些互联网银行的共同特点是，都主要向缺乏历史财务数据、抵押固定资产和政府担保的中小企业和低收入家庭提供贷款。应该说它们填补了普惠金融的一个重要空白。

中国数字金融行业对经济的影响

数字技术对传统金融行业的冲击及对经济的深远影响越来越受到政策制定者与学者们的关注，我们通过文献回顾，总结金融技术带来的变化，从提高效率、促进普惠金融、增强对创新和企业家精神的支持等方面讨论数字金融对经济的影响。

首先，数字金融使金融服务体现出更好的普惠性和更高的效率。对于全球任何一个国家而言，向中小企业和低收入家庭提供有效的可持续金融服务都是极大的挑战，而中国数字金融行业的崛起，证明了在数字技术的帮助下，数字金融，特别是移动支付和在线借贷，克服了地理障碍与传统风险评估的盲点，实现了以较低成本向中小企业和各地各类人群，尤其是欠发达地区和社会低收入者提供较为便捷的金融服务。此外，借助“大数据”信息的信贷评分模型有助于缓解中国信贷市场分割化导致的信息不对称等金融摩擦，它还通过显著改善风险控制方法，将信用可获得性的“前沿”推向了信用评分较低的公司。互联网借贷机构相对于传统金融机构在信用评估方面具有信息优势，[①] 而蚂蚁金服和微众银行等数字金融信贷提供商比传统商业银行具有竞争优势的原因是它们具有更强大的信用评级系统、更便宜的分销渠道以及更明显的信息优势。[②]

其次，数字金融可以通过促进技术创新和支持企业家精神创造经济价值。这方面的研究工作刚刚开始，不过获得了许多令人振奋的结果。有些研究表明，中国的数字金融显著地、极大地促进了创新和企业家精神。[③] 还有些研究发现，基于互联网交易信息的信用记录可以有效促进电子商务的销售和交易，对于年轻的公司和年轻的企业家来说，这种促进效果更显著。[④] 另一些研究则证明，向电子商务企业家提供的在线贷款可以提高这类消费者的服务质量，并帮助他们以更有效的方式缓解金融和运营冲击。[⑤] 还有一些研究证实，相比于没有涉及互联网借贷的企业，利用了网络信贷市场的中国数字金融公司可以提供更丰富的产品种类。[⑥] 此外，最近还有研究通过结合数字普惠金融指数和家户调查数据发现，移动支付的使用将大大增加农民在未来成为个体经营者的可能性，并且还将显著提高其收入。[⑦]

最后，中国的数字金融在创造商机、改善社会平等、帮助消除贫

① Frost, J., Gambacorta, L. Huang, Y., Shin, H. S. and Zbinden, P. (2019). "BigTech and the Changing Structure of Financial Intermediation" , BIS Working Paper No. 779.

② Hau, H., Huang, Y., Shan, H. and Sheng, Z. (2019). "How FinTech Enters China's Credit Market" , AEA Papers and Proceedings, 109(5): 60–64.

③ 谢绚丽、沈艳、张浩星、郭峰，《数字金融能促进创业吗：来自中国的证据》，《经济学》（季刊），2018 年第 17 卷第 4 期，第 1557–1580 页。

④ Hau, H., Huang, Y., Shan, H. and Sheng, Z. (2019). "How FinTech Enters China's Credit Market" , AEA Papers and Proceedings, 109(5): 60–64.

⑤ Huang Y., Lin, C., Sheng Z. and Wei L. (2018). "FinTech Credit and Service Quality", mimeo.

⑥ Frost, J., Gambacorta, L., Huang, Y., Shin, H. S. and Zbinden, P. (2019). "BigTech and the Changing Structure of Financial Intermediation" , BIS Working Paper No. 779.

⑦ Wang, X. (2019). "Can Mobile Payment Facilitate Entrepreneurial Activity: Evidence from Household Panel Data", 北京大学数字金融研究中心工作论文。

困和缩小收入差距方面发挥着不可替代的作用，这一效果在中国欠发达地区表现得尤为明显。传统金融信贷供应较少的地区、国有企业信贷份额较高的地区以及本地银行分支机构集中程度较低的农村地区从数字金融行业发展中得到的收益最大。也就是说，数字金融为低收入和弱势群体获得低成本金融服务奠定了基础，因此是实现低成本、覆盖面更广和更具可持续性的普惠金融的重要来源。[①]

数字金融的风险隐患及其监管建议

数字金融的兴起在为经济金融发展带来积极影响的同时，所引发的风险传染、溢出以及转变等问题引起了政策制定者和学者的广泛关注。[②]有的学者通过调查 P2P 平台，评估了中国数字金融相关的潜在风险，并为适当的 P2P 监管框架提出了建议。[③]还有的研究在 P2P 平台上发现了"逆向选择"的行为，通过分析借款人的数据，发现"信用评分低"的借款人在 P2P 平台受到外生负面冲击或者有倒闭风险时，会进行更多的借贷，即他们希望这些平台破产或者崩溃后，没有人会催收他们的债务，从而享受"免费的午餐"。[④]当然，也有研究认为大型数字金融公司有时会导致市场份额更加集中化，从而可能带

---

① Xie, P., Zou, C. and Liu, H. (2016). "The Fundamentals of Internet Finance and Its Policy Implications in China", *China Economic Journal*, 9(3): 240–252.

② Zetzsche, D.,Buckley, R., Arner, D. and Barberis J. (2017). "From FinTech to TechFin: The Regulatory Challenges of Data-Driven Finance", *New York University Journal of Law and Business*.

③ Wang, J., Shen, Y. and Huang, Y. (2016). "Evaluating the Regulatory Scheme for Internet Finance in China: The Case of Peer-to-Peer Lending", *China Economic Journal*, 9(3): 272–287.

④ 张皓星、黄益平，《情绪、违约率与反向挤兑——来自某互金企业的证据》，《经济学》（季刊），2018 年第 17 卷第 4 期，第 219–240 页。

来新的金融系统性风险。[①]

为了实现鼓励金融创新、有效防控风险和保护消费者权益三者之间的均衡，我们从四个方面提出了对数字金融行业监管改革的建议。

第一个建议是，所有金融交易都需要受到监管。目前中国的金融监管框架由四个核心机构组成：中央银行、中国银行保险监督管理委员会、中国证券监督管理委员会和地方性金融监管部门。每个监管部门负责监管一组金融机构，由国务院金融稳定发展委员进行总体协调。这种分行业的监管体系通常会遗漏许多不属于传统金融机构的金融活动，包括影子银行、数字金融等金融创新，而由于金融风险具有传染性与巨大破坏力，需要监管部门及时、准确地判断风险的来源、强度及其传导网络，并采取合理有效措施化解金融风险。因此，我们建议可以通过将以机构为中心的监管理念转变为以机构和职能为中心的监管体系，建立起数字金融行业的统一监管规则和长效监管机制，实现金融风险监管的全覆盖，避免监管空白。

第二个建议是，需要设计新的监管框架以应对数字金融趋势下金融风险跨行业传递可能引发的系统性风险。比如，中国数字金融行业的主导公司，蚂蚁金服、京东金融、百度和腾讯均拥有多个金融业务的许可证，这会产生金融业务交叉所带来的风险传染与转变。因此，统合监管体系已经成为国际监管改革的重心，美国通过建立“金融稳定委员会”来改进多头监管下的监管碎片化，而英国则通过改进型的“双峰模式”来应对当前的金融发展趋势，中国应该继续推动监管协调方面的改革，统合当前碎片化的监管体系，提高监管的覆盖率与有效性。

第三个建议是，监管机构需要通过增强监管科技来监测和监管金

---

① Frost, J., Gambacorta, L., Huang, Y., Shin, H. S. and Zbinden, P. (2019). “BigTech and the Changing Structure of Financial Intermediation”, BIS Working Paper No. 779.

融风险。数字金融支持下的金融服务在被复杂结构化处理及技术编程后，其风险变得更加隐蔽，给监管的及时性与准确性带来了挑战。此外，数字金融的开放性与延展性也使得信用风险、操作风险、市场风险等金融风险会存在显著的外溢性与传染性。在传统监管技术下，金融机构的常规报告和监管部门的现场或非现场检查不足以及时发现并解决问题。北京市地方金融监管局自 2012 年以来开始筹建以“冒烟指数”为衡量指标的基于大数据的金融风险监测预警系统，实时监测风险，对高风险企业进行管控和分类处置，从而保证了北京在全国 P2P 大范围爆雷的情况下金融风险水平持续较低。2017 年，中国人民银行数字金融委员会成立，明确声明“强化监管科技应用实践，积极利用大数据、人工智能、云计算等技术丰富金融监管手段，提升跨行业、跨市场交叉性金融风险的甄别、防范和化解能力”。

第四个建议是，监管机构应需要在金融创新与金融稳定之间取得平衡。为减少监管不确定性对数字金融发展带来的限制，许多发达国家或地区的监管部门都转变了传统的监管思维，尝试监管沙盒的评估方法。监管沙盒最早是用于分离正在运行的程序的安全机制，通常用于执行未经测试或不受信任的程序或代码，而不会对主机或操作系统造成损害。英国金融行为监管局于 2015 年创造并推出的“监管沙盒”对监管科技（RegTech）的开展具有典型意义，它指的是通过提供一个“缩小版”的真实市场和“宽松版”的监管环境，在保障消费者权益的前提下，鼓励数字金融初创企业对创新的产品、服务、商业模式和交付机制进行大胆操作，减少时间和成本以及使创新者有更多的融资渠道，从而有助于开展更有效的行业竞争。我们建议中国也应该采取监管沙盒制度来合理地评估数字金融行业创新的成本和收益，及时发现金融创新的过度行为以及监管过度限制可能对消费者福利造成的损失，从而平衡金融创新健康发展与监管合理到位的关系，在适度监管、包容性监管的框架下，保证数字金融行业的合理有序发展，从而最大化消费者福利。

受益于传统金融市场的供应短缺、相对包容的监管环境和数字技术的发展，中国已成为全球数字金融领域的领导者之一，体现在移动支付这一商业模式的创新与大范围普及、基于大数据的信用评分系统的开发与推广、对金融普惠的实质性推动与发展，这是一个具有世界意义的贡献。未来的中国数字金融发展中，如何实现金融与科技的有机结合，实现金融安全与金融效率的平衡，将成为我国数字金融行业以及金融监管部门的艰巨挑战。

一方面，如果将金融技术发展的已有路径描述为“自发的”，那么未来的路径将可能更“有序”，我们将其称为中国数字金融发展的2.0时代。这意味着未来的发展将在金融监管的前提下展开，“金融”和“技术”之间的分工将更加清晰，通过为金融机构提供技术解决方案，许多高科技公司可以专注于金融交易的技术部分，而金融机构也可以继续专注于金融服务，在需要时请高科技公司服务。这种分工确保了数字技术的收益，同时也确保了对风险的控制。

另一方面，全面的监管覆盖是必要的，但监管机构还需要为新的创新留出足够的空间，当局不仅需要采用诸如监管沙盒之类的新监管工具，而且还需要同时实施监管和自由化。比如，监管机构此前决定禁止交易加密货币和首次代币发行的原因很多。但是，当脸书发布加密货币天秤币（Libra）时，中国数字金融机构突然发现它们没有办法与之抗衡，这不仅是由于禁止加密货币政策的缘故，也受到互联网墙的约束。此外，数据隐私也是一个大问题，虽然大数据分析已经产生了积极的结果，但是如果它们是建立在窃取他人数据基础上的，则不可持续。因此，中国需要制定一项全面的战略来培育金融技术的发展并保持其在世界上的领先地位。

数字经济、智慧城市、第三波全球化[①]

数字经济很快会进入爆发期

中国在数字经济方面已经取得了比较好的进展，在电子商务、移动支付、大科技、信贷等领域处于国际领先地位，现在有可能即将进入爆发发展的前夜，原因有以下几个方面。

第一，在新冠肺炎疫情期间，数字经济展示出来的无接触交易的特性受到很多人的关注和肯定。

第二，政府在推动新基建的建设，会为下一轮经济发展打下很好的基础。

第三，政府在推动数据作为新的生产要素，我相信这方面会有很

① 本文整理自作者参加2020年8月11日《经济观察报》主办的“2020智慧城市峰会”的主题演讲。

多的政策法规出台，会有利于数字经济的发展。

第四，第四次工业革命已经进行了快 10 年，人工智能、大数据、机器人等也是数字经济的一些基本元素。在这个领域，值得我们密切关注的是5G技术的落地，这样我们数字技术的基础会有进一步发展。

第五，我国进入了人口老龄化阶段，老龄人口的占比会增加，同时劳动人口的占比下降，出现一定程度的劳动力短缺问题。

几方面因素加在一起，我个人认为，数字经济发展很快会进入爆发期，这对推动智慧城市的建设是至关重要的。

宏观经济稳定器

疫情期间，数字经济发挥了一些作用，我们知道在 2020 年的 2—4 月，经济活动受到很大的影响，中国经验、世界经验都表明，控制新冠肺炎疫情最有效的方法就是隔离，最严重的措施就是封城。

隔离和封城措施当然对经济活动造成了比较大的影响，但是正如法国经济学家巴斯夏提出的破窗理论所揭示的，这些措施也可能有积极意义。巴斯夏举例说，一个小孩子扔了块石头把一家理发馆的玻璃窗打坏了，这件事情单独看是负面的，造成了财产损失，但是当这块玻璃窗户被打破以后，店主人就要到卖玻璃的店订购一块新的玻璃，而这个卖玻璃的店可能要到工厂去进货，玻璃来了也要请工人安装，如果我们把这些后续的经济活动全部加在一起，有可能是对推动经济增长甚至对推动就业有正面效应的。任何一件负面的事情，如果从另外的角度看，也许有一些积极的意义。

在这次新冠肺炎疫情期间，巴斯夏的理论有一定的借鉴意义，我们看到数字经济在这个过程中发挥了非常重要的作用，我称之为宏观经济稳定器的作用。

举个例子，在隔离和封城期间人们不能去采购，也不能去餐馆吃饭，很多活动在线上活跃起来。2020 年 2 月隔离政策最严格的时候，蚂蚁金服用支付宝的数据做了调查，发现 2 月线下的餐馆业务量下降了 70%，线上的业务量下降了 40%，说明线上活动的下降幅度远低于线下活动。

综合起来，因为我们有线上的活动，使得总体的经济活动受到的冲击变得更加平和，这就是我说的宏观经济稳定器的含义。

电商、快递，我们在日常生活中已经对它们习以为常，但是其宏观经济稳定器的作用在疫情期间表现得更加突出。

很多经济活动在疫情期间实际在不断地延续。有一个很好的例子，除了线上很多电商交易以外，数字技术其实可以把很多线下的经济活动联结在一起。

我们讲智慧城市，在一定意义上就是人工智能、云计算和物联网全部连在一起，这样才有高度数字化的管理和服务，但是这个活动本身是有很大难度的，需要很多的基础设施，也需要很多的落地技术手段。

过去这几年，移动支付在这方面闯出了很多很好的经验，其中一个非常有意思的例子是支付宝和微信支付从 2017 年开始实行二维码支付，线下很多小商贩都把二维码印在纸上直接收款，这样的活动看上去很简单，大家已经习以为常了，但是发挥了很重要的功能，相当于把完全分散的个体经营户连接到一个系统里。

移动互联网或者物联网体系全部进来后，会有什么样的作用呢？

2020 年上半年，北大数字金融研究中心用支付宝线下二维码的支付体系做了一个研究，发现全国可能有将近 1 亿个体经营户，二维码支付将很多个人连接到一个系统上，这会为将来的数字经济和智慧城市的发展提供非常好的基础。

通过码商的数据，我们发现全国个体经营户的业务在 2 月下降了 50% 左右，从 3 月开始复苏，到 6 月底恢复到应有水平的 80%。

过去国外在大灾害之后会有很多对金融服务的特殊需求，比如说地震台风一过去，很多人会跑到银行取钱、申请贷款，在中国，即便是封城四周或者更长一点的时间，真正跑到银行取钱的人也比较少，移动支付意味着钱已经在手机上，这就是数字技术给我们带来的非常好的变化。从一定意义上说，这就是宏观经济稳定器的作用。

北京大学数字普惠金融指数描绘了全国各个地区的数字普惠金融发展水平，所谓的数字普惠金融，主要是移动支付、互联网贷款、线上保险投资等一系列金融活动。

从 2011 年最早开始编制的指数地图来看，数字普惠金融比较发达的是东南沿海几个地级市，到了 2018 年，地区间的差异明显缩小，虽然最发达的仍然是东南沿海地区，但是内陆地区都在快速发展。

我国金融结构的布局绝大部分是在东部地区，西部人少地多，金融机构的布局也相对少一些。但在数字普惠金融方面，不管你处在什么地方，只要你有移动互联网，有智能手机，手机上有一个 App，就可以享受和全国其他地区老百姓差不多的金融服务。这是数字技术支持金融非常好的反映，使地区差异缩小，这就是普惠性，更重要的是互联，就是所谓的智慧城市。

还有一个数字金融的例子是大科技信贷。如前所述，大科技信贷解决了获客和风控的问题，为中小微企业提供金融服务。我们看到，网商银行、微众银行、新网银行等新型互联网银行在疫情期间一直在放款，持续地支持中小微企业，从这个角度来说，它们也发挥了很重要的宏观经济稳定器的作用。

大科技平台在这个基础上还能做一件事情，因为生态系统是闭环的，所有人借款都在线上进行，这个时候平台有一定的约束力，可以通过正向负向的激励机制，鼓励借款人还钱，使其信用记录改善，将来可以做更好的事情、更多的事情。如果不还款，借款人在平台上的业务就会受到影响。这样一些办法使得过去这一段时间小微企业贷款支持了宏观经济稳定，更重要的是，使普惠金融成为可能。

我们也看到工业革命正在走向深入，第四次工业革命中人工智能、大数据、机器人等新技术的发展恰恰是推动数字经济和智慧城市建设至关重要的技术基础。我特别想说的是，5G 技术的落地可能会对数字经济的发展和智慧城市的建设起到非常重要的作用。

我国面临着人口老龄化的问题，过去在总结中国经济发展的经验时，我们经常提到中国的人口红利，主要是劳动人口占总人口的比例在不断地上升，人口的生产率在不断提高，所以经济增长速度越来越快，这是有道理的。

但是从 2010 年开始，中国劳动人口的占比下降，老龄人口的数量在增加。将来老龄人口增加，一系列社会服务要求会增加，但同时劳动人口占比下降，有可能使劳动力短缺，对人工智能、机器人、自动化生产、自动化服务的需求会越来越多。

不论是从企业、市场还是政府角度来说，我相信能替代劳动力、能实现自动化生产和服务的技术会得到大力的支持和发展，这也是为什么说数字经济面临着非常难得的机会。

数字经济与第三波全球化浪潮

未来一段时间，数字经济可能会有很大的发展，我们做一个更大范围的展望，数字经济如果真的大幅度发展，我认为甚至有可能最终会引领第三波全球化浪潮的到来。对于新的全球化浪潮的到来，很多人可能有一点不以为然，因为今天讨论更多的是世界各国逆全球化的政策越来越多。但我们要跨越短期的一些发展，做更长远的展望，全球化浪潮的可能性是存在的。

人类历史上已经经历了两波全球化的浪潮。

第一波全球化浪潮出现在 1850 年左右，是第一次工业革命爆发八九十年以后发生的。当时为什么会发生全球化？我认为其实就是因为第一次工业革命之后交通和通信技术的改善降低了成本，国际贸易和投资变得相对比较容易，从而推动了贸易的全球化，当时全球化的主要载体是货物。

一般认为第二波全球化浪潮是从 1971 年美国总统尼克松把美元和黄金脱钩开始的。美元和黄金脱钩的基本含义是货币制度摆脱了金本位，摆脱了固定规律，世界经济走入灵活的自由浮动规律体系时代。根据蒙代尔三元悖论[①]，因为放弃了固定汇率体系，跨境资本流动变得空前活跃起来。第二波全球化是从汇率体系的改变开始的，金融优化、全球化都是从那里面衍生出来的。第二波全球化是政治改变引发的，主要载体是资本的跨境流动，贸易也变得很活跃，我认为资本的特性可能更加突出。

现在是第四次工业革命，5G 技术落地可能会在将来引领第三波全球化浪潮，全球物联网也好，移动互联网也好，如果全球都连在一起，交换成本会大大降低，这种交换可能是货物的交换、资本的交换、知识的交换，最终可能主要的载体是数据。

这样的时代什么时候到来，现在不太好说，我觉得数字技术的进步，数字经济的发展，最后会迎来的是世界进一步连在一起的可能性。要实现这样的愿景，需要克服很多政治、经济、技术方面的障碍。

---

① 蒙代尔三元悖论：在开放经济的条件下，本国货币政策的独立性、汇率的稳定性、资本的完全流动性不能同时实现，最多只能同时满足两个条件而放弃另一个。——编者注

数字金融的风口与风险[①]

数字金融提供了重要的历史机会

前几天跟历史学家尼尔·弗格森教授讨论金融发展问题，他说中国的数字金融很可能是一个事关历史发展的重大事件。因为从世界历史来看，国与国之间竞争的最根本决定因素并不是军事力量，而是金融竞争力，关键要看一个国家有多大的能力动员大量资金做大事情。弗格森特别指出：今天日本人还在用现金，美国人还在写支票，而中国人却已经在用移动支付。

在历史上，金融确实曾经发挥过至关重要的作用。经济学界经常讨论一个问题：为什么中国古代有“四大发明”和其他很多创新，但

① 本文整理自作者参加 2019 年 3 月 30 日“硅谷创新论坛暨 2019 北京大学国家发展研究院（杭州）论坛”的主题演讲。

工业革命却发生在欧洲而不是中国？这就是所谓的李约瑟难题。2018年我和北大的几位教授一起随当时的校长林建华教授到英国牛津参加北京大学建校120周年海外庆典活动，对这个问题有新的感悟。代表团里有一位历史学家钱乘旦教授，给大家介绍《大宪章》签订的前因后果。简单说来，就是当时的英国国王约翰和贵族们打仗失败了，贵族们就要求国王在泰晤士河畔签署了《大宪章》，其中的一个重要条款是“不经贵族会议同意，国王不能增加税收”。一些金融史学家认为《大宪章》是历史上英国金融发展的重要推动力量，因为如果国王或者朝廷想干什么事情，不能随便征税，就只能通过金融市场解决资金问题。英格兰央行是世界上第二古老的央行，其建立的初衷既不是为了制定货币政策，也不是为了维持金融稳定，而是为了筹集足够的资金去买国债。

这样我们就可以理解为什么中国古代的金融不发达，因为在中国，皇帝要修长城，不需要发国债，一个指令下去，直接征用人力物力就行。所以，在中国做大事情基本都是依靠政治力量推动，而在许多西方国家，因为皇权受限，做大事情只能依靠金融市场。事实上，英国工业革命发生前几十年，蒸汽机的技术早就成熟了，但必须等待金融革命来催生工业革命。如果没有大量、廉价的资金，再好的技术也无法转化成为产业。我认为这起码部分解释了为什么工业革命没有发生在中国。

但中国在数字金融领域的发展，确实走在了世界的前列，在第三方支付和网络贷款等方面可以说遥遥领先。这个领先地位来之不易，有的专家说中国是弯道超车，抓住了一个新行业发展的历史机遇，也有很多专家说中国只是暂时领先。事实上，欧美发达国家的一些金融科技业务模式还是非常先进的。最近国际货币基金组织在其推特账户上做了一个调查：五年后最可能的支付午餐费方式会是现金、数字货币、手机还是银行卡？我所看到的结果是，多数人不看好现金与银行卡，有 31% 的人说手机，但 54% 的人选了数字货币。因此，中国的数字金融能否持续领先，仍然存在很大的不确定性。

从这样一个历史的视角看，今天中国的数字金融确实可能是一个具有重大历史意义的事件。但它能否在中国的发展中发挥重大作用，还取决于很多因素，其中最重要的是当前数字金融的发展前景。聚焦到眼下正在发生的事情，至少有三个方面值得我们思考：第一，为什么数字金融在今天的中国忽然变得很重要？第二，数字金融到底解决了一些什么样的问题？第三，未来数字金融可能会变成什么样？

为什么数字金融在今天变得越来越重要

很多人会注意到，在过去六七年里，我们经常能听到两种抱怨：一个是"金融不支持实体经济"，另一个是"民营企业融资难、融资贵"。对此可以有多种解读，但核心在于金融部门到底发生了什么样的变化才会导致这样的结果？

在我看来，之所以中国近几年面临这些问题，最重要的变化是中国经济面临转型，以前的增长主要靠低成本劳动力生产低附加值的用于出口的制造业产品，现在这一优势已经丧失了。我老家在浙江余姚，回去时我会顺带做调研，15 年前一个农民工每月工资为 1000~1200 元，如今少则 6000 元，多的上万元。这样巨大的成本变化，就是中国经济今天必须面对的，如果说一家企业 15 年前的产品还很有竞争力，如今有可能因为成本过高而做不下去。

金融领域又发生了什么变化呢？在 40 年前改革开放刚开始时，全中国就只有一家金融机构——中国人民银行，既是中央银行，又是商业银行。后来由于要搞经济建设，陆续开办了很多金融机构，到今天中国的金融体系非常庞大，各种机构应有尽有，资产规模巨大。但是，如果在国际上进行对比，会发现中国的金融体系有两个非常突出的特征。第一，中国的金融体系是高度的银行主导，在所有的金融交易中，绝大部分都是银行进行的。央行曾经有一个统计，在非金融企业的外部融资中，只有 15% 来自资本市场，85% 来自银行。第二，政府部门对金融的干预程度很高。根据麦金农教授提出的“金融抑制”概念，我们在 2015 年进行了相关研究，拿到了 130 个国家或地区的数据，计算出金融抑制指数，中国排在第 14 位。

这样的金融体系听起来确实有问题，但似乎并没有影响中国过去三四十年的经济增长，金融体系也相对稳定，没出现大的风险。现在中国经济遇到了问题，成本大幅度上升，面对中等收入陷阱，下一步应该怎么办？唯一的出路就是升级换代，做更高端的产品，可以有高成本，但需要高技术和高附加值，这就得依靠创新。于是金融问题就来了：创新企业往往刚开始时规模都不是很大，而且大部分都不是国有企业。在中国企业的创新中，有 70% 是民营企业贡献的，国有企业只贡献了 5%，外资企业贡献了 20%。

因此，中国经济进入新的发展阶段，必须要转型。金融不支持实体经济，民营企业融资难、融资贵等问题，说到底并非因为金融体系在一夜之间都变成了“坏人”，而是经济体系要升级换代，但金融体系没有同步转型到位。目前中国的金融体系还是适合做过去那一套业务：企业贷款先看历史数据，比如两年以上的流水，然后最好有抵押资产，再有政府担保则更好。但对于很多创新企业来说，这三条都不具备。过去一段时间里的民营企业融资难问题越来越突出，就是经济发展阶段变化造成的。

既然问题的根源在此，对于下一步应该怎么做，我并不认同现在号召的所谓强制要求传统商业银行增加对民营企业的贷款比例。这如果仅在短期内作为一个对策，我并不反对，但这不可持续，最终还是要让银行做它最擅长的、有利可图的、可以控制风险的业务。如果现在强制银行去做本身不擅长的业务，风险后果是很难预料的。更糟糕的是，现在政府部门还要求银行把针对小微企业的贷款利率压下来。我在北大讲一门课叫“货币银行学”，其中有五项基本原则，第二项就是“成本要覆盖风险”。如果利率不能按照市场风险来定价，强制要求银行对一家风险很高的中小企业提供年利率为3%~4%的贷款，这实际是在制造麻烦，银行的内心也是抗拒的。所以我们可以看到，尽管从2013年以来，政府部门2~3个季度都要开一次会，讨论如何解决小微企业或者民营企业融资难、融资贵的问题，但这些问题一直没有缓解，甚至到2018年似乎一下子爆发了。

早在2015年，我和同事宋国青老师应国务院要求，专门对金融支持实体经济的政策进行了第三方独立评估，最后提出来的建议是：要解决小微企业融资难、融资贵的问题，一定要遵循市场化的办法。但是，现在看起来，这似乎并不是政策的重点方向。

数字金融到底解决了什么事情

政府部门强制把利率压低，其实是不利于金融机构为民营企业、小微企业服务的。在中国，中小企业的生命周期是3~10年，每年都有20%~30%的小微企业会关门倒闭。在这种情况下，要求金融机构给小微企业提供跟大企业相同的贷款利率，是违反金融规律的，很难做下去。政府部门是好心办坏事，出发点是希望金融机构为小微企业提供更多的融资，但把利率压下去后，金融机构完全没有意愿，或者没有能力为民营企业提供更多贷款。这是利率市场化的问题。

但更现实的问题是金融机构怎么获客和怎么做风控。现在中国的前几大国有商业银行，放在全世界来看都是最大规模的银行了，它们更擅长做的是大规模的金融服务。现在政府部门强制要求它们去为小微企业服务，我相信它们会完成，但完成的质量怎么样，现实的答案很清楚。向小微企业提供服务不是这些大型商业银行的优势。面对小微企业，金融机构碰到最大的两个问题，第一个是获客难（在哪儿找到这些客户），第二个是风控难（如何控制风险）。前面提到了大型商业银行做风控的三条，大多数民营企业都不具备，大银行的员工就算想做事也不知道从哪下手。

数字金融在一定意义上解决了这个问题。在解决民营企业融资难、融资贵的问题当中，浙江省做出了世界性的贡献，主要有两个方面。第一是线下靠软信息，比如台州的泰隆银行等。对小微企业客户，银行在看不到抵押资产，也看不到历史数据的情况下，企业家个人的人品就变得很重要。所谓软信息就是看家庭关系、朋友关系怎么样，小时候有没有品德问题，等等。如果充分了解这个人，借给他 10 万 ~20 万元问题不大。有不少小型银行就是这样做业务的，而且做得还不错。第二个更重要的创举就是通过线上大数据做风控，比如蚂蚁金服旗下的网商银行就看一个客户在互联网上留下的印迹，据此判断其行为和风险。我们刚刚做完一项研究，发现通过大数据来判断风险的可靠性远远胜过用原有的财务数据。财务数据是表面的数据，大数据分析的是个人的行为，行为比历史数字要可靠得多。

网商银行的贷款规模已在万亿级别，而不良率控制得还比较好，它通过大数据的方法解决了一个规模问题。孟加拉国有尤努斯创立的所谓穷人银行，尤努斯本人也因此获得诺贝尔和平奖。这个银行在云南大理试点，正好大理的弥渡县是北大对口支援的地方，2017 年我去参观，他们专门从孟加拉国派一个人过来，带领 13 个中国年轻人一起做事，一年间服务了 130 家贫困农户。虽然他们做得非常好，但我觉得这样效率太低。且不论全中国还有多少需要金融服务的农民，仅仅在弥渡县需要帮助的农民就有好几万，如果按照这种模式，需要多少人力才能服务得过来？网商银行在 2017 年依靠 377 名员工服务了 500 多万家小微企业客户，2018 年达到上千万家。网商银行就是通过大数据风控突破了原来传统金融机构做业务的局限。现在有很多其他机构都在做类似的事情，包括腾讯旗下的微众银行主要服务于个人客户。

从这些实践可以看到，数字金融有可能帮助我们克服一些过去克服不了的困难。从这个角度看，我觉得数字金融的作用主要有三个：通过移动终端把无数人连接到同一个平台上；通过大数据提高风控的可靠性；可以有效降低风控的成本。举个例子，建设银行一名高管做一笔业务，可能额度是 5 亿元，现在要让他做一笔 5 万元的贷款给一个农民用于养牛，如果跑一趟做尽调，得花多少钱？这笔业务的收益能不能覆盖成本？答案显而易见。但是，现在用大数据的方法，就完全控制了这样的成本。互联网平台有所谓的“长尾效应”，其基本特征就是可以把边际成本压到几乎为零，也就是说，当基础设施搭建好之后，再多服务 1 个客户、1 万个客户，甚至 100 万个客户，对整个平台的成本影响并不是很大。平台建起来以后，固定投资成本很高，但边际成本没那么大。

我觉得这可能是一个革命性的变化，确实值得我们思考。特别有意思的是，互联网金融大概是从 2012 年开始热起来，当时担任中国投资有限责任公司副总经理的谢平提出这个概念，一开始大家都不以为然，后来大家又认为革命时代到来了，再过几年就出现了一大堆乱象，包括 P2P 平台陆续出问题。现在大家连互联网金融都不怎么敢说了，但北大数字金融研究中心一直在观察研究这些事情，我觉得其中确实有泡沫、有风险，但同时也有一些实实在在的技术解决方案。

北大数字金融研究中心每年应国际货币基金组织总裁拉加德的邀请，组织一个包括中国官员、业界人士的团队到华盛顿去给他们开一次闭门研讨会，讨论中国的数字金融是怎么做的。可见，中国在数字金融方面确实走在了前面。金融科技如果做好了，也许会成为决定未来中国的经济，甚至整体战略竞争力的一个重要因素。

处置风险不能影响到未来的发展

最近几年互联网金融确实出现了很多问题，这不用否认，像P2P的连续爆雷，反映出其中确实有很多值得思考之处。在这方面，我觉得最重要的责任还是应该放在监管上。任何金融活动，不管有多么正面的贡献和意义，如果没有监管制度是不行的。在所有的经济活动当中，金融是受到最严厉监管的部门。原因在于：第一，在金融交易中最重要的问题是信息不对称。第二，因为信息不对称，有很多事情都是预期所决定的。而预期并不是实实在在发生的事情，有时甚至只是一个谣言，或者一个特殊的因素。第三，金融的风险是会传导的。比如我买了一双鞋子质量不好，我很不高兴，但不太会影响其他的人；如果我买了一款金融产品，结果发生损失了，我再告诉其他人，就会影响很多人的情绪。正因此，金融需要受到严厉的监管，需要有进入门槛，需要有交易规则，需要有基本的信息披露。

过去这几年互联网金融所遇到的问题，以P2P为例，我认为最基本的一个关键是没有任何监管，野蛮生长。中国的第一家P2P平台是2007年上线的，直到2015年年底，监管部门才出台了一个“征求意见稿”，截至目前也没有真正落地，一直在往后拖，这是有问题的。用北大数字金融研究中心的一位学术顾问、以前曾担任某国有商业银行行长的话说，就是“买一台电脑插上电就开始提供金融服务，这是不可以的”。从事金融活动，需要有相关的资质。

现在相关部门已经开始在整治系统性风险，其中就包括互联网金融的风险，我觉得非常必要。而对于这个行业的未来，我认为还会有很大发展，很有前途。

不过，要厘清几个问题。

第一，现在整治的目的是要处置风险，而不是要把这个行业给灭掉。数字金融是我们能实实在在看到中国做得好、走在世界前面的少数领域之一，要保持这样一个来之不易的暂时领先地位。

第二，我将下一阶段称为数字金融发展的2.0时代。过去的1.0时代就是野蛮竞争，谁想做谁就做。在2.0时代，一个合理的前景就是擅长做技术的专门去做技术，擅长做金融的就专门做金融，两者一起合作推动数字金融的发展。

在未来，我们很可能看到更多科技公司帮助金融公司提供技术解决方案，但是金融交易还是由懂金融的人来做。这意味着未来一段时间，商业银行、证券公司、保险公司等会越来越多地运用这些技术，而不是单纯像过去那样由互联网公司自己来做金融交易。当然，做得好的互联网公司可以去做金融，但有一个很重要的前提——要有进入门槛。

这个门槛有两层要求：第一，做金融交易的人要能理解金融风险的本质；第二，做数字金融要具备基础条件，就要有大数据，而且会进行大数据分析。

经过近两年对互联网金融的整治和规范，我相信如果相关部门管理得当，可以让数字金融在创新和风险之间取得平衡，从而促进产业健康的持续发展。

全球数字金融浪潮下的中国道路[①]

2003 年，支付宝正式上线，标志着我国数字金融的诞生。2013 年，政府工作报告中正式提到了“互联网金融”，因而很多人也将这一年看作中国数字金融发展的元年。如今，在数字金融领域，中国已成为全球领先的国家之一。

数字金融并非在中国发端，但我们可以很明显地看到，中国公司在全球数字金融行业中占据着主导地位。根据世界银行金融科技发展指数，中国的排名仅次于美国，位列全球第二。

由于中国已经走在了全球数字金融发展的前列，各国的金融科技公司纷纷主动联系我们的企业，探寻业务合作的可能性。比如 2018 年 11 月，英国组织了几十位金融科技公司的高管来中国参访，学习并借鉴我国的成功经验。2018 年 6 月和 2019 年 6 月，国际货币基金

① 本文整理自作者于 2020 年 4 月接受《北大金融评论》的采访。

组织两次邀请北大金融数字研究中心和上海新金融研究院，共同赴华盛顿举行关于金融科技的闭门研讨会，探讨数字金融的中国实践。这是历史上第一次国际货币基金组织连续讨论一个国家的业务发展情况，表明中国的数字金融在国际上确实具备一定影响力。

数字金融领域可能形成新的劳动分工

到目前为止，美国数字金融和中国数字金融的差异是比较明显的。一方面，在全球金融科技 100 强名单里，如果只看排名前面 10 位的公司，中美基本上平分；但整体来看，美国实力强大的金融科技公司还远超中国。另一方面，从金融科技公司本身来看，中美公司的类型也有所不同。

中国实力较强的数字金融公司大多是“独角兽”公司（一般指成立不到 10 年、估值 10 亿美元以上、尚未上市的科技创业公司），主营业务以普惠为主，移动支付便是一个典型例子。在中国，数字金融最大的价值便是发挥了普惠的作用。在美国，金融科技公司中独角兽比较少，很多是直接为金融机构提供技术解决方案，如区块链、数字货币、跨境支付技术等。

中美之间产生差异的主要原因在于，美国对普惠的需求远远小于中国。例如在移动支付领域，美国的信用卡已经十分便捷，可以满足大众的日常快捷消费需求，如果再去做新的移动支付，市场空间就十分有限。所以，美国数字金融在普惠方面的发展空间小于中国，但在应用技术方面则领先于中国。

未来，技术和金融的分化会成为中国数字金融发展的一个趋势。过去，中国对数字金融的监管相对比较容忍、宽松，这种宽松的监管环境为数字金融的发展创造了很好的空间，同时也制造了很多问题。随着 2016 年互联网金融整治政策的出台，金融监管开始全面覆盖，要想做金融交易，必须持牌经营。但是，能够真正达到信息中介资质要求的平台可能寥寥无几，而且对于全牌照公司来说，持牌的成本也相对较高。

未来数字金融行业可能会出现新的劳动分工，出现类似于今天美国的情形，各公司从自身的比较优势出发，擅长做技术的专注做技术，擅长做金融的专注做金融，最终实现技术和金融两个不同领域的崭新分工与合作。

数字金融的创新与监管天平

中国金融业在从数字化走向智能化的过程中出现了一些问题。比如 P2P 网贷一度站在互联网金融的风口浪尖，行业经历了井喷式成长与断崖式下跌。

监管部门应该认真总结，吸取教训。实际上，国外也有 P2P，但规模较小。比如美国的“工薪贷”，它类似于我们的“现金贷”，但平台会对借款人有基本的了解和约束，比如通过要求借款人提交工资条、家庭住址等重要信息。此外，借款人要先写一张空头支票，如果之后跳票，对个人的信用将有很大影响。这样一来便对借款人形成了一定的约束，控制和降低了风险。

人们都说中国金融中最难看懂的地方有三个：影子银行系统、地方融资系统和数字金融系统。数字金融在中国发展迅猛的重要原因在于，传统金融部门没有提供令人满意的金融服务，数字金融、影子银行甚至民间借贷，在一定程度上填补了传统金融市场服务的空白。

由于数字金融的业务模式和产品都是创新的，现有的监管政策框架已经不太能适应金融创新的现实。在过去很长一段时间里，中国的普遍做法就是放任不管，最后导致的结果是好坏参差不齐，支付体系取得了全球瞩目的成功，而 P2P 行业却走向了彻底的失败。所幸 P2P

行业的总资金规模不是很大，并没有造成严重的系统性风险。

与中国相反的是，欧洲在监管方面很严格，包括大数据、移动支付等各方面，最后的结果是做成功的场景少之又少。举例来说，大数据做风控取得了很好的成绩，但侵犯隐私、滥用数据的现象也比比皆是。所以，监管要在“宽松”和“紧缩”之间寻求一个平衡，主要可以参考以下几个方面。

第一，落实“监管沙盒”，帮助企业创新。在监管部门的监督下，金融科技企业可以测试其产品和服务，如果测试结果良好，则企业可获得牌照，投入市场，否则便取消该产品或服务。

第二，发展“监管科技”。过去的监管方式是现场检查和场外检查，主要通过看财务报表数据，但数据明显是滞后的。进入数字金融时代后，金融风险和金融交易瞬息万变，需要用数字技术来支持金融监管，进行实时监测。

第三，改变传统监管方式。当前，分业监管政策框架已经不再适应金融创新，很多独角兽公司大多是混业经营，拥有多张金融牌照。现在，监管要从过去的机构监管转向功能监管，也就是说，只要做交易就必须监管。

对于一些大科技平台，监管应该要保持一致性。大型机构的内部结构较为复杂，我们需要想办法来加强监管以防范风险。总而言之，监管改革的第一条是要做到监管全覆盖，不论是影子银行还是数字金融，都必须在监管框架内开展业务。另外，在管住风险的同时也要支持创新。

我国央行正在推出数字货币，有人认为，这是一次绕开和挑战美元的机会。其实数字货币有一个双层的框架，即央行对授权机构、授权机构对公众。授权机构如商业银行或互联网公司在接受央行发行的法定数字货币（简称 DC/EP）后，是以人民币为抵押，再发行给公众使用。按这个机制，央行并未丧失对高能货币供应总量的操控，同时也不至于造成银行脱媒。

目前看不出来 DC/EP 如何对美元构成挑战。DC/EP 的最初设定是在国内流通，只替代 M0，不替代 M1 和 M2。未来，DC/EP 有挑战美元的可能性，但需要以实现数字货币从 M0 向 M1 和 M2 过渡以及人民国际化等作为前提条件，现在看还有点为时过早。

然而，DC/EP 会对移动支付产生一定冲击。现在我们常用支付宝和微信支付，是因为它们方便，如果将来所有人都可以在手机上开设一个数字货币账户，将比现在的移动支付更加快捷，因为它既不需要连接银行卡，也不需要连接系统，甚至在没有网络的环境下也可以做支付交易。此外，我们知道 DC/EP 具有法偿性，中央银行在任何情况下都会兑现。但是，将资金放置在其他任何一家机构都具备一定风险，即使风险微乎其微。因此，DC/EP 会在一定程度上冲击现有的支付体系，但具体冲击有多大，仍有待观察。

从数字普惠金融到智能金融

中国已经走在了全球数字金融发展的前列，中国数字金融在助力普惠金融发展方面的成绩尤为突出。数字金融为普惠金融的发展提供了巨大的潜在机会，利用数字金融，我们可以在一定程度上突破过去发展普惠金融但举步维艰的境地。

自 2016 年起，北大数字金融研究中心开始编制北京大学数字普惠金融指数，追踪普惠金融在全国各省（区、市）的发展状况。研究发现，数字金融正在打破传统的胡焕庸线，使我国东西部金融服务的可得性差距缩小了 15%。

2011 年，移动支付覆盖最高地区（上海）和最低地区（青海）的差异高达 50.4 倍；而到了 2018 年，移动支付覆盖最高地区（北京）和最低地区（西藏）的差异缩小至 1.42 倍。这意味着，在

2011—2018 年，移动支付的地区覆盖率差距缩小了近 50 倍。短短 8 年间，在数字支付使用深度、数字信贷使用深度以及数字金融覆盖广度方面，东西部差异更是分别降低了 39%、38% 以及 26%。如果我们把全国各地级市放在一幅地图上，2011—2018 年，地级市之间的差异在显著缩小，而且越落后的地区，数字普惠金融的发展速度越快。

由于成本问题，传统金融机构很难触及西部偏远地区，而数字金融则具有明显的低成本优势，只要有智能手机，数字金融便可以实现覆盖。

到目前为止，人工智能技术在金融领域已经有了一些应用，但还不如数字技术那样普及，智能金融会是下一步的重要发展方向。过去，在支付和贷款领域，数字技术发挥了很大的作用，下一步，如何利用人工智能技术帮助大家做投资决策将会成为一个重要的突破口，这是一个在当前还相对空白的领域。

目前，智能投资顾问发展较为缓慢的原因有两点：一方面，我们的投资产品相对比较简单，种类较为单一，即使是做线下投资顾问，其工作也不太容易；另一方面，做投资顾问需要对投资者有充分的了解，了解其投资偏好、风险偏好、风险承受能力等。我们也期待，未来随着人工智能技术的不断发展，智能投资顾问可以发挥更完善的决策指导作用。

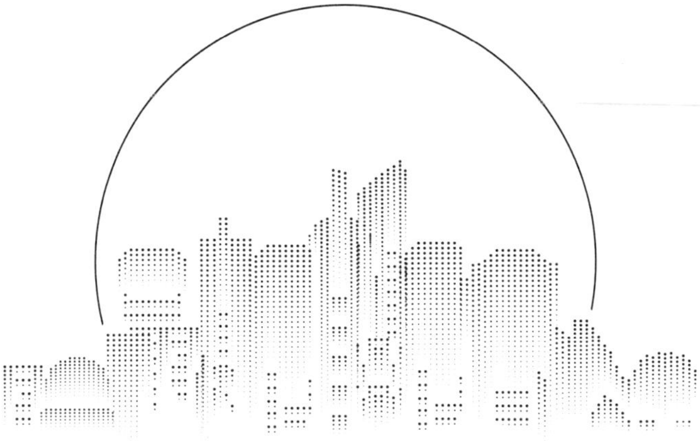

第六章

数字货币
与货币的未来

货币的演变与金融的创新[①]

货币的三大功能

不久以前，曾经从南美哥伦比亚的原始森林里走出来一帮人，这些人从来没跟社会打过交道，几乎就是原始人。他们出来以后，现代人给了他们很多帮助，包括各种补助、医疗等等，这些本来就是现代社会福利体系的一部分。但是，那些从原始森林里走出来的人觉得非常不可思议，因为过去在森林里，要是两个族群相遇，通常就得“打”，抢食物、抢女人。现代人不但没有抢他们的东西，还帮助他们。

当然，他们也不会理解货币的含义。因此，从森林里走出来的人群，相当于为我们提供了一个观察原始社会生活的机会。之前我去

① 本文创作于2020年，原标题为《货币的前世、今生与来世》。

一些少数民族地区调研，曾经看到路边有些人的家门口摆了一些农产品，他们的交换方式是“以物易物”：谁想要我这筐里的苹果，可以留下你的产品。应该说，“以物易物”的交易方式也是经济发展水平提高的产物，说明经济活动出现了产品剩余。

但“以物易物”交换方式的效率非常低，交易成本非常高，而且也不见得能够换得到自己想要的产品，因此无法有效促成劳动分工。比如说，我在北京大学开一门课“货币银行学”，这就是我谋生的手段，我不会种地生产粮食。但我得吃饭，怎么办呢？我可以每天到北大南门摆个摊，看谁愿意听一堂“货币银行学”的课，换点大米。估计大部分人没兴趣听课，即便偶尔碰到有人想听，他也不见得有大米，也许是背了一筐柴火，我也没的选择，只能先挣了这一筐柴火，然后再背着柴火去找别人换米。

所以，在“以物易物”的时代，交易成本非常高，人们很难换到自己想要的东西。因此，最有效的选择还是大家尽量都自给自足。偶尔有了剩余产品，才会放到门口换点别的产品，改善一下生活。因此，交换不是经济生活的必要部分，只是偶然的补充。

3500多年前，中国最早的货币贝币开始出现了，后来渐渐演变成金属货币。货币的出现是人类历史上第一场重大的经济革命。货币的出现首先极大地降低了交换的成本。比如我在北大南门摆摊讲“货币银行学”，听一小时两元钱。下课我就可以拿着钱去买米，不需要背着一筐柴四处找合适的交易对手。这就是货币的第一大功能，即“交换的媒介”。

二战时期，在美国监狱里，香烟成了“准货币”。监狱里没有货币，可人与人之间也需要交换，这个时候就需要一个一般等价物，当时这个一般等价物是香烟。香烟，它在特定地点也符合货币的特征，相对来说比较值钱，在监狱里也是很稀缺的。据说，如今美国监狱里方便面和老干妈很流行，那么它们显然也是在某一些特定方面，满足了一个货币的基本要求——值钱，值钱的原因显然是大家都喜欢老干妈或方便面。

除此之外，交换变得容易还有另外一个原因，在以物易物的时代，两斤大米相当于一担柴火，一斤猪肉相当于三尺布，这些都是两两对应的关系，而且这个关系可能也经常变化。有了货币之后就比较简单，半堂课、两斤大米、一斤猪肉、三尺布，都是一元钱，一目了然。这是货币所发挥的第二大功能，即“计价的单位”。

另外，生产活动尤其是农业生产往往是有季节性的，即便是狩猎动物、采摘果子，也不是全天候的工作。比如我摆摊讲课，农忙的时候大家忙自己的活，没时间听课，大雪纷飞的时候大家不出门，也没有人听课，但饭是要天天吃的，怎么办呢？听课的人多的时候，我起早摸黑地开课，存点钱，等到不开工的时候一样可以过日子。这是货币的第三大功能，即“储值的工具”。

总结一下，货币一般有三大功能，第一是交易的媒介，其实就是做支付。第二是计价的单位，用同一个单位计价，大大降低了计价成本。第三个是价值储值功能，可以作为投资的工具。

货币的形态演变

我们所谈论的货币，有的时候并不一定具备上面所说的全部三个功能。像方便面，它显然就不完全具备储值的功能，做投资的工具很难。譬如比特币，它是不是货币？有专家说比特币不是货币，有专家说它是货币，各种观点都有。我个人倾向于认为比特币是一种货币，只不过它不是一种完全功能的货币。早期比特币不值钱，曾经有人拿2000 个比特币换了一个意大利比萨饼，还觉得很开心。后来一个比特币涨到 1 万美元，大家可能就觉得这比萨饼太贵。但事实上，到今天我们也不知道它到底该值多少钱。

如果要严谨一点，我可以为大家介绍两个关于货币的定义。首先看马克思的定义：作为一般等价物的特殊商品。第二个是美国金融学教授米什金的定义：任何一种被普遍接受的、可用于商品和劳务支付或者贷款偿还的物品。

早期的货币也在不断地演变，形态也非常多，包括中国的贝币、永银钱币博物馆里的雅浦岛石币，以及后来出现的各种贵金属货币。不管形态如何，它们都具有一个重要的特质，就是大家都接受这种货币，认同它的价值。货币就是这样一个神奇的东西，你可以用货币去买任何你想买的东西，来满足你个人生活各个方面的需求，但它本身并不能满足你的任何生活需要，不会让你变暖，也不能让你变饱。

早期贝壳为什么能够成为货币，大概就是因为它稀少。稀缺性是保证货币价值的一个基本特质，如果在海边，满地都是的贝壳肯定成不了货币。但贝币的币值可能也不太稳定，毕竟它本身并不值多少钱，其他用途很少，它值钱是因为大家都相信它，这几乎就是一种信仰，用金融学的话说就是缺乏“内在价值”。

贵金属做货币，就在一定程度上克服了贝币缺乏“内在价值”的不足，金银铜本身都是有价值的。大多数西方国家在历史上是实行金银复本位制，即黄金和白银同时承担货币的功能，1867 年巴黎国际货币会议之后，西方各国加上日本、印度等都放弃了白银，形成了单一的金本位制。中国历史上货币是以铜钱为主的，黄金一直很值钱，但并没有成为流通的货币。不过由于庞大的贸易顺差，大量的白银流入了中国，明朝中期形成了银本位制，就是国际金融史上所称的“白银世界”。银本位制一直延续到 1934 年，美国实施的“白银保护法案”终结了中国的银本位制，当时的中央银行开始推行纯信用的法币。

一个物品能够成为货币，还有一个很重要的特性要求，就是便于携带。背着一大块雅浦岛石币上餐馆吃饭，毕竟很不方便，更不要说出远门做生意。另外，货币还应该易于分割。这就是为什么钻石很稀缺，也很值钱，也十分方便携带，但从来没被当作货币使用过，原因就在于其不可分割，一大块钻石一旦分开来，就不值钱了。

与贝币相比，贵金属的优势非常突出。一是有内在价值，也就是说，贵金属即使不做货币，本身也是值钱的，而贝壳如果不做货币，也许就没有任何价值。二是供给比较稳定，贵金属供应量会增长，但供应速度是有限制的，而贝壳的供给却可能很不稳定，既可能没有任何增长，也可能忽然出现很多，这也会大大影响币值。所以，从贝币到金属币，本身就是一个重要的进步。当然，贵金属币的形成也是经济技术发展的结果，古代社会根本就没有生产贵金属的能力，也就谈不上用贵金属币了。

但贵金属币也有它的局限性，主要体现在两个方面。

第一是携带不方便。我们出门吃个饭、买点东西，可能不觉得，但假如你是一个山西的客商，要到福建去进一批茶叶，千里迢迢地带着好几担白银，安全是一个大问题。山西票号日升昌的银票不是严格意义上的货币，但它其实发挥的就是白银替代品的功能。类似的银牌其实在秦朝就出现了，各地在京城经商的商人把他们赚的白银交付给各地政府在京的“进奏院”，大概相当于今天的驻京办事处，进奏院给商人签发“飞钱”，商人可以轻装返回家乡，到当地政府凭飞钱取回银两。商人不需要带着钱往家走，政府也不需要往京城发送白银做进奏院的开销，也算是“一举两得”。中国最早的纸币，宋朝的“交子”也是这样产生的，当时朝廷不愿让贵金属流入西南偏远地区，在当地使用的是铁币，铁币非常笨重。“交子”最初是由民间商家自行发行的，为了携带、交易方便。

第二是贵金属增长速度比较慢，这既可能是优点，因为它保证了货币的币值，也可能是缺点，因为在经济高速增长的时期，货币供应量跟不上经济增长的步伐。借用经济学家弗利德曼的一句话，所有的通货膨胀都是货币现象。也就是说，如果价格涨得太厉害了，必定是钱发得太多了。那么如果钱发得不够，又会怎样呢？容易造成通货紧缩。通货紧缩非常容易导致经济衰退，因为价格不停地往下走，没人愿意投资了。比如1929年发生大萧条，其中的一种解释就是因为当时实行金本位制，而工业革命之后经济增长速度加快，黄金供给滞后于经济增长，形成了严重的通货紧缩。

由于贵金属币的局限性，就产生了信用货币，即纸币。信用货币可以同时克服贵金属币的两个毛病，既携带方便，也不必受制于黄金开采速度。但信用货币需要一个十分重要的条件，就是信用。虽然民间也有不少信用货币，但迄今为止，大部分信用货币都是以国家主权信用为基础的，比如美元、人民币，都是这样。所以，凡是纸币比较发达、稳健的国家，通常政府有权威，信用也好。中国是使用纸币比较早的国家，宋朝、元朝、明朝，一向如此，可能是中国的朝廷历来比较强势。

但信用货币也有一个明显的短板，即如果缺乏严格的约束，超发的激励非常大，毕竟纸比较便宜，而且货币总是短缺的，特别遇到战争时。宋朝、元朝以及民国的倒台，多少都跟货币超发造成恶性通货膨胀有关系，明朝中期转向了银本位制，原因可能就在于政府比较强势，但缺乏约束机制。二战以后，特别是金融全球化开始以后，各国央行都逐步追求独立性，同时设定货币政策的"锚"，就是为了尽量避免政府因为短期的需要干扰货币供应，保障货币币值的相对稳定。

但是全球金融危机发生以后，公众以及市场对央行的公信力产生了严重的怀疑，大家普遍认为各国央行超发货币是酿成全球金融危机的重要祸根之一。这就是2009年比特币横空出世，受到市场热烈拥抱的大背景，因为公众对央行失去了信任。比特币这样一个加密数字货币，没有任何内在价值，却受到追捧，一个根本的原因就在于比特币的总供给是事先给定的，只有2000万枚。一些发达国家的政客以及部分学者甚至呼吁重归“金本位制”。

先不讨论重归金本位是否可能。看经济发展史，货币的出现是一件大事情，因为降低了交换的成本，使得劳动分工成为可能，大家都能够集中精力做自己擅长的事情，就是现代经济学里讲的发挥各自的“比较优势”，这就可以大大提高经济的效率，促进经济发展。所以我认为，货币的发明是人类生产力解放的重要一步。如果再往前推一步，金融的发展是经济进步的重要推动力量。

金融的创新是为了解决信息的不对称

跟随货币产生的步伐，金融交易应运而生，最早的金融交易就是借贷。借贷涉及货币一个很重要的经济学功能，就是储值功能。它就像时间机器，可以把价值在时间轴上进行转移。人是不能在时间轴上来回转移的，但是价值可以，我今天赚的钱，可以留待3个月或者6个月之后再花。这就解决了一个时间配置问题。

这个功能引发了另一个重要的金融突破，也就是银行的出现。通过银行，有钱的人把钱借给缺钱的人，然后过一段时间把钱要回来，再收取利息。利息其实是货币的时间价值、流动性与风险的补偿。从理论上来说，借贷对双方都是非常有利的，它是一个具有普惠意义的、一个新的经济工具。为什么有人需要去借钱？一种可能是他有一个特别好的主意，想创业，但缺乏资金。还有一种可能是用于消费。有时候天气好，有时候天气不好，没有收入的日子还是得过，这就是通常说的消费平滑，当然有时候需要应对特殊情况，比如生老病死。可以说，借贷的出现是人类历史上第二场重大的金融革命。

银行在中国叫银行，拉丁文叫banco，意思就是一张凳子，在希腊文里也是一张桌子的意思。所谓银行，其实就是做一笔借贷交易。银行的形成过程也很有意思，在中西方是两个不同版本的故事。在中国，银行故事最初是从寺院开始的。寺院有余钱，把一部分钱借给周边的一些村民，过一些时间村民再还回来，加上利息。后来业务起来了，村民把钱存在寺院里，寺院再把钱借给其他村民。在国外，银行故事是从金匠开始的。大家都知道，黄金有两大功能，一是货币功能，二是作为首饰等使用功能。老百姓习惯于把剩余的黄金存在金匠铺，等需要的时候再支用。一开始金匠铺提供的保管业务都是免费的，主要是为了方便客户，增加业务。后来就有人从金匠铺借用黄金以应付急需，等到有收入了连本金加利息一起归还。金匠发现这个生意不错，就开始做黄金存贷业务。这样，银行就出现了。

为什么早期的银行是从金匠或寺院开始的？这就涉及金融的一个大问题，就是信息不对称。储户如果不了解银行，不敢轻易把钱存在那里。银行如果不了解贷款者，也不敢随便放贷。简单来说就是，交易双方如果相互不了解，也就是信息不对称程度太高，就没法做借贷交易。信息不对称容易导致两个严重的问题，一是逆向选择，二是道德风险。逆向选择，就是上赶着跟你做交易的往往不是特别好的交易对手。道德风险就是把钱借去了，借款人可能不按当初的约定使用资金、偿还贷款。典型的例子就是现在有些网贷逃废债的现象，借款人说："凭自己本事借的钱，为什么要还？"

可以说，金融当中所有的机构设置与制度安排都是为了降低信息不对称的程度。比如银行花钱雇专家看财务报表、了解抵押资产、做尽职调查，比如投资银行、评级机构写市场分析报告，以及监管部门要求风险披露等，都是为了帮助市场提高信息透明度。这样，交易对手才能有依据地进行金融决策。必须说明的是，信息不对称只是程度问题，就金融交易而言，不对称是常态，完全透明、没有风险的金融交易是不存在的。

寺院最大的优势就是在一定程度上部分解决了信息不对称的问题。第一，村民把自己的白银、黄金放到寺院，是有充分信心的，他们觉得信佛、信菩萨的人不坏；第二，寺院把钱借给村民，村民不敢随便毁约，因为欺骗菩萨是有后果的。金匠相对来说更复杂一些，它并不涉及宗教，但可能也解决了同样的问题。第一，金匠在村里或者镇里做生意很长时间了，而且跟很多人打交道，他不能随便违约。第二，他跟这么多人打交道，对村民也有所了解，借谁或不借谁，都有自己的判断。

江浙一带有很多小银行的小微企业贷款业务做得不错，是普惠金融的成功案例，其实道理跟金匠铺差不多，就是了解客户。传统银行做风控，看三样东西：财务数据、抵押资产、政府担保，目的就是降低信息不对称程度。但问题在于很多小微企业没有财务数据，也没有抵押资产，当然政府也不会给它们担保，所以银行碰到它们往往束手无策，不知道怎么做风控。江浙一带的小银行的做法是扫地摊式地了解区域内的每一个小微企业、每一个企业家，为它们建档。有一位行长跟我说，他每一个月的最后一个周五都会去一个支行，跟着支行的员工一起到员工分管的街道或者村落走一走。如果碰到一个企业家，而员工叫不上对方的名字，这个员工就会被扣奖金。

借贷是一场重要的金融革命，但随着借贷而来的是一个今天令我们十分担心的东西，就是杠杆率。所谓杠杆，简单说就是债务，杠杆率常常是债务与资产或者资本之比。应该说，杠杆率在刚出现的时候，是一个好东西，它可以帮助企业家放大努力回报的倍数，同时也可以帮助解决消费者临时性的流动性约束。如果没有借贷，经济不可能快速发展。譬如英国的工业革命，要是没有杠杆，也就不会发生。即便有蒸汽机技术又能怎样？你造了一台机器，修了一艘船，但你永远不能把它变成庞大的产业，推动世界经济、金融的进步。杠杆其实是随着金融的发生、发展而来的，我们要看到把它利用好时产生的对经济发展的推动力量。如果我们担心杠杆，那不借不好吗？大家都不借钱，就没有负债，财务状况也很健康，但问题是，没有负债，没有借贷，经济就发展不起来。

但杠杆率太高，可能也是一个问题。2009 年，两位美国经济学家写了本畅销书叫《这次不一样》，他们总结了过去 800 年金融危机的历史，发现一条基本教训就是“钱借多了是要出问题的”，也就是说杠杆率太高会有风险。原因就在于，金融是有周期的，负债率过高，会在金融下行周期的时候遭遇资不抵债、现金流断裂等问题，造成全面、严重的金融危机。所以保持债务适度是有必要的。

金融最重要的矛盾是信息不对称，而货币最大的困难可能是难以被信任。我们信任黄金，是因为它本身有内在价值，而且供给不可能突飞猛进，而我们对信用货币的信任就是建立在对发钞机构的信心基础上的。在现代生活中也一样，移动支付比如支付宝、微信支付，已经成为我们日常生活的一部分。它们应该属于电子货币的范畴，对电子货币的信任问题，与对人民币本身的信任之间有同也有异。因为它是人民币单位，所以有央行的信用做支撑，但因为它是电子货币，背后还有移动支付提供商的信用支持。比如如果支付宝账户出现问题，我们只能找蚂蚁金服承担责任，不能追责到央行。但电子货币本身并没有改变其主权信用货币的特点，只是大大提高了支付的便利度和效率。

电子货币依然是信用货币

我作为一个研究金融问题的学者，一开始对电子货币、网络银行缺乏足够的信任，也比较迟钝。我用上微信支付是在 2014 年春节，被微信红包裹挟进去的，一开始比较谨慎，每次发红包前绑定银行卡，发完再解绑，来回几次就不管了。我用支付宝是2017年夏天跟当时蚂蚁金服的首席战略官陈龙一起去旧金山考察美国的金融科技，路上陈教授帮我安装在手机上的。现在几年下来，也没有出过问题，我也完全不担心安全的问题了。蚂蚁金服曾经有一个口号，声称你敢支付，它就敢赔。因此，只要我们对阿里、腾讯有信心，也许就不会太担心支付账户里的电子货币会出问题。

但刚开始的时候并不是这样的。淘宝大概是在2003年5月上线，发现很难做生意，因为没法做支付，关键还是因为买卖双方没有见过面，缺乏信任，不知道该先寄货还是该先付钱。阿里巴巴就想了一个办法，搞一个担保交易，就是买卖双方达成协议之后，买方把钱打给阿里，然后阿里通知卖方发货，待买方收到货物以后，阿里再把货款打给卖方。最有意思的是支付宝的第一笔交易，2003年10月18日，一个在日本横滨的中国留学生崔伟平出售一台二手富士相机，售价750元。当时西安大学生焦振中看上了这台相机，两人一拍即合，但是支付的时候遇到了麻烦。虽然阿里说自己来担保，但2003年估计没有很多人知道阿里巴巴是什么公司。那一天，支付宝的第一位客户经理梁彬兴奋地冲到担保交易室，说第一笔生意来了，赶紧确认。走出去不到两分钟，她又冲回来沮丧地说，客户变卦了，要把钱退回去。据说后来梁彬花了很长时间在电话里跟焦振中沟通，最后保证如果这笔资金出现问题，她会从自己的工资里退赔给他，这样才做成了支付宝的第一笔交易。可见，金融最重要的就是信任，而不信任，是因为信息不对称。支付宝的故事与寺院和金匠的故事其实是一脉相承的，只是解决问题的方法有所区别。

前面提到历史上中国政府比较强势，可能这是信用货币即纸币比较发达的原因之一。但因为政府很强势，又缺乏有效的约束，最后很容易造成没有节制地印钞。后来我学习英国《大宪章》的故事，发现强势的政府还有一个后果，就是容易遏制金融市场的发展。签了《大宪章》之后，英国打仗的时候需要花钱，国王只能到市场去借。事实上，英格兰银行是世界第二古老的中央银行，它最初设立也是为了帮助国王筹集资金购买国债。

作为对比，当时的中国就显然缺乏金融市场发展的土壤。打仗也好，修长城也好，根本不需要融资，甚至连正式的征税程序都不必有，根本没有用到现代的税收或者金融制度。从古论今，过去几十年来，我们一再说要发展多层次的资本市场，提高直接融资的比重。但是股票市场发展了将近 30 年，迄今无法提供稳健的投资渠道，大概算是最不成功的市场经济试验了。资本市场发展很重要，但中国究竟有没有大力发展现代良好资本市场的政治、文化和社会基础？英国和美国资本市场很发达，而德国和日本的资本市场就不发达，按说它们都是民主国家、自由市场，差异在哪里？可能是德国和日本比较讲集体主义，尊重垂直决策，英美则完全是另外一套文化，英国和美国讲的是个人主义，重视个人自由，保护个人权利，反对权威，非常有利于资本市场发展。所以说，我们未来金融体系发展的方向，也需要考虑这些因素。

再回到货币的演变史，金本位有缺陷，信用货币也有问题。1944 年在美国带领下建立的布雷顿森林体系，实际上是试图在上面这两类问题中间求得一个平衡。布雷顿森林体系的汇率制度实际是“两个盯住”，即“美元盯住黄金，其他货币盯住美元”。从本质上来说，这仍然是一种固定汇率，价格相对来说比较稳定。货币也有信用支持，但考虑到黄金供应量可能跟不上 GDP 增长的弊端，布雷顿体系中增加了一个新的设计：可调整的固定汇率制。意思是说，虽然汇率固定，但随着经济金融形势的变化，各国政府可以相机抉择，不定期地调整汇率水平。这样就既保证了金本位的基本好处，又有一定的灵活性，避免了通缩的困境。

可惜的是，问题似乎并没有得到解决。随着二战以后经济复苏，很快黄金不够了。为什么？一个很重要的原因就是几乎没有一个国家愿意主动地调整汇率，“两百多个国家，大家都不调，就我调，那不就等于给市场一个信号说我国经济不行了，我的货币才要贬值？”一旦调整，市场会认为汇率调整可能意味着经济有问题，投资者信心会降低。最后的结果是，各国都不调整，导致黄金短缺，跟大萧条前的情形相比并没有实质性的改变。

20 世纪 60 年代国际市场发生了一场黄金储备危机，世界经济快速发展，但黄金的供给增长有限，结果导致黄金价格上涨，也就是美元贬值。所以以美国、英国为首的 7 个国家的央行合力集中了一大批黄金储备，交给英格兰央行在伦敦黄金市场专门干预黄金的价格。每当黄金价格往上走，英格兰央行就抛售黄金，稳定价格。但这一仗是永远打不赢的，因为市场的基本格局就是黄金不够。今天干预成功了，明天怎么办？在伦敦干预成功了，瑞士市场怎么办？于是在 1971 年，尼克松总统直接让美元和黄金脱钩。

应该说，尼克松走的是一步险棋，但这也是没有办法的办法。值得庆幸的是，走完这一步，美元作为世界储备货币的地位并没有动摇，这应该归功于美联储的货币政策以及美国经济的强劲支持。

脱钩以后，黄金不够的问题解决了。但接下去却又出现了一个新问题：美元不够了。按说既然美元与黄金已经脱钩，那么美联储想印多少美元就印多少，怎么会不够呢？原因就在于美元是世界最主要的储备货币，随着经济不断增长，全世界对美元的需求也在同步增长。当时美国对外输出美元的主要渠道是贸易逆差，也就是说买更多的产品到美国来消费，相当于美元从国际市场上借债。但这样持续一段时间之后，出现了一个矛盾。经济不断增长，国际市场对美元的需求也同步提高，结果是美国的外部负债越来越多，随着美国外部负债的增加，可能就会有债权人担心美元的可靠性。这就是耶鲁大学特里芬教授提出的疑问，即所谓的“特里芬两难”。

去中心化与超主权货币

2007年次贷危机爆发之后，国际市场对美元的信心也跌到了空前的低位。对于这种以主权货币发挥国际储备货币功能的矛盾现象，中国人民银行前行长周小川在2009年初提出了他的应对之道，即创立一种超主权货币，他特别建议做实国际货币基金组织的SDR篮子。这个观点得到了一些国家的响应与支持。2016—2017年，我作为国际货币基金组织SDR研究小组的顾问参与了一部分工作，可惜的是，因为一些国家特别是美国的反对，这个研究最终没有形成具有可操作性的政策方案。

中国人民银行从2009年开始积极推进人民币国际化的政策，也可以被视为对美元低位矛盾的一种反应。如果人民币能够成功地成为国际货币，起码可以部分地缓解“特里芬两难”的压力。当然，人民币也是主权货币，所以并不能从根本上解决这个问题。

在市场上和学术界也发生了两件事情，都多多少少跟美元低位动摇有关系。

第一件事情是现代货币理论的流行。这个理论的基本立场是，货币相当于一个国家的政府发行的股票，只要政府不倒就可以随便发，唯一的约束是不引发恶性通货膨胀。我个人不太认同这个观点，因为“出来混总是要还的”，区别只在时间与方式。但目前现代货币理论确实有不少市场。

第二件事情是比特币的出现。在2009年出现的比特币不完全是偶然的现象，全球金融危机爆发后，一是大家对“美元到底还行不行”产生了怀疑，二是“看来把发行权放在央行手上也是很不靠谱的”，因为似乎各国央行都超发了。比特币横空出世，它的最大卖点就是跟央行没关系——去中心化、匿名而且总量给定。中本聪写的比特币的软件规定“一共就2000万枚比特币”，这样不就保证了不会超发吗？

到目前为止，在所有的加密货币中，去中心化最彻底的大概就是比特币。当然比特币到底值不值钱，谁也说不清楚，它缺内在价值。比特币最大的优势是数量有限。但问题是，比特币有限，其他各种数字货币层出不穷，据说目前已经有四五千种加密货币，这些货币与比特币之间应该存在替代弹性吧？另外，这类货币的一个重要特点是去中心化，但去中心化也可以很要命。因为去了中心化，加密货币很容易成为地下经济甚至黑社会的工具。事实上，到目前为止，比特币的最大功能就是支持非法经济活动。

哈耶克曾经提出一种设想，货币由私人部门以竞争的方式发行，这样就不需要政府参与。但问题是，我们已经到了可以接受完全由私人部门发行货币的时代吗？我觉得起码目前条件还不成熟，我们还需要金融监管与货币政策。

为了克服比特币缺乏内在价值这样的矛盾，一些机构提出了发行稳定币的设想。最为著名的是脸书提出的 Libra。关于 Libra 的白皮书一发布，全世界震动。第一，Libra 作为一种稳定币，以一揽子的主权货币为支撑，是有内在价值的。第二，脸书是一个跨国平台，只要 Libra 在脸书上落地，就可以直接触达 25 亿用户，瞬间晋身国际支付体系和国际货币体系。但正是这一点令各国监管机构十分担忧，国际支付与国际货币一旦上线，反腐、反洗钱、跨境资本流动管制很可能在转眼间烟消云散，更不要说货币政策调控。这会严重妨碍金融稳定与宏观稳定，令各国监管与货币当局夜不能寐。这也正是 Libra 很难落地的原因，起码在短期内无法实施白皮书提出的计划。

同时值得指出的是，脸书声称 Libra 完全去中心化而且普惠，这些也还都值得再推敲。Libra 作为稳定币，其实与比特币不一样，Libra 的信誉在很大程度上还是有赖于脸书及其所成立的 Libra 协会 Calibra 的成员机构。假若脸书崩塌，很难想象 Libra 还能运行如常。

当然这个不是完全去中心化的特性，也可以理解。毕竟这样一个系统，无非就是在信任与效率之间求一个平衡。比特币是去中心化了，但交易速度是很慢的，很难应用于大量的支付业务。脸书称 Libra 可以为老百姓提供快捷、廉价的跨境支付，这个也值得深中究，起码在中国，大多数移动支付公司在单纯的支付业务上是不赚钱的。

现在，首先是监管部门晚上睡不着觉了。中国的监管部门不会让 Libra 轻易进入国内，这一点是毫无疑问的。我们都不太相信脸书的 Libra 和比特币在短期内可以统治金融体系，但是各国央行现在都开始紧锣密鼓地筹备，大家感到危险已经来了。如果我们再不快速地采取行动，国际货币体系也许就变了样子，我们确实看到很多的变化。现在央行提出推出数字货币，即使推出，它仍然是一个非常有限的工具，只能替代我们口袋里的现金，而不是一个完整的货币体系。

面对风起云涌的加密货币浪潮，各国央行也在紧锣密鼓地筹备央行数字货币，其中包括英国、欧元区、瑞典、中国等。中国央行推出的数字货币的主要功能是替代经济中的狭义货币 M1 即现金。但这种货币又不同于当前广泛使用的电子货币。央行数字货币的一个重要特点是“法偿性”，虽然它只是一串密码，但只要密码在，就可以直接交易，而不会像电子货币一样依赖系统与运营商的正常运转。目前这种数字货币的设计工作已经完成，正在小范围试点。看来最终推出人民币数字货币已经指日可待了。

可以说，随着技术的快速发展，货币再一次进入了一个全新的时代。虽然目前无论是加密货币、稳定币还是央行数字货币，都还存在各种各样的不足与矛盾，但毫无疑问的是，数字货币的时代已然来临。在可预见的未来，可能会出现不同类型的数字货币互相竞争、多渠道发展的局面，最终结局如何，现在还无法判断。但短期内，成功的数字货币必然需要在技术优势与监管要求之间求得一个平衡。

中国如何应对国际加密数字货币的新发展[①]

脸书宣布发布基于区块链的数字货币 Libra 之后，由于脸书庞大的用户基数、强大的跨国影响力、热衷渲染的使命感以及算不上光彩的隐私保护历史，加之数字货币这一广受关注与争议的数字金融重点话题，一时间掀起众多争论。从理论上说，一旦 Libra 的设想成功转化为现实，最显而易见受到冲击的是跨境支付。它也有可能逐步替代一些相对脆弱的主权货币，剥夺部分央行货币政策的独立性，甚至重构国际货币与国际金融体系。但 Libra 确实也还有很多问题需要回答，比如它究竟是否可信？从白皮书到数字货币还需要迈过什么样的坎？更为重要的是，中国应当如何应对这一新鲜事物？我们尝试对这些问题提供一些初步的思考。

我们认为，在真正成为数字货币之前，Libra 还需要穿过好几道

---

① 本文作者为王靖一、黄益平，创作于 2019 年。

技术与监管的屏障。虽然 Libra 锚定一揽子主权货币，但对它的信任主要是来自脸书的公信力，而不是区块链技术。Libra 尚未为下面几组矛盾关系提供令人满意的技术解决方案：去中心化与问责、监管与个人隐私保护，以及高效与金融稳定。各国监管部门出于对地下经济、主权货币、货币政策独立性、跨境资本流动以及金融风险等问题的担心，大概会采取谨慎甚至反对的立场。基于这些原因，我们认为短期内中国官方与业界不必过于紧张，但数字货币是一项长期性的竞争，所以必须未雨绸缪、主动应对：一是努力打破数字金融国内外分隔的状态，推动构建全面开放的新格局；二是在央行推出主权数字货币的同时，可以考虑在监管沙盒的框架下有条件地尝试民间机构发行锚定人民币的稳定币；三是预先设计一些政策安排，尽量缓冲数字货币可能带来的冲击。

对 Libra 的信任并非来自区块链，而是脸书自身

从本质上讲，区块链是一种数据结构，通俗地说就是通过约定好的编码方式将一部分数据存储在一个区块中，同时通过算法连接到另一个区块上，各个区块相连成为一个链条，构成了完整的数据库。区块的编码方式保证，任何对于区块内容的非法修改，都将造成其计算结果与本来指向它的连接冲突，从而被系统发现造假。区块链本身只保证数据块之间的自相验证，而对于多方信任、去中心化等问题，这种数据结构本身并不能解决，也并不做要求。实际上，如果一家公司认为必要，完全可以将自己私有的数据库打造成区块链的样式。

而大多数时候我们讲到区块链的去中心化、去信任化等“重构”金融，实际上指的是中本聪在比特币白皮书中提出的一整套方案，虽然他并没有用“区块链”这个词。而中本聪设计比特币的原始动机，

并非是要创造一种货币，而是旨在解决分布式计算中的一个经典信任问题——拜占庭将军问题，即当一个分布式网络中，1/3 或以上节点损坏或者不诚实时，分布式网络就不再有效。中本聪通过引入参与节点随机获得记录权，诚实记录的节点获得奖励即比特币的机制，使得网络崩坏的阈值从 1/3 提升到 1/2，从而使无信任交易成为可能。

比特币为了追求绝对的去信任化，做了两项日后广受诟病的设定：首先，算法保证约每 10 分钟产生一个区块，这个只有 1MB 的区块记录着这十分钟内所有的比特币交易；其次，每次交易需要获得五个区块的确认，大概等待 50 分钟，这样就可以防止比特币被重复使用。虽然许多人不理解这两项规定，许多后续数字加密货币的发起者也攻讦此处，但这恰恰是比特币的精妙所在。每个区块只有 1MB，一方面意味着每年的全部交易数据加总起来只有不到 53GB，这样每个愿意的人都可以在个人电脑上下载、监督完整的比特币交易历史；另一方面，10 分钟的间隔与 1MB 的数据量，使得对参与者来说网络带宽门槛很低。可以说，这两项设计确保这是一个真正的人人可以监督的去中心化网络。

之后的第二代主链以太坊，以及一众自称第三代主链的项目，均未对比特币的这一设计做出突破性的发展，它们对于效率的追求实际上不是技术的革新而是权衡。当一个系统愈发高效时，它对核心参与者的门槛要求也就越高，能够监督系统的人也就越少，同时利益也变得愈发一致，这样对系统发起人的信任也就变得更加重要。这种“进化”的极限便是中心化的数据库。信用卡品牌 Visa 的系统可以实现极为高效的记账，但它所产生的数据量也是一般个人难以想象的，我们不担心自己的信用卡被 Visa 做手脚并非因为我们相信 Visa 机房里的计算机，而是“中心化”的监管机构与规章制度在替我们看着 Visa。所以当一些新近的区块链项目标榜高效的时候，我们需要确定，我们是否能像信任 Visa 那样信任它们的系统。

而Libra的“进化”则达到了另一种极致，即“退化”。在它的白皮书中，介绍其区块链的共识机制是拜占庭容错（BFT），这就是在比特币诞生之前，容错阈值只有1/3的系统。Libra准备构建的其实是一个完全基于身份信任的分布式网络，其计划邀请组成联盟的100家机构作为这个分布式网络的合规人，也即技术手册所称的validators，它们拥有权限去记录、监督所有Libra的交易。当1/3或者更多的机构因为主观恶意或者技术故障变得不可信之后，这个网络就无法继续运行。可以说，这个去信任化其实是有限的。

当然，我们不能因为Libra没有采用类似于比特币的机制就否定它的安全性。事实上区块链及其共识机制配合形成了一种微妙的平衡：最初的发起者通过自身信誉与资产质押构成稳定币来完成对Libra的最初信任与价值注入；之后脸书利用其影响力与公信力引入更多的参与者，并将包括自己在内的所有参与者的决定权等额化，造成没有任何一个参与者可以独立地改变Libra的游戏规则；最后利用区块链的不可篡改性与自动化合约完成货币的发行、交易的记录、价值的流转。做一个不甚严肃的类比，脸书相当于发行Libra的央行，资产储备是对币值的背书，其他参与者与共识机制相当于各个监管机构，而区块链的技术特点则完成了商业银行支付中介的功能。这个游戏规则的可行性建立在Libra的持有人对脸书和其他参与者的基本信任之上：不会有超过1/3的参与者希望Libra崩盘或者对自己报以恶意。

但区块链技术也不能完全解决脸书的信任问题，脸书根据什么规则决定Libra的发行量？虽然储备资产可以保证Libra币值的相对稳定，白皮书并没有说明如何防止脸书超发Libra，毕竟铸币税是所有央行都不愿意放弃的特权，相信脸书也不会例外。可以这么说，在这个所谓的去中心化、去信任化的Libra系统中，像现实生活中的央行一样，脸书肩负更大的责任，同时也享有更多的权力。但谁来监督脸书呢，美国国会、中国网信办还是国际货币基金组织？

或许最后 Libra 会形成一种更为高效、节能的信任模式，但那些在比特币走红之后为人津津乐道的区块链的优点，Libra 大多没有。

作为一种货币，Libra 很难让各国监管者在夜晚安然入眠

即使这些技术细节不会最终造成问题，人们对这种模式依然抱有足以支撑其成为货币的信任，但作为一种货币，Libra 依然将面对无数的监管障碍。美国的一些政府官员与国会议员已经提出了许多他们所担心的问题。从监管的角度看技术，Libra 的设计存在三大尚未解决的矛盾。第一是去中心化与问责之间的矛盾。假如 Libra 真的是一个完全去中心化的体系，那么一旦出现问题，谁承担责任？第二是监管与隐私保护之间的矛盾。如果对 Libra 进行监管，就需要一个信息集散地，既然参与者都是脸书的用户，公众对于脸书保护个人隐私的能力与意愿是否有足够的信任？第三是高效与金融稳定之间的矛盾。Libra 白皮书强调通过快捷、低成本的服务实现普惠性，但这会不会冲破各国监管部门为了防范金融风险所设置的许多宏观、微观审慎措施？

监管部门肯定还有很多具体的担忧。比如，Libra 会不会推动地下经济的极大活跃？其汇率水平能否保持相对稳定？它会不会动摇各国主权货币的地位？一旦 Libra 形成信用创造机制，各国央行调控流动性的能力是否会被阉割？各国政府如何对 Libra 交易征税？Libra 有没有可能取代美元等主权国际货币？一旦 Libra 国际支付令资本项目管制形同虚设，会不会在全球引发此起彼伏的金融危机？在这些问题得到满意的答案之前，各国监管部门不太可能坐视 Libra 自行其是。

在 Libra 白皮书中，关于 Libra 的汇率与兑换方式，同时强调了

三点：首先，Libra 基于真实资产，并且将减少价值波动作为资产选择的目的；其次，持有 Libra 的人将获得高度保证，他们能够根据汇率将数字货币换成当地货币，但是其价值会有小幅波动；最后，白皮书通篇强调普惠，即降低金融服务费用，普惠这一关键词在白皮书中文版中出现了 7 次。

可以说，国际支付的便利性是 Libra 最重要的价值，但这恰恰也是最令各国监管部门睡不着觉的地方。脸书声称 Libra 是一个基于去中心化、匿名的账户系统，监管部门如果无法接入这个系统监测、调控 Libra 的交易活动，显然很难听之任之。中国监管部门禁止境内比特币等数字货币交易所的存在，应该主要是基于三个方面的考虑，一是虚拟货币交易可能助长地下经济活动包括腐败行为，二是可能帮助规避对跨境资本流动的管制，加剧资本的大进大出，三是可能造成新的投机行为。对于 Libra，绝大部分国家的监管部门对于前面两个问题的担忧应该是同样存在的。当然，不同国家的担忧程度可能不一样，监管态度可能也会有差异。这一点可以参照各国对比特币的政策立场，有些国家比如中国、印度、埃及、玻利维亚、阿尔及利亚和越南等，基本上采取了禁止比特币的政策，而另一些国家像日本、瑞士、新加坡、荷兰、英国、德国和乌克兰等则实行相对宽容的政策。另外还有一类已经实现美元化或者欧元化的地方，像科索沃地区和津巴布韦等，也许缺乏限制数字货币交易的意愿或能力。

按照现在公布的设计方案，如何在 Libra 的交易中避免套利，是另一个重要的挑战。苹果 App Store 等全球经营的虚拟产品商店，时常面临的困境之一便是，当某国汇率出现突发性贬值时，该国商店往往成为跨国套利的对象。虽然相较于较高菜单成本的应用商店，数字货币可以更为灵活地改变其兑换汇率，但是一方面当某国法币出现贬值时，当地居民可能会更加青睐 Libra 造成旋涡效应，另一方面因为

Libra 的货币属性有更大的套利所得，跨越多币种的套利路径可能被人蓄意寻找执行。加之一般情形下有效的较高汇兑手续费与其承诺的普惠金融属性相悖，Libra 能否避免重蹈其前辈 Facebook Payments 的覆辙，值得打一个问号。与汇率波动性高度相关的一个问题是，这种套利行为是否会造成各国跨境资本流动管理措施瞬间失效，从而造成资本的大进大出。这样的冲击，在市场机制和监管框架相对成熟的经济体，可能意味着经济与金融的不稳定。而在一些发展中国家，这也许就意味着新的金融危机。

在分析 Libra 的作用的时候，信用创造功能是一个无法回避的问题。虽然 Libra 最初发行时有 1∶1 的资产作为背书，但是其技术框架并没有否定信用中介的存在。对于谁可以成为 Libra 世界中的信用中介，信用中介将受到一种怎样的监管，发行者们也没有提供明确的方案。在现阶段，其主要的功能设计集中在支付相关的基础设施建设，但是当 Libra 被下发到使用者手中，投资与借贷等更高级的金融需求会在人性而非技术的推动下快速催生。一个非常简单的问题是，如果 Libra 完全没有利息收入，谁会愿意长期持有？目前，Libra 白皮书公布的首批参与者覆盖了支付业、技术和交易平台、电信业、区块链业、风险投资业、非营利组织、多边组织和学术机构，其中并没有商业银行或银行业监管者。但是，技术只能保证交易被精准地记录，对于这之外的事情，并没有稳妥的解决办法，毕竟这是“中央银行”都未被妥善监管的金融体系。

脸书之所以青睐数字货币，很重要的一个原因就是其平台内部具备足够丰富的场景，社交、用户生成内容等伴随的付费天然地需要一种跨国货币来进行支付清算。如果 Libra 支付真具有普惠性，那么支付业务本身可能并不能产生足够的利润来支持整个系统的运行，盈利需要依赖衍生出来的交易活动，也就是所谓的生态系统。看今天中国的支付平台，单纯从支付业务获得盈利的非常少。但这又带出来一些新问题，这些非传统的生产、交易行为是否应当被收税，收税者该是谁，税的标准应当为何。无论其最终答案为何，都会产生一连串涉及法律、政治的复杂问题，同时国家、地区间的政策不一，也会诱使政策套利与资产转移，Libra 则成为这种转移的最佳润滑剂，使得脸书进一步成为部分国家眼中的不速之客。

最后，如果 Libra 成功落地，将会直接挑战现代金融体系的核心构架，包括货币发行权、货币政策独立性与国际货币体系。可以想象的是，一些金融体系比较脆弱的国家的主权货币，会很容易地被 Libra 取代，因为居民持有不稳定性高又持续贬值的本国货币的意愿本来就不高。即便主权货币没有被取代，只要 Libra 能够自由兑换，央行即刻就会丧失货币政策的独立性。Libra 对国际货币体系中美元的影响不太好判断。一方面，如果 Libra 被广泛接受，就会直接冲击美元主要国际货币的地位，美国不少政客已经对这种可能性表示了担心。但另一方面，Libra 并非典型的“超主权”货币，它更像是锚住一揽子主权货币的“跨主权”货币，在这个篮子里，美元与美元资产的比重应该会比较高。所以，如果 Libra 成功，其实也可以部分地增强美元的国际地位。但 Libra 对人民币国际化肯定会带来不利的影响，因为它所锚定的一揽子货币并不包括人民币。如果短期以支付为目标功能的 Libra 形成信用创造的功能，各国央行甚至有可能丧失影响全球流动性的能力。

乐观地看，Libra 提供了一个金融体系世界大同的机会。问题是，世界是否已经准备好迎接哈耶克所设想的“私人部门而非主权政府发行货币”的时代？资本项目管制与货币政策独立性的减弱会提高还是降低福利？对这些问题的判断将会决定监管对 Libra 的态度。当然，一种可能的情形是 Libra 在部分国家发挥部分功能。即便如此，它可能带来的影响，依然值得高度关注与分析。

中国不必急于发行国际数字货币，但一定要从长计议、积极应对

从短期看，Libra 并不一定能够成功，但它所代表的数字货币的浪潮已经扑面而来，中国政府应该认真应对。在过去近 10 年，中国的数字金融发展闯出了名堂，其中移动支付、网络贷款和数字保险通过“弯道超车”走在了世界的前列，但这些业务大多具有三个方面的共同特征：一是普惠性很强，改善了对数千万、数亿客户的金融服务；二是以商业模式创新为主，真正原创性的技术突破很少；三是业务基本上都在国内市场，走出国门的很少。国内、国外两个市场分隔的局面，跟我们过去金融与互联网行业开放度低有很大的关系。这有可能使得我们缺席数字金融的国际竞争，说不定其他国家就“弯道超车”，一步迈到我们的前头去。

从短期看，Libra 最可能对中国造成直接冲击的在两个方面，一是国际支付，二是国际货币。眼下中国政府是有可能将 Libra 挡在国门之外的，反正本来国内也不能使用脸书，而且监管也不允许存在数字加密货币交易所。中国远离风波一线或许是一件好事，但是如果完全置身事外那一定会在将来成为一件坏事。中国的移动支付机构如微信支付与支付宝已经逐步开始走向国际市场，未来若将不同国家的电子钱包连接起来，就有可能形成一个与 SWIFT 结算系统并行的国际支付网络。但如果脸书利用 20 多亿用户成功建立一个新的国际支付体系，中国连接各国电子钱包的前景就变得十分暗淡了。对人民币国际化的影响也是一样，无论 Libra 助力美元进一步提升国际地位还是自己变成新的国际货币，都有可能挤压人民币国际功能的空间。

自 Libra 白皮书发布以来，一种甚嚣尘上的观点是，中国政府应直接发行或者支持中国企业发行跨国数字货币予以抗衡，但这种主张

其实不是很妥当。以国家的名义发布一种跨国数字加密货币，技术是不是已经成熟、有没有充分的国际交易场景，这些都是问题。在企业层面，互联网领域中外分隔很明显：网购领域，国内有淘宝，国外有亚马逊；社交领域，国内有微信，国外有脸书；移动支付领域，国内有支付宝、微信支付，国外则五花八门。中国的企业基本上都缺乏广大的国际市场与丰富的应用场景，更没有国际多重货币频繁交易的现实需求，强行鼓励它们发行国际数字货币，未免有些揠苗助长，说不定还弄巧成拙，增加金融风险。

我们认为，政府应该将Libra放在数字金融长期发展的背景下来考量，特别是结合金融科技发展规划。世界历史告诉我们，国家与国家竞争，最关键的决定因素并非军事力量，而是金融能力。凡是经济强盛的国家，通常都有一个有效的金融体系，能够动员大量廉价的资金。而未来金融能力的较量，很可能就发生在数字金融领域，数字货币很可能是一个重要的竞争工具。我们在这个过程中要尽量避免两种情形：一是尚未参与，比赛已经结束；二是盲目加入比赛，遍体鳞伤地离开。应对当前的Libra，可以先从以下三个方面入手。

第一，尽快打破国内外数字金融行业分割的局面，真正构建全面开放的新格局。中国改革开放40年，一开始的开放集中在贸易与投资领域，最近政府加大了金融服务业的开放力度。但在数字金融领域，首先是脸书和谷歌进不了中国市场，百度和腾讯也基本上守在国内。互联网体系的长期隔离，已经明显影响国内的科研与技术进步，影响中国与国际经济体系的融合。现在互联网工具与金融工具无法完全分开，微信做了成功的支付工具，脸书要发行数字加密货币，未来这样的现象一定会越来越多。这样的局面如果长期延续，中国的数字金融企业就无法进行国际市场布局，甚至可能让我们在国际数字金融竞争中不战而败。

第二，在监管沙盒的框架下有条件地尝试发行锚定人民币的稳定币，助力人民币国际化的进程。我们不赞同短期内发行跨国货币，是因为既缺乏国际场景，又容易带来新的风险。但数字货币的尝试，可以央行的主权数字货币和民间的数字稳定币双管齐下，线上、线下两条腿同时走路，推进人民币国际化，特别是利用“一带一路”的场景。与此同时，有必要厘清数字货币和代币发行、数字交易所的政策分领。禁止首次代币发行交易所在今天来看仍然是必要的、有效的，但这个政策也在一定程度上造成了一些误解：中国并没有禁止包括比特币在内的数字货币个人交易，更没有禁止区块链的相关研发。如果政策带来的误解长期延续，可能会令中国在一个非常重要的金融科技领域无所作为。因此，监管部门应该考虑在保持风险可控的前提下，开放一些创新试点。

第三，未雨绸缪，主动考虑一些应对数字货币冲击的策略。Libra在短期内能够成为国际货币的可能性不大，但这种可能性是存在的。而且即使Libra不成功，未来这类尝试还会不断涌现，也许出现数字货币只是时间问题。虽然无法准确地预测这个事件发生的时间和规模，但我们可以尽早设计一套应对机制，减少未来可能受到的冲击。首先，对数字货币交易所的开放一定要量力而行，不宜操之过急。因为数字货币交易所很可能会令边境上的金融限制政策失效，同时增强市场投机行为。其次，稳健地推进资本项目包括资本市场的开放，同时尽快走向有管理的汇率浮动，帮助增强中国经济抵御资本进出和汇率起伏的能力。最后，设置一些新的审慎监管措施，增加风险缓释机制。金融监管必须做到全覆盖，这个原则不能改变，对数字货币也是如此。另外，假如监测数字货币交易有困难，监管部门就应该利用监管科技实时监测微观、宏观层面的资产负债表的变化，灵活采取政策措施，有效预防并处置金融风险。

数字货币时代已然来临

从比特币问世到现在，数字货币已经走过10个年头，但这个新生事物才刚刚开了个头，说我们现在进入数字货币时代并不为过。不过，到目前为止，数字货币也只是一个筐，装在里面的内容差别很大。以比特币、以太坊为代表的加密货币完全由算法决定，匿名、去中心化，既无影子央行，也无影子监管者。也正因为没有主权信用或者贵金属支持，其币值非常不稳定，投机性很强。各国央行在努力开发的货币，应该还是以主权信用背书的，自然也不可能去中心化，仍然要接受货币政策的调控。而脸书提议的Libra则是锚定一组主权货币的稳定币，庞大的国际客户基础让它很可能突破一些监管政策限制，也因此令各国监管部门头疼不已。摩根大通则在试图推行盯住美元的稳定币。国际货币基金组织一度也考虑尝试发行数字版特别提款权（eSDR），但遭遇了非常大的阻力。

现在还不太好说将来数字货币竞技的结局会是怎样的，是官方、民间友好相处，或者主权、超主权并行不悖，还是最后只有一种数字货币胜出，其他货币衰亡，现在下结论还为时过早。Libra所引发的世界性全民大讨论，为我们迎接新的数字货币时代做了重要的舆论准备，不管最后Libra是否能够幸存。数字货币的好处是显而易见的，降低交易成本，提高金融效率。其伤害性也不难想象，它可以轻而易举地冲垮为了维持金融稳定而设置的许多监管政策。如果数字货币只是一种小规模的、补充性的数字资产，即便投机性很强，可能也无伤大雅。许多实证研究发现，比特币的市场波动性对传统金融市场不稳定性的影响微乎其微，但如果数字货币真的成为一种广为接受的货币，其影响力就很容易放大。

对监管来说，正确的应对之道应该是努力平衡创新与稳定之间的关系。如果看不清楚后果，最好还是不要推进。当然也可以先划定范围，有条件地试验。大方向清楚了，也可以再划定范围，有条件地尝试。即便商业模式成熟了，也应该设计一套妥善的监管措施，预防风险、处置风险。总之，放任自流不是应对数字货币的正确态度，中国如此，世界也如此。

央行数字货币可能带来的短期和长期影响

作为世界第二大经济体，中国金融领域的一举一动都会牵动全球神经。我国的央行数字货币先行在深圳、苏州、雄安新区、成都及未来的冬奥场景进行内部封闭试点测试，再次引起社会普遍关注。

放眼全球，各国央行数字货币领域风起云涌。国际清算银行 2020 年 1 月发布的数据显示，全球 80% 的央行正在研究数字货币，10% 的央行即将发行本国央行数字货币。法国、瑞典、泰国已开始测试数字货币，委内瑞拉近 15% 的加油站已使用石油币，美国对数字货币的态度也由消极转向积极。

货币是财富的象征，而货币的力量更是无法比拟的。作为时代发展的产物，在比特币、Libra 以及各种民间数字币层出不穷的形势下，央行货币形态更新的背后有着怎样的考量？央行数字货币为何而来？有何特点？又将产生何种影响？

为什么各国央行都在研发数字货币

为什么当前全球大多数央行都在研发 CBDC（央行数字货币）？这件事大概可以追溯到 2009 年前后，当时国际市场对于美元的可持续性和权威性都产生了怀疑，时任中国人民银行行长周小川发表过一篇文章，主要是对作为主权货币的美元承担国际储备货币功能的可持续性提出了疑问。国际金融理论里有一个概念叫“特里芬两难”，讲的就是这个问题。对美元的怀疑在很大程度上促成了比特币的繁荣，2009 年比特币诞生后受到了市场的普遍欢迎。

不过在比特币诞生以后，各国央行并未大力推行 CBDC，一个很重要的原因是大家觉得比特币缺乏内在价值，很难真正发挥货币的功能。周小川最早于 2014 年开始讨论 CBDC 问题，当时大家都觉得非常超前。这可能是我国央行在研发 CBDC 方面走在国际前列的主要原因。各国央行普遍开始关注、研发 CBDC，是在 2019 年 6 月 18 日脸书发布 Libra 白皮书之后。各国央行大力推进 CBDC 研发的原因可能有很多，用最简单的一个词总结就是“竞争压力”，具体包括两个层面。第一层面是与市场竞争。如果不能较快推出 CBDC，将来就有可能受到比特币和 Libra 等民间数字货币的影响，尤其是 Libra 作为稳定币，具备两大明显的优势：其一是 Libra 以主权货币作为基础的价值支持，因此它是有内在价值的；其二是 Libra 一经推出就可能成为国际支付与国际货币，这会对各国造成较大的压力，主要体现在 Libra 对各国金融稳定和货币政策的影响，以及对主权货币地位的冲击。第二个层面的竞争主要是在各国央行之间。在大多数国家的央行都在努力推行 CBDC 的形势下，任何一国都不愿意缺席这样一场潜在的竞争。自布雷顿森林体系建立以来，国际储备体系都是以美元为主导，而现在国际市场对美元的长期地位产生了怀疑，如果接下来有一种数字货币被成功推行成为新的国际货币，那么新的国际货币体系也许会就此诞生。因而各主要央行都不愿意缺席这样一场竞争。在脸书发布 Libra 白皮书之前，日本央行、欧洲央行、美联储都没有表现出对 CBDC 的强烈兴趣，但此后都开始大力推进。

中国人民银行从 2014 年开始研究、开发人民币数字货币，是国际上较早着手研发数字货币的央行之一。之前有个别国家比如委内瑞拉等发行了数字货币，但无论从功能还是影响看，都不是非常成功。最近欧洲一些国家、日本甚至美国开始研发央行数字货币，但中国人民银行的数字货币在去年就已经完成研发，过去一年多时间里一直在利用不同的场景进行测试，如果能在短时间内全面落地，应该是全球第一个主要国家的央行数字货币。因此，我国数字货币研发处于世界领先水平。

e-CNY 短期内可能会对移动支付和商业银行产生影响

我们可以考察一下我国的 CBDC 即 e-CNY（数字人民币）可能给金融体系造成什么样的直接影响。e-CNY 的主要功能就是支付，替代交易中的现金，并通过双层体制来发行。货币具有支付、定价和储值这三大功能，实际上数字货币能够直接发挥的功能中最主要的就是支付功能，过去我们称其为 DC/EP（数字货币 / 电子支付）正是基于这个原因。从短期看，e-CNY 可能对经济金融体系造成影响，主要体现在以下两个方面。

第一是对现有支付手段的影响。现在我国已经拥有了非常发达的移动支付手段，比如支付宝、微信支付，它们都已经在我们的日常生活中发挥非常积极的作用。与移动支付使用的电子货币相比，数字人民币有以下几个特点。一是央行数字货币具有法偿性的特点，也就是说央行一定可以偿付。虽然移动支付钱包里的货币也是人民币，但如果钱包损毁，央行不会负责偿付。二是数字货币支付不必依赖系统网络，支付的成本也可以更低，这有可能会进一步增强数字货币支付的便利性甚至普惠性。三是数字货币支付如果额度不大，有可能实现匿名交易，这跟现金交易有相似性。但 e-CNY 对移动支付的替代弹性到底有多大，还有待观察。比如我们现在使用移动支付工具，在很大程度上是因为支付钱包基础上的一整套“生态系统”。

第二是对商业银行的影响。央行在设计 e-CNY 的时候，充分考虑了尽量不要在短期内冲击商业银行及整体金融生态。首先，发行采取双层体制的做法，银行、互联网公司以及电信公司等授权机构可以用现金向中国人民银行兑换 e-CNY，授权机构再向公众发行。其次，央行不对 e-CNY 付利息。这就意味着，个人或企业不会绕过商业银行直接跟央行兑换，他们也不会把大量的资金从银行账户转移到数字货币账户，因为没有利息回报。这些设计的一个重要考量就是尽量不造成商业银行脱媒，但实际如何，还需要进一步观察。现在很难明确判定金融消费者究竟会如何在数字货币支付与电子货币支付之间做选择。如果考虑到平时的支付习惯，以及银行的活期存款基本上没有利息收入这个事实，在一定程度上出现银行活期存款转移至 e-CNY 的数字钱包的情形，是可以想象的，现在不清楚的只是程度问题。

CBDC 可能对金融与经济体系带来的中长期影响

让我们从更为长期的视角来看一下 CBDC 可能对经济与金融产生的影响。这个问题不太好分析，因为还没有发生，也缺乏参照系，所以我们只能做一些猜想。我提出以下几方面的问题供大家一起思考、讨论。

第一，大数据的收集与分析以及数字金融的业态。中国现在已经有一个庞大的数字金融体系，包括移动支付、大科技信贷和线上投资等，这一体系在很大程度上是以大科技平台、大数据、云计算、区块链和人工智能等数字技术作为支撑，其中大数据的收集和分析是不可或缺的重要环节。对一大部分业务来说，移动支付相当于数字金融的基础设施，发挥了积累数字足迹和形成大数据的功能。随着 e-CNY 的推出，未来的数字货币钱包会变得更加多样化，这有可能导致每个钱包所能收集到的数据都只是完整数据的一部分。举例来说，我现在使用支付宝，蚂蚁集团可能完整地获得与交易平行的资金链条的信息。但将来我用支付宝购买商品，很可能 e-CNY 就到了对方的工商银行数字钱包。在这笔交易完成以后，双方都只获得一部分而不是完整的数据。这是否会影响数据的完整性和相关数字金融业务的发展？在这个新的 e-CNY 支付体系中，央行或许是唯一一个拥有完整大数据的机构，这一定会对大数据分析和数字金融业态产生影响，但到底是什么样的影响，我们只能在实践中观察。

第二，货币政策的工具、中介目标与传导机制。将来老百姓和机构持有的钱是存放在银行还是存放在 e-CNY 钱包，抑或直接投资到货币市场与资本市场，这些可能导致 M2 的含义发生改变，这也就会影响将来货币政策的制定与实施。此外，在新冠肺炎疫情期间，我们需要支持低收入群体和中小微企业，但事实上中央银行缺乏有效的手段将定向的货币政策落实到微观层面，但将来 e-CNY 钱包普遍落地之后，央行就有可能直接为中小微企业和居民提供流动性支持，结构性的货币政策就成为可能。但是，一旦这一设想成为现实，那么货币政策的形态会不会就此改变了呢？到那时货币政策到底是宏观层面的还是微观层面的政策工具？货币政策和财政政策之间的界限是不是还像现在这般清晰？

第三，对金融稳定的影响。在 e-CNY 落地之后，完全意义上的匿名也许就不复存在了，这将有可能解决过去存在的信息不对称的问题，有利于反洗钱、反腐败工作的推进。从这个意义上来说，e-CNY 也许有利于维持金融稳定。与此同时，我们也知道技术永远道高一尺、魔高一丈，e-CNY 的应用过程中很难完全排除出现新的风险、新的漏洞的可能性，这一点值得我们密切关注。

第四，e-CNY 对人民币国际化的影响。人民币国际化本身需要有一系列的政策、机制、制度作为支持，货币数字化并不意味着它自然就成为国际货币。但在 e-CNY 落地之后，有两个问题值得我们关注。一是 e-CNY 是否有利于推动跨境贸易、跨境结算和跨境投融资，过去使用实物货币，现在使用数字货币，这样会不会更加方便一些，将人民币往外推会不会更加容易一些，这是值得观察的。二是过去我们认为货币不可兑换，很大程度上是因为现有的监管政策和金融体系。我们将人民币拿到美国无法兑换美元，因为没有地方可兑换。但将来数字人民币落地以后，因为它就是一组密码，很容易被带到国外去，如果一些国家的老百姓和企业愿意使用 e-CNY，是否就意味着存在局部范围内实现兑换的可能性。如果这种可能性是存在的，那么也许将来人民币国际化的路径也会产生一些改变。

举个例子，现在从北京往纽约或者伦敦汇款，一般都需要几个工作日才能完成交易，费用也比较高。数字货币其实就是一串密码，密码易手可以瞬间完成。不过，数字货币在国际交易中使用，还受到一系列因素的约束，最重要的是人民币资本项目兑换尚未完全放开。如果人民币无法在国际市场上买卖，单纯的数字化也无法解决国际化的问题。

各国 CBDC 的竞争最终可能会集中到一个或者很少几个数字货币

在未来一段时间内，不同国家的 CBDC 有可能会相互竞争、共同存在，但如果讲到国际货币体系或国际储备货币，我觉得更可能的情形是集中到一种或少数几种 CBDC，不太可能出现百花齐放的局面，因为百花齐放的基本前提是不同数字货币在功能和特质上有差异。比如，比特币也许可以长期存在，这是因为它和 CBDC 不同，作为一种特殊的投资资产为投资者所需要，CBDC 无法将其替代。但未来在 CBDC 领域最终的竞争可能就在国际货币方面，各国都不愿意缺席竞争，未来的国际货币可能是数字美元，也可能是数字人民币或其他国家的数字货币，甚至有可能是一种超主权的数字货币。因为国际储备货币本身是一种基于主体信誉的货币，它所发挥的功能是一样的，而数字货币和数字技术的基本特征是长尾效应，因此没有必要保留多种货币作为国际货币，只要一种货币能够发挥最好的作用，那么它的效果可能就是最好的。所以，我的猜测是，将来金融体系的竞争，尤其是数字货币领域的竞争就是国际储备货币的竞争，很可能最终会向一个或极少数的货币集中。

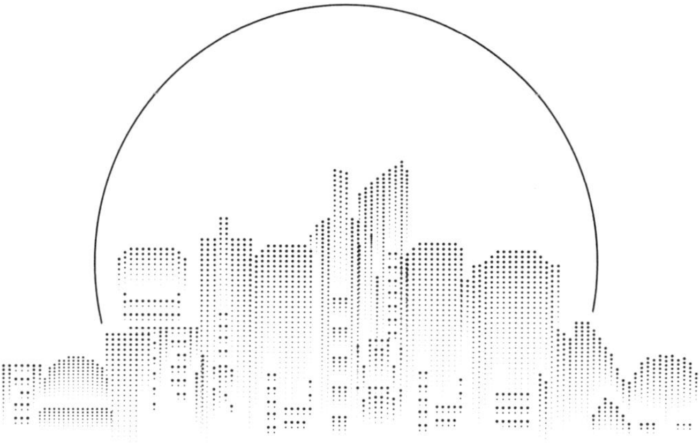

第七章

金融的监管与风险防控

金融监管的本质[①]

我国的金融监管需要从形式走向实质，本文具体讲四个问题：一、金融风险已经明显上升，背后的原因是什么；二、一般性地讨论一下，金融监管是干什么的，或者说为什么需要金融监管；三、我国已经建立一个完整的金融监管框架，但为什么没有有效地管住金融风险；四、下一步的金融监管改革，政府与监管之间的关系怎么处理，监管本身应该做哪些改变。

近期金融风险明显上升

2008 年全球金融危机之后，我国的金融风险有所下降，但是到 2014 年之后出现了大幅的上升，随后又有所回落，2018 年以来则又

① 本文创作于 2021 年 4 月，为长安论坛总第 376 期主题演讲。

处于相对比较高的水平。

中央金融工作会议将金融改革的目的概括为两句话，一是增强金融支持实体经济的力度，二是防范系统性的金融风险。把这两句话放在一起看，说明中国的金融系统确实出了一些问题：效率下降，同时风险上升。应对之道是构建现代金融体系，支持新经济发展格局。

要理解金融风险为什么上升，需要回到改革的逻辑本身，这是我在第一章《如何理解中国的金融现象》一文中分享的主要内容。中国的金融改革始于1978年底的十一届三中全会，当时中国只有一家金融机构——中国人民银行。在随后的40多年时间里，我国建立了一个全新的金融体系。但这个体系有非常突出的特征：第一，规模较大；第二，监管较弱；第三，管制较多。规模较大比较容易理解，监管较弱的问题后面要展开分析，管制较多，可以用麦金农教授在金融学分析里提出的概念“金融抑制”进行描述，主要衡量政府对金融体系的干预程度。我和王勋根据这个概念绘制了一个金融抑制指数曲线图（图7-1）。

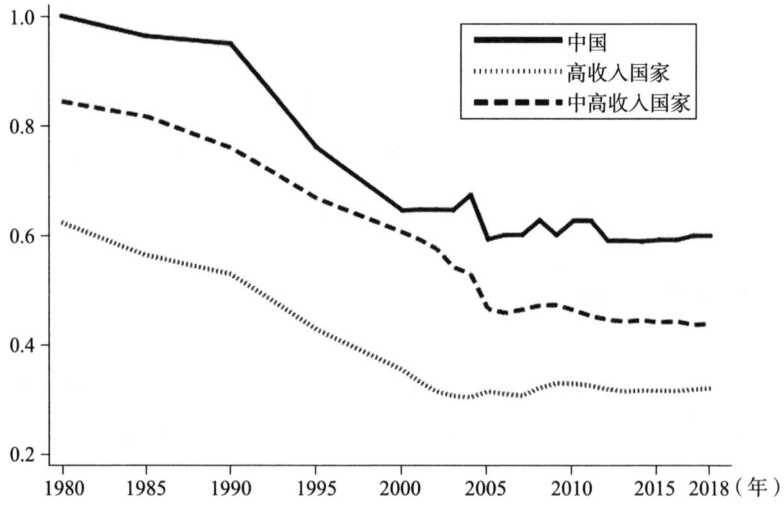

图7-1 中国及高收入、中高收入国家的金融抑制指数

中国的金融抑制指数从1980年的1降到了2018年的0.6左右，这说明两件事情：第一，过去40年我国确实在实施市场化的金融改革，政府对金融体系的干预程度已经大幅下降；第二，即便到2018年，中国的金融抑制指数在全世界仍然排在前列，也就是说政府对金融体系的干预程度还是比较高的。这是一个比较独特的改革进程。

实证分析结果表明，这套金融体系在改革前期是相当有效的，既支持了高速的经济增长，也实现了金融稳定。这与一般的理论预测不太一致，因为通常认为政府干预会降低效率、增加风险。不过我们的分析发现，在一个市场机制不健全、监管框架不完善的经济体中，适度的政府干预可能利大于弊。

如果1978年政府就决定彻底放开金融体制，什么都不管，那么，可以预料在过去40多年我国应该已经发生过好几次金融危机，特别是在1997年亚洲金融危机和2008年全球金融危机期间。但在理解政府干预的正面作用的时候，也需要注意：第一，适度的干预，不是全方位的干预；第二，虽然现在干预还比较多，但是过去40年间干预的程度是在不断地下降的。从这两个方面来看，这种管制对经济增长的有效性很高。

任何经济政策都会有正面效应和负面效应，但是在不同的经济当中甚至在不同的发展阶段，正面和负面效应的相对重要性是不一样的。在改革的早期，适度的金融抑制、政府对金融体系的干预，其负面效应相对较小，正面效应相对较大。但随着经济与市场的发展，正负效应之间的相对关系发生了改变，所以需要进一步的金融改革有效支持经济增长、维持金融稳定。换句话说，经济政策决策其实就是一个权衡利弊得失的过程，在转型经济体尤其如此，很可能并不存在放之四海而皆准的政策选择。这也是我国经济改革“摸着石头过河”所隐含的哲学原理。

为什么近期金融稳定出现了不少问题?

在过去40年间，中国可能是唯一一个没有发生过重大金融危机的主要新兴市场经济体，这一点非常了不起。但过去维持金融稳定主要是靠两大法宝，第一是持续的高增长，第二是政府兜底。以1997年前后的银行问题为例，当时银行不良率很高，但是没有发生挤兑，主要就是因为有政府兜底。为了处置银行的不良资产，中国成立了四大资产管理公司，从银行转移了1.4万亿元的不良资产，这在当时听起来是一个天文数字，但由于经济保持持续的高增长，很容易消化问题的存量。

但现在这套依靠高增长和政府兜底的做法遭遇了难以持续的困难。政府不可能长期为所有金融问题兜底，这是不言而喻的。同时我国的经济增长速度也在不断下降，GDP增速在2010年超过10%，到2019年底放缓到了6%。经济增长速度下降，对金融风险有两大含义：第一，本来可以在发展中解决问题，现在因为增长速度放缓了，解决问题的能力开始减弱；第二，经济增速下降本身也会带来新的金融风险，比如经济结构转型和投资回报率下降。

过去几年间金融风险抬头的态势非常明显，甚至可以说金融风险频发。

2015年，上半年股市明显回调，下半年外汇市场遭遇非常大的压力，货币贬值、资本外流。

2016年，全世界都开始关注中国的高杠杆率。当时非金融负债即政府、企业和个人的负债已经高达GDP的240%。当然，这个水平与发达国家比并不突出，但比一般的发展中国家高许多。更重要的是，在2009—2015年期间，非金融杠杆率猛升80个百分点。杠杆率水平高、上升快，引发了普遍的担忧。因此，2016年初政府开始实行去杠杆的政策。

2017年，影子银行业务特别是理财产品市场的风险开始受到广泛的关注。年底监管部门出台新的政策整治理财产品市场。

2018 年，地方政府包括地方融资平台的高负债率再次成为潜在的风险点。年初的人大会议对地方政府的总负债规模定了一个最高限。

2019 年，一批中小银行的资产负债表面临非常大的压力，不良率也非常高，包商银行是一个突出的例子，但其实问题非常普遍。

2020 年，一度非常的活跃的 P2P 终于消失。虽然平台不正常运营了，但很多资产、负债问题还没有全部理清，遗留了不小的金融与社会风险。

2021 年会不会有新的金融风险？大概率会有。2020 年银行给中小微企业发放了很多贷款，具有很强的政策性特点，主要是为了保经济主体，其中一部分到期的时候可能会有问题。到 2021 年下半年，中小银行不良和地方政府负债可能成为新的热点风险问题。

这样看来，过去五六年间，几乎每年都有金融风险，我们能够想到的会出现金融风险的领域好像都已经出现了风险。目前最稳健的、还没有出现风险的领域是大型国有商业银行，因为它们的盈利状况比较好，但也可能是因为它们有更强的国家信用支持。

总之，过去维持金融稳定主要靠高增长与政府兜底，现在看来，这种方式已经难以为继。过去几十年我国也花了很多精力建立金融监管框架，但从近期的发展看，金融监管似乎没有管住金融风险，为什么？

为什么要有金融监管

如果做一个简单概括，金融的基本功能是资金融通。资金融通有不同形态，可以简单分为两类，直接融资即资本市场，间接融资包括商业银行和保险公司，但它们的主要功能是一样的。资金从富余方拆借或者投资到短缺方，中间会产生期限的转换、规模的转换、风险的转换。

金融对于经济发展至关重要，可能是人类经济史上最重要的经济发明之一。金融的诞生，使得交换、劳动分工和规模经济成为可能，所以金融发展伴随着经济增长的不断加速。诺贝尔经济学奖获得者希克斯教授在他的经济史理论里有一个重要论断：工业革命不得不等待金融革命。如果没有金融革命，工业革命不可能发生，光有新技术是不够的，只有大量的廉价资金投入才能把蒸汽机转化成航运业、铁路业和纺织业。

金融很重要，但需要受到监管。金融的一个最大短板是信息不对称。如果交易双方不够了解，这个交易就有风险，这种业务就很难持续。借钱也好，投资也好，关键是最后要能够把本金和回报收回来。所以金融交易需要做风控，对银行来说，就是要看违约的可能性。违约的可能性是由两个因素决定的：第一是还款能力，就是借款人做成业务获得好的回报的能力；第二是还款意愿，就是借款人还钱的主观意愿。

其实，金融体系中的金融机构、市场机制和监管政策，有一个共同的功能，就是降低信息不对称的程度。银行把存款人的钱集中起来以后，可以聘请专业的人员来做信用风险评估，降低信息不对称的程度，同时降低这项工作的平均成本。市场上的评级机构写一些评级报告给投资者看，也是帮助投资者降低信息不对称程度，了解投资企业的情况。监管政策很重要的一条是信息披露。一个发行债券、出卖股票的企业，必须定期披露必要的信息。

那么什么是金融监管？金融监管一般是指金融机构需要遵循的一些规则或者法律，以及实施这样的规则和法律过程当中的必要监测和落实手段。

监管理论领域有三个学派，第一个学派是科斯理论。科斯理论的大概意思是，如果市场有效的话，有法律就行了，不需要再监管，因为每个人按照法律行事就不会出现问题。法律很重要，但并不能完全替代监管。依靠法律解决问题，最主要的手段就是诉讼。诉讼的问题是，一般耗时比较长，同时得实际受到伤害才能起诉。监管的功能不仅仅是甚至主要不是处置风险，而是防范风险，或者在过程当中缓解风险、缓解伤害。法律与监管都很重要，但不能完全替代。

第二个学派是管制理论，认为监管是特殊的利益集团用来限制其他竞争者的手段，以获得垄断利润，在这个场景当中，政府可以作为独特的利益群体。这也不是我们今天讨论的监管。

第三个学派也是被普遍接受的学派，关注市场失灵和外部性问题，认为即便在有效的金融市场，仍然可能发生市场失灵的问题或风险：第一是系统不稳定；第二是信息不对称；第三是市场失当行为；第四是反竞争行为。

系统不稳定就是会造成相互之间的交互影响，最后导致整个系统的崩盘，市场机制可能不能解决。如果可以单纯靠市场机制解决，历史上也就不会有这么多的系统性金融危机。

信息不对称是金融交易与生俱来的特征，所以需要想一些办法克服它。需要补充说明的一点是，我们可以努力降低信息不对称的程度，但是不可能彻底消除信息不对称，这也是为什么金融交易永远会有风险。比如我们习惯性地将国债称为无风险资产，但这也只是表明政府的违约率低一些，不可能真的是零风险。

市场失当行为包括欺诈，比如庞氏骗局。

反竞争行为，比如一些企业设置人为的障碍阻止竞争者进入，形成垄断地位，获取垄断利润。

上面这些问题，都是金融监管应该予以努力解决的。金融监管也是为了维持金融体系的有效运行，但是具体目的是要克服市场失灵和外部性的问题。对于上述四个方面的问题，需要不同的监管机构和监管政策来解决（见表 7-1）。

表 7-1 不同监管机构解决的市场失灵问题

市场失灵的类型	监管领域	监管方式
系统不稳定	宏观监管金融稳定	宏观审慎监管框架
信息不对称	微观监管单个机构	由一个或多个机构监管
市场失当行为	交易监管消费者保护	由一个或多个机构监管
反竞争行为	鼓励竞争	通常由一个单独机构负责

比如，应对系统不稳定的问题需要宏观层面的政策，因为它关系到整个系统的稳定性，制定宏观审慎政策或者宏观审慎管理是全球金融危机发生以来各国都在尝试做的一件事。解决信息不对称问题，需要微观层面的监管，对机构、交易实行具体的监管措施，比如制定资本金、流动性和资产持有方面的要求。消除市场失当行为，主要是保证公平交易和保护消费者利益，现在各国都有消费者保护机构。克服反竞争行为的政策安排各国不太一样，但很多国家都有独立的反垄断特殊机构。

常用的监管手段很多，简单地概括一下，起码包括如下几个方面。

- 政府安全网（政府救助、存款保险制度、大而不倒问题）
- 资产限制（限制风险资产的持有）
- 资本金要求（资本充足率、杠杆率，《巴塞尔协议》）
- 注册与检查（骆驼评级：资本充足率、资产质量、管理、盈利、流动性和对市场风险的敏感度）
- 风险管理评估（控制风险的管理程序、压力测试）
- 信息披露（向市场披露必要的信息）
- 消费者保护（贷款真实性：关于借款成本的完整并准确信息、平等信用机会法案）
- 竞争限制（限制分支机构，禁止非银行机构与银行竞争）

存款保险制度主要是防范发生大面积的挤兑行为，在我国，所有 50 万元以下的存款都会有存款保险制度兜底。这样，即便银行出现问题，大部分人也都不会去银行挤兑，风险就不会发散，不会引发系统性的问题。

银行监管限制高风险资产的持有。因为银行本身对安全性的要求很高，所以一般来说，银行主要是持有一些国债或者高级别的投资资产。资本金要求主要解决银行运营的可持续性问题，如果银行赔了钱，只要有足够的资本金可以弥补损失，机构的可持续性就不成问题。《巴塞尔协议》就包含对资本金的要求，近年来特别是在全球金融危机发生以后，监管对资本金的要求在持续提升，尤其是对所谓的逆周期的资本金和一些系统重要性机构的额外资本金。

我国的金融监管框架

金融监管有很多不同的分类方法。首先，按照监管方式分为机构监管和功能监管，我国实施的是机构监管，就是根据机构的法律性质或者业务类别来实施监管，一个通俗的说法是谁发牌照谁监管。功能监管主要是看交易性质，只要涉及信贷业务，银保监会就会监管，只要卖投资产品，证监会就会监管。

按照目的，金融监管也可以分为行为监管和审慎监管。行为监管主要纠正行为不当、防止不公平竞争。审慎监管则是保障微观和宏观层面的稳定。

从机构设置看，大致有三类金融监管模式。

第一类是分业监管模式。银行、保险、证券分成不同的类别分开监管，这是中国的做法，现在是“一行两会”，有时也叫“一行两会一局”。美国也采用分业监管的做法，叫双层多头。双层是联邦政府和州政府有各自独立的监管权限，同时分为证券、银行、外汇等多头。美国的例子很有意思，在 1998 年花旗集团成立以后，美国出现了很多综合性的金融服务机构，却保留了分业监管的模式，当然，在全球金融危机之后也成立了由财政部牵头、各监管机构参与的金融稳定委员会。

第二类模式叫双峰监管，主要将审慎监管和行为监管分开。审慎监管管金融稳定，行为监管管公平交易，这两个分开，类似骆驼的两个峰。澳大利亚是非常典型的例子，它有两个不同机构。很多国家将宏观审慎监管这一职能放在央行。

第三类模式是混业监管，很多监管功能都在同一个监管机构里面。最突出的例子是新加坡，监管机构叫新加坡金管局，实际上就是实行大央行制，货币政策、金融监管、微观监管、宏观监管、行为监管全都包括。

过去二十几年来，各国的监管模式一直在改变。到底哪一种更好，各有各的看法。看各国的经验，可能监管的时效性相对更好一些的是双峰监管模式。但这也不是绝对的，不少专家指出，监管做得好不好，并不完全取决于监管模式，还取决于监管的具体做法。

在 2008 年的全球金融危机以后，金融监管改革明显提速，各国以及国际金融稳定委员会、国际货币基金组织等一直在讨论国际金融改革问题。2008 年次贷危机演变成全球性的大灾难，一个很简单的教训就是说明金融监管出了问题，所以需要进一步改革。目前进展比较快的是三个方向：第一个方向是宏观审慎监管，即便把每家机构都搞稳健了，也不见得整个系统是稳定的，所以宏观审慎是新概念、新框架；第二个方向是加强行为监管，其实就是加强公平交易和消费者保护；第三个方向是提高微观审慎监管的标准。

我们国家的金融监管框架也一直在不断地变革。真正开始有金融监管大概是 1984 年 1 月 1 日，那一天中国人民银行一分为二，工商银行负责商业运行部分，中国人民银行担任中央银行和金融监管职责。1992年成立证监会，后来逐步演变成“一行三会”，后来银监会、保监会合并，变成了现在的“一行两会”。

2015年国内有一场关于金融监管到底应该怎么改的大讨论。当时关注的重点是政策协调问题，因为各个部门之间没有很好地协调，留下了很多监管的空白地带，造成了不少风险，特别是影子银行、互联网金融等。当时我也写了一篇文章叫《呼唤国家金融稳定委员会》，希望通过设立这样一个委员会来加强政策协调。当然，我并非唯一提出这条建议的学者。2017年，国务院成立了金融稳定发展委员会（金稳委）。2018年，银监会、保监会合并，中国人民银行强化了政策协调功能。

2017年十九大提出的宏观审慎政策双支柱调控框架，是一项重要的政策创新。这项创新的触发因素可能是美国的次贷危机。危机爆发以前，美联储实行了非常宽松的货币政策，因为当时经济很强劲、就业很充分、通胀很温和，所以完全没有必要调整货币政策，美联储的主要政策目标是维持价格水平稳定。但事后人们知道，当时虽然价格很稳定，非常宽松的货币政策环境却导致了严重的金融风险，最终酿成了全球金融危机。这就提出了一个问题，货币政策要不要同时应对金融风险？货币政策要关注金融稳定问题，大家对这一点已达成了共识，但金融风险或者资产价格能否直接写到货币政策的目标函数里？应该说可操作性很低。

新的共识是两条腿走路。一条腿是货币政策，主要支持价格水平的稳定，同时关注金融稳定。另一条腿是宏观审慎政策，主要追求金融体系的稳定。这也是十九大提出的“双支柱”的基本内容：货币政策追求价格水平稳定，宏观审慎追求金融政策稳定，两者之间紧密协调。2019年央行专门成立了宏观审慎管理局，与货币政策司并立运行。

我国的宏观审慎政策框架的关注点主要在三个方面：房地产，跨境资本流动，以及商业银行、系统重要性机构、金融控股公司和重要基础设施（见表 7–2）。这三个领域都是非常容易引发系统性风险的地方。

表 7–2 我国宏观审慎政策框架的关注点

	政策变量	主管部门
一般性的工具	杠杆率	银保监会
	动态拨备率	银保监会
	逆周期资本缓冲	央行与银保监会
	宏观审慎评估体系（MPA）	央行
	房地产贷款集中度管理	央行与银保监会
家户部门工具	贷款成数（LTV）	央行
企业部门工具	商业房地产的贷款成数	央行
	跨境资本融资全覆盖宏观审慎管理（企业部分）	央行与外管局
	金融控股公司市场准入管理与监管	央行
流动性工具	流动性覆盖率（LCR）	银保监会
	净稳定融资比率（NSFR）	银保监会
	外汇融资约束	央行与外管局
结构性工具	系统重要性机构的附加资本金要求	央行

我国的这个监管体系目前还处在演变的过程当中。但为什么它在近年没有很好地管住金融风险呢？

第一，分业监管、机构监管的格局导致存在不少监管空白领域，政策协调也不够理想。在很长时期内，影子银行和数字金融都属于三不管地带。2017 年和 2018 年进行监管机构新设与调整以后，政策协调有很大的改善，但问题并未得到彻底根除，各部门之间扯皮的现象依然存在。这是造成金融风险的一个重要原因。

第二，监管的专业性、独立性甚至权威性不是很强，可能影响了监管政策目标的达成。在实践中，监管政策和其他政策混淆的现象非常普遍。一方面，政府经常把一些非监管任务交给监管部门，比如，过去在经济不太好的时候，需要加强金融对实体经济的支持力度，可能会调降股票投资的印花税率，这显然更像宏观政策，而不是监管政策。在监管政策的实施过程中，运动式监管、情绪化监管也比较常见。现在有一些监管官员提出要把金融风险降到 0，这实际是违背金融规律的。前面讲过，只要做金融交易，就一定会有风险，真的要把金融风险降到零，业务也就没法做了。

第三，有规不依、有法不依的现象很普遍。前面介绍金融监管主要是三个方面的内容，一是一套规则与法律，二是在实施过程中的监测，三是保证落地的手段。这三方面内容，我国现在一样不少，但就是规则和法律没有真正落地，执行效果不是很理想，这样规则也就形同虚设。

第四，监管部门同时肩负发展与监管两重责任，但两者之间有时候会发生矛盾。如果发展成为主要的政策目标，监管部门就可能会提高对风险的容忍度，因为只有这样才能快速地发展。反过来，监管部门对违约或者破产的容忍度很低，就非常不利于金融部门的健康发展。前几年保险行业出现许多风险问题，多少跟这有关系。对于从业人员来说，违约成本很低，当然就没有动力真正按照规则办事，市场纪律就很难建立。

第五，宏观审慎政策刚刚开始建立，有时候难免在实施过程中有一些不是很顺畅的做法。比如，一提出要去杠杆，不仅监管部门全力以赴，各级政府也积极作为，因为杠杆率会作为工作成绩考核内容，这就很容易让人走极端。尤其对于金融问题，在极端之间来回摇摆是很危险的。

以下举个几个具体的例子来说明监管的问题。第一个例子是 P2P 平台，一开始野蛮生长，等到监管部门实在觉得不能再放任下去了，出台了一个暂行管理办法，这个行业就基本上结束了。但那个时候 P2P 行业已经一地鸡毛，无数的投资者、借款人已经被卷入其中，即便要结束业务，也没那么容易。设想一下，如果监管早点出手，起码把简单的规则罗列清楚，哪些可以做，哪些不可以做，也许这个行业就不会发展到后来那么大的规模，也许还有个别平台可以发展出可持续的商业模式。现在这样的局面应该说就是监管长期不作为的结果。

第二个例子是近年一大批中小银行出现问题，以包商银行、锦州银行为代表。仔细分析这些银行的问题根源，确实既有大股东乱来，也有董事长乱来的原因，说到底是这些银行没有严格执行监管规则和法律。很多银行的大量资金都流向了大股东关联企业，2020 年底央行在对银行进行“体检”的过程中也发现了不少这种现象，而这种做法在监管规则里是被明文禁止的。如果一家机构出问题，可以说是它本身的问题。如果一批机构出问题，可能就需要从规则上来找原因。经济学中有一个说法：坏的制度会让好人作恶，好的制度能让坏人从良。如果没有建立一个守规则的环境，本来守规则的人最后也不会守。现在的问题不是没有规则，是没有人督促落实。包商银行的问题不是一天、两天做出来的，为什么监管部门一直没有发现或者发现了一直没有采取措施？监管有法不依或者有规不依，银行风险上升是很自然的现象。

第三个例子是金融机构承担许多政策性责任。1997 年亚洲金融危机时，中国的银行平均不良率超过了 30%，触目惊心，政府通过兜底稳住了局面。从正面说是政府帮了这些银行，但从银行角度来说，很多问题其实也是政府造成的，因为有很多贷款是政策性贷款。当时有一种“安定团结贷款”，就是过年过节时，一些企业经营困难，发不出工资，政府就要求银行给企业贷款发工资，让工人们过好年。这样看来，既然银行确实承担了政策责任，有了风险，政府出面兜底也是很正常的事情。但金融里面还有一个道德风险问题，反正政府会兜底，银行就不会非常努力地经营，甚至将其他因素造成的风险跟政策责任的后果放在一起。

2020年新冠肺炎疫情期间也有同样的现象。各国政府都采取了“不计一切代价的政策”，但做法略有不同。市场经济国家财政支出中最大的三项：一是保就业的补贴，只要企业保证不解雇工人，政府就提供补贴，其实是保工人就业；二是失业救济；三是直接发现金。这三条相当于用各种方式把钱送到居民手中，主要是保老百姓的生活。我国的做法是什么呢？财政三大开支分别是基础设施投资、税收减免、公共卫生开支，这三条都很重要，但显然主要目标是保经济主体，把中小微企业保住，间接地保老百姓的生活，同时为经济复苏打下基础。但我国的手段有两点值得关注：第一，这些做法没有直接把钱发到企业或者个人手上；第二，保经济主体最主要的渠道是商业银行对中小微企业贷款。2020年我国中小微企业贷款余额达到15.3万亿元，增长30%以上，还对其中7.3万亿元的贷款实施“应延尽延”的政策，还本付息都可以延迟到2021年6月底。现在看结果，美国政府的负债一下子上升了很多，因为钱花出去了不会回来。我国的做法是让企业的负债一下子上升了。

大危机来临，不计一切代价的政策无可厚非，保老百姓或保经济主体，只是方法不同而已，也跟制度环境和历史传统有关。但我国的做法有一个最大的问题，即大部分责任落到了金融机构的肩上。政府一直没有明确说明，一旦金融资产质量明显恶化，谁来承担主要的责任。2020年商业银行不仅要增加中小微企业贷款，同时还要降低贷款利率。这显然是具有很强的政策特性的贷款业务，尤其是在新冠肺炎疫情期间。中小微企业很重要，这一点毋庸置疑。但银行是商业性机构，它们首先需要关注盈利和风险，然后才能考虑支持国家的政策。稳健展开业务的基础包括：有效的信用风险评估手段，如果缺乏有效的手段，只是盲目地在政府的压力下放款，最后会造成一堆烂账，在某种程度上P2P的经历就是前车之鉴；市场化的风险定价，有风险不是做金融交易的根本障碍，但成本必须覆盖风险，否则就无法持续。可惜我国在这方面的政策一直没有改进，各级政府、金融机构都很努力，但总是给人一种“事倍功半”甚至“好心办坏事”的印象。

现在的问题是，2021 年下半年银行不良率上升会是一个大概率事件，谁来承担责任却尚不清楚。可以想象的是，如果银行出现生存困难，政府或者央行一定会出手，不然财务后果只能由银行自己承担。这样的做法，似乎也没有问题，反正大家都是在政府信用的平台上，但这与市场化改革的大方向不太一致。政府一遇到问题就将政策性责任压到金融机构身上，当然，将来一旦出问题，政府也不会袖手旁观，但如果一直采用这样的做法，金融机构商业化运营恐怕一直会举步维艰。更重要的问题是，政府现在恐怕越来越难对所有的金融风险兜底。2021 年的情况是，大银行不会有问题，但许多中小银行在新冠肺炎疫情之前就遇到了不少问题，如果再加上不良率上升，可能就会发生运营困难。比如在不良率上升之后，银行还有没有足够的流动性支持实体经济，有没有足够的资本金来开展新的信贷业务，这些都是值得关注的。

必要的监管改革

经过 40 年的努力，我国的金融监管框架已经搭起来了。从表面看，什么都有了，机构、人员、目标、规则、手段，应有尽有。唯一的问题是，似乎很多监管政策都没有真正落到实处，这应该是下一步监管改革的重点，将“形式上”的金融监管转变为“实质性”的金融监管。当然，这个改变不能仅仅局限于监管内部，它可能是一个系统工程。

近期金融风险没有管住，所反映的是金融监管转型期的问题。我国的经济体制从计划转向市场，在这个过程中我国采取了双轨制改革的策略，管制比较多本身就是转型过程中的过渡性现象。今天的很多监管困境也跟过渡期有关，说到底就是怎么处理政府和市场的关系的问题。过去政府在一定程度上替代了市场的功能，替代了监管的功能，而且这种替代并不都是坏的。1997 年我国没有发生金融危机，2008 年也没有发生金融危机，在很大程度上就得益于政府信誉对金融稳定的支持。但随着时间的推移，现在两者的关系可能需要重新界定。有些是政府需要继续做的，有些可能要更多地让监管来做，而且监管要有相对独立性。

在转型过程当中一旦碰到问题，大家就开始紧张，一紧张政府就会出手。政府一出手，局面往往就稳住了。这当然也是好事情，起码有一个可靠的稳定机制。但悖论是，政府频频出手，市场化的风险处置机制就很难建立起来，甚至连市场纪律也很难建立起来。比如政府过去一直说要释放局部的金融风险，个别领域有风险要让它释放出来，这样整个系统才能变得更稳定，难就难在界限的把握。一个债券违约没事，10 个债券违约行不行？ 1000 个债券违约行不行？谁也不知道界限在哪儿。

政府总是将太多的政策功能强加到监管和金融，像中小微企业贷款这件事情，已经做了很多年。政府重视解决中小微企业融资难的问题，也采取了很多有效手段，但说实话，有些手段没有完全顺应金融规律，实际上这也是转型期的问题。政府知道中小微企业对中国经济发展至关重要，要支持它们，但是政府也没有那么多钱来支持它们，让金融机构来做已经成为习惯了，但如果持续这样做，问题会不断积累。从大的原则看，还是应该尊重市场原则、金融规律，如果市场化风险定价太贵，政府可以提供资金贴息，不要简单地把包袱推给金融机构。

中央提出要守住不发生系统性金融危机的底线，这是一项系统工程。现在的一些金融风险实质是大的金融政策带来的，比如说双轨制改革，对违约和破产的容忍度很低，就留下了很多僵尸企业，僵尸企业就带来了很多金融风险。所以第一步要深化市场化改革，让市场机制真正发挥作用，包括实现所有权中性，真正做到公平竞争。行的企业可以生存，不行的企业就被淘汰。减少政府对企业、对金融的干预，进一步推进市场化的改革。

具体到金融监管改革，一个绕不开的问题就是政府和监管之间的关系。过去政府和监管之间的关系相对来说比较模糊，政府帮助监管做了很多维持金融稳定的工作，但是在一定程度上也会影响监管维持金融稳定的努力，将来应该适当分离，“政府的归政府，监管的归监管”。当然，分离也不是绝对的，两者之间还是需要合作与配合的。比如在次贷危机期间，各国都是政府首先把系统重要性机构稳住了，然后才谈得上支持经济复苏。政府什么时候应该介入金融风险处置？从大原则看，应该有两种情形。一是产生系统性金融风险，这个时候只靠金融体系内部已经无法完全消除问题。二是一些政策性的金融责任，政府应该主动承担财务成本。

2020 年疫情期间的中小微企业贷款就属于后面一种情况。2020 年春天，国际货币基金组织曾经建议建立一个特殊目的平台服务中小微企业融资（见图 7–2）。这个平台由三方参与，央行提供流动性，银行直接发放贷款，而政府财政兜底。这个建议的优点在于：央行提供了流动性支持，但不会因为有些钱收不回来影响未来的货币政策；商业银行离中小微企业最近，可以帮助输送资金，但也不会因为承担政策性责任而影响将来资产负债表的健康；财政拿一小部分资金兜底，但可以撬动大量的资金保住中小微企业。我认为这个思路非常有价值，政府不如主动站出来承担财务责任。这样，金融机构与市场都会有一个明确的预期，信心也不会动摇。当然，政府如果不站出来，最后也要承担责任，只是在这种“隐性兜底”的情况下，会产生许多不确定性，对银行、对投资者、对实体经济可能形成风险。而且 2021 年下半年的金融风险，可能并不仅仅局限于商业银行，地方债务包括地方国企与地方融资平台债务也是一个值得密切关注的风险点。

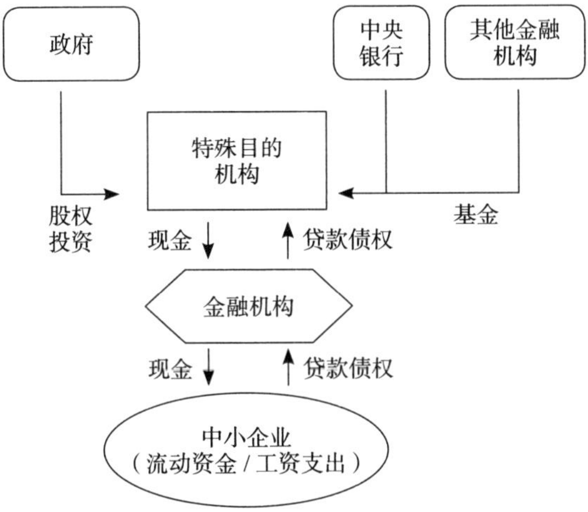

图 7-2　国际货币基金组织建议的特殊目的平台

关于具体的监管改革，我提四个方向，核心是要尊重金融规律，把金融监管做实。

第一，明确监管目标。金融监管有很明确的目标，简单说就是三句话：保障公平竞争，保护金融消费者利益和维持金融稳定。所有其他的责任，无论是发展、宏观经济还是其他，都不应该成为监管政策调整的原因，只有专心致志地把金融体系稳定住，才是对经济最大的贡献。比如，对于资本市场的监管者来说，有序的市场和公平交易的市场是要追求的目标，资产价格的高低则不是。

第二，有了清晰的目标之后，一定要赋予监管部门一定的独立性、专业性和权威性。这里所说的独立性，倒不一定是成立一个完全独立的机构，而是在决策监管政策的时候要有足够的权限，而且要讲专业性，因为金融监管是一门专业技术，需要很多知识与经验的积累。同时，监管要有足够的权威性，“有牙齿”。过去对违约行为的处罚力度太轻，违约成本很低，从业人员当然会不以为然，这样就无法真正建立市场纪律。

第三，对金融监管要问责。无论监管怎么组织、如何执行，最终还是要看效果。需要避免的是，每次一出问题就痛骂从业人员。如果一家机构出问题，应该努力处置那家机构的问题。如果一大批机构出了同样的问题，就必须要从监管规则和落实方面找原因。这样的问责，目的是让监管部门与官员尽责尽力地去落实政策与规则，而不是挑三拣四、多一事不如少一事。当然，问责也要避免另一种极端，就是把金融体系管死，管死也是一种失职行为。

第四，监管资源要大大增加。几十年来，我国的金融体系蓬勃发展，从规模来说已经快成为全世界最大的金融体系，几家大银行都在全世界排名前十。我国的资本市场相对不太发达，但股市市值和债市市值在全世界排前三位，规模非常大，而且市场金融体系变得越来越复杂。数字金融创新是很前沿的技术，但是我们的监管资源没有充分跟上，从编制、经费、技术能力来说都需要大大加强，这是值得投资的事情。只有监管能力加强了，监管体系保持一定稳定，才能守住不发生系统性金融危机的底线，这个政策目标是非常重要的。

最后用几句话做一个总结：过去的金融改革政策很成功，但现在也出现了不少新的问题，包括在金融效率和金融风险等方面。但守住不发生系统性金融危机的底线是一项系统工程，首先要进一步推进市场化的改革，终结双轨制，实现所有权中性。同时要科学地处理政府与监管之间的关系，除了系统性风险和政策性责任，政府最好不要过多地干预金融监管政策。最后是再开展一场彻底的金融监管改革，把“形式上”的金融监管转化为“实质性”的监管。

防控中国系统性金融风险[①]

近年来，中国系统性金融风险已经成为投资者和决策者共同关注的重大问题。很多国际投资者认为当前世界经济最大的风险之一，就是中国经济因高杠杆而引发硬着陆。而 2016 年 12 月的中央经济工作会议、2017 年 3 月的全国人大会议和 2017 年 7 月的全国金融工作会议都无一例外地将防控系统性金融风险作为当前经济经济政策的工作重点。本文试图对中国所面对的系统性金融风险做一个全面的分析，具体来说我们准备回答三个问题。

第一，为什么说系统性金融风险已经成为一个严峻的挑战？

直观地看，目前金融风险所波及的领域确实非常广，从外汇市场到房地产业，从银行到股票、债券市场，企业的杠杆率非常高，地方

① 本文根据作者于 2017 年 4 月在中国经济 50 人论坛的“长安讲坛”上的讲座记录稿整理、修改、更新而成。

政府的负债也很重，另外还有一些领域，如影子银行、民间借贷和互联网金融，也都存在各种金融风险因素。在过去的两三年间，金融风险在不同市场、不同领域和不同部门之间来回游走，已经不再是孤立的风险现象，我国经济似乎确实已经进入了金融风险高发期。

第二，中国是如何走到今天这一步的?

其实金融风险一直都是存在的，但在改革开放的40年间，中国一直没有发生过严重的金融危机。现在金融风险显著恶化，主要基于四个方面因素的变化：第一，经济增长减速使得企业的资产负债表恶化，特别是僵尸企业不能有序退出，积累了大量的金融风险；第二，经过40年的发展，非金融企业的杠杆率已经居于世界高位，而充裕的流动性与有限的投资机会并存，更是不断地触发风险点；第三，由于缺乏有效的监管，影子银行和互联网金融等领域积聚了新的风险；最后，过去产品很少违约，企业也很少破产，但道德风险问题日益严重，现在政府兜底已经越来越难以持续。

第三，怎样才能有效防控系统性金融风险?

我们建议三个方面的举措：一是宏观经济政策包括货币政策与金融监管政策配合，追求金融与经济体系的稳定性。二是放弃政府兜底，强化市场纪律，释放风险点。三是改善金融监管框架，改善监管政策的协调，增强监管决策的独立性、专业性和权威性。

系统性金融风险的症状

最近一段时期，决策者对于金融风险问题的关切程度迅速提高。这一点十分清晰地反映在过去三年政府工作报告对金融风险问题的表述：2015年要求创新金融监管，防范和化解金融风险；2016年则强调加快改革完善现代金融监管体制，提高金融服务实体经济效率，实现金融风险符合监管全覆盖；2017年则提出稳妥推进金融监管体制改革，有序化解处置突出风险点，整顿规范金融秩序，筑牢金融风险“防火墙”。比较这三年的政府工作报告对金融风险的表述，决策者对金融风险问题的担忧在明显提高。

2016 年 12 月的中央经济工作会议对防控金融风险提出了具体的举措：一是下决心处置一批风险点；二是着力防控资产泡沫；三是提高和改进监管能力。最终目的就是要确保不发生系统性金融风险。而 2017 年 4 月 24 日的中共中央政治局会议则延续了大致相同的思路，提出要高度重视预防金融风险，加强监管协调，确保不发生系统性金融风险。可见，不发生系统性金融风险，已经成为非常重要的政策目标。最后，在 2017 年 7 月的全国金融工作会议上，习近平主席再次强调，服务实体经济、防控金融风险、深化金融改革，促进经济和金融良性循环、健康发展。他还特别指出，金融是国家重要的核心竞争力，金融安全是国家安全的重要组成部分，金融制度是经济社会发展中重要的基础性制度。[①]

系统性金融风险究竟是指什么？从字面理解，所谓的系统性金融风险应该就是指可能危及整个金融体系稳定的风险。

为什么最近政府越来越担心这个问题？从现象来看，近年来中国几乎在所有的金融领域都或早或晚地出现了或大或小的金融风险，我们可以通过几个例子来说明这一点。第一个风险反映在外汇市场压力上。2015 年 8 月 11 日，中国人民银行对人民币汇率中间价的定价机制进行了改革。而在此后大概一年半的时间里，央行一直在忙于应对资本外流和人民币贬值的压力，因为它已经直接关系到经济和金融的稳定。客观地说，市场对人民币贬值的预期在“8 · 11”之前就已经形成了，但中间价改革进一步鼓励了这样的预期，从而在市场上形成了一个恶性循环：贬值预期鼓励居民把人民币资产转换成美元资产，

① 新华网，http://www.xinhuanet.com/fortune/2017-07/15/c_1121324747.htm。

而这样的转换则进一步加剧贬值的预期。

自 2005 年年中起，我国所实行的是以一揽子货币为参照的有管理的浮动汇率体系。人民币汇率有一定的灵活性，但波动的空间非常有限。因此，央行应对贬值压力的策略基本上就是三条。一是直接在外汇市场上干预，卖外汇挺人民币汇率。这一条做起来比较简单，尤其在“8 · 11”之前中国的外汇储备已经接近 4 万亿美元，拿出一点外汇储备来平抑市场，既符合逻辑，也很容易实施。但这样的干预也产生过一些问题，即投资者常用简单的线性外推法预测中国很快将耗尽外汇储备，这样的看法一度进一步加剧了市场对人民币汇率的悲观情绪。二是央行允许人民币适度贬值。三是加强资本项目管理的执行力度，包括扩流入、限流出等举措。但实际上，央行并没有引入新的资本项目管制措施，更多的是加强了已有措施的执行力度，比如外国投资者按规定可以汇出利润，但外管局现在加强了对利润的真实性与准确性的查验。这样三管齐下的举措最终起到了稳定外汇市场的作用，从 2016 年底开始，人民币贬值的压力已经显著消退甚至出现了一定的逆转。

第二个风险反映在近年不断上升的银行不良贷款比率上。虽然根据官方数据，目前这个比率还在 2% 以下，但是跟三年前相比，已经上升了 75%，增长速度非常快。更重要的是，很多人认为官方的不良率数据显著地低估了问题的严重性。而官方数据不可靠就导致民间猜测满天飞。除了不良贷款，还有一个关注类贷款，其中有一部分可能也要出问题，如果把这两类加在一起，总的比率大概是 6%。以这个数字作为参照来判断真实的不良情况，大致可得出结论：第一，银行不良率被低估的可能性非常大；第二，目前看来银行的风险还在可控范围，尤其是考虑到银行普遍较高的资本充足率和拨备。最近我们还看到沿海地区的一些银行的不良率已经见顶，这就意味着不管银行的实际不良率到底有多高，但情形很可能已经开始出现好转。当然，考虑到很多僵尸企业还没有被化解掉，说明银行还有不少潜在的不良资产。因此，银行风险依然值得我们密切观察。

第三个风险反映在房地产市场上。全球金融危机以来，国内的房价已经经过了三个周期，每一个周期房价上升的幅度都比之前更大、更普遍。如果我们做一个国际比较，无论是看房价 / 收入比还是看租金 / 价格比，或者看房价的绝对水平，中国大城市尤其是特大城市的房价已经处于世界高位，房地产泡沫的风险已经十分明显，未来个别城市房地产泡沫破裂只是时间问题，不是会不会的问题。所以每当房价上升，大家就开始紧张，政府也会采取一系列的调控措施，包括限购，主要是希望给房地产市场降温。但问题是，房地产投资往往占到固定资产总投资的 20% 以上，房地产市场一冷，投资开始疲软，经济增长也跟着减速。这样，为了稳增长，地方政府就会很快采取措施给房地产市场升温。这样几次下来，投资者形成了房价上涨的强烈预期，每次政府打压房价之后，必然会迎来新一轮的报复性反弹，房价上涨的幅度更大，涉及的城市也更多。

第四个风险反映在高杠杆尤其是非金融企业的高杠杆上。目前非金融企业负债占 GDP 的比例在 170% 左右，这在全世界已经算是非常高的了。2007 年之后中国非金融部门的总杠杆率起码上扬了近 100 个百分点。杠杆高有什么问题？高杠杆容易引发明斯基时刻，即在经过一段时期的经济平稳发展、杠杆快速上升之后，资产价格、现金流突然出现全面下行，从而触发严重的金融危机。莱因哈特和罗格夫在《这次不一样》中揭示的是每当风险形成的时候，我们总是能找到这样那样的理由说我们的情况不一样，所以不会产生严重的后果。但事实上，只要杠杆率高到一定的程度，最后的结果都是一样的。这可能是中国的高杠杆率引发全世界担忧的一个重要原因。

第五个风险反映在一些新的金融领域，比如互联网金融领域的 P2P 平台问题频发，增长速度很快。从 2007 年第一家 P2P 平台上线，到最高峰的时候总共有 6000 多家平台，但其中起码有 40% 以上变成了问题平台，有些平台的存续时间甚至不超过一个月。还有一些问题平台像 E 租宝事件变成了全国性的风险，涉及 90 多万人。互联网金融的问题是不规范经营现象十分普遍，但核心的问题是在这些领域没有有效的监管框架，监管空白使得这个行业快速发展，但风险也在迅速成长。2016 年政府开始整治互联网金融以后，更多的平台要么退出，要么转型。由于参与互联网金融交易的很多人对风险的识别和承受能力不是那么强，风险一旦形成，传导的速度和广度都不是传统金融可以比拟的，所以它的潜在风险可能更大。

上面这些例子表明金融风险已经出现在我国几乎所有的经济、金融领域，这是一个值得高度警惕的现象。换句话说，中国经济可能已经进入金融风险的高发期。因此，中央提出防控系统性金融风险的任务，既有必要，也非常紧迫。

风险在不同的领域之间游走，一会儿在股市，一会儿在房地产，一会儿在外汇市场，似乎是不同的问题，但这些现象的背后很可能是一些共同的因素在推动。更重要的是，在这样一个脆弱的金融体系里，一旦一个风险爆发，很可能演变成一个全局性的问题。文献中有很多研究发现，金融风险很容易在不同部门之间传导。比如银行危机和货币危机的相关度就非常高，如果已经发生银行危机，接着再发生货币危机的概率就会更高，反过来也是这样。1997 年亚洲发生的金融危机，主要祸及四个国家：韩国、印度尼西亚、马来西亚和泰国。但这几个国家最初形成金融危机的原因是不一样的，比如泰国主要是货币危机，而韩国主要是银行危机，最终的结果差不多，银行、货币、资产危机全面爆发。

2008 年年初美国次贷危机刚刚爆发，我到美国去和专家交流。当时的主流观点是次债问题很严重，但不会演变成一个系统性的问题。因为当时次债市场的市值是 6000 亿美元，假定最糟糕的情形发生，这6000亿美元没了，也只相当于当时美国上市银行资本金的0.5%。这当然是个痛苦的过程，但不会是毁灭性的打击。后来的结果大家都知道了，错得不能更离谱。现在回过头来总结，前面那个分析的最大问题在于没有考虑到金融风险的传导与溢出效应，一旦次债市场崩盘，风险不会局限在这个市场之内，而会对整个金融市场特别是衍生品市场造成系统性的冲击。也正因为此，目前我国金融风险在不同的领域游走，表明金融体系已经比较脆弱，所以特别需要关注系统性风险的问题。

系统性金融风险上升的原因

1978年12月十一届三中全会决定实行改革开放政策，当时中国只有一家金融机构就是中国人民银行，它既是中央银行，也是商业银行。当时一个紧迫的工作，就是建立一个新的完整的金融体系。原来完全由中央计划调配的资金，需要越来越多地通过金融机构来做中介。40年过去，中国的金融体系已经发生了翻天覆地的变化。今天的金融体系有两大突出的特征。一是金融机构非常多，种类全、数量多，金融资产规模也非常大。如果我们把广义货币供应量M2占GDP的比例看作广义金融资产的相对指标，这个指标在2016年年底达到208%，据世界高位，仅次于日本。即使看银行贷款总额或者股票、债券市场的市值占GDP之比，我国在全世界也都排在前三名之内。二是政府对金融体系的干预和影响还是很普遍甚至严重，包括对利率、汇率、资金配置和对一些大型金融机构的控股的影响。国际货币基金组织的一些经济学家试图量化金融抑制，也就是算出政府干预金融程度的指数。在能够找到数据的91个国家中，中国排在第四位。体系庞大但市场受限，这两条结合在一起，比较好地反映了当前中国金融体系的特点。

这样改革的一个结果是在金融市场出现了双轨制，正规市场和非正规市场并存。我们经常听到有人抱怨中小企业融资难、融资贵的问题，这其中有全球一般性的原因，也有中国特殊性的原因。金融领域有个“二八”法则，即搞定顶端20%的客户，就可以抓住80%的市场份额。剩下80%的客户却只占20%的市场份额，可以说服务这部分人群是代价大、回报小。小微企业的特点是历史很短、缺乏硬信息、没有抵押资产，很难达到传统金融机构信用评估的要求。所以如何发展普惠金融是一个世界性的挑战。但小微企业融资难、融资贵的问题在我国尤其突出，原因可能是多方面的。比如我国的征信体系不发达，小微企业的风险定价就更难做。比如资金配置存在产权歧视，以银行贷款为例，国企贷款变不良，可以视为商业决策失误，而民企贷款变不良，可能会首先被查有否利益输送。再比如不少银行对不良率考核标准过严，实行终身负责制，客观上不鼓励银行做风险偏高的小微企业贷款。当然，银行存贷款利率不能真正由市场决定，也会影响小微企业贷款业务的开展。

根据我们之前所做的小微企业融资调查，大概只有20%多一点的小微企业曾经从银行获得过信贷，还有20%从其他渠道融过资，60%从来没有获得过任何融资。央行的征信系统采集了10亿多人的数据，其中只有3.8亿人曾经获得过银行的信贷，6亿多人没有信贷记录，这还不包括另外4亿没有被纳入征信系统里的人。由此可见，庞大的正规金融体系所服务的客户是非常有限的。在双轨制体制下，小微企业融资难、融资贵两个问题要分开说。在正规部门，虽然小微企业很难获得融资，但是一旦获得，并不贵。而在非正规市场，融资相对容易，但是非常贵。中国的贷款利率跟很多国家比并不是很高，但民间借贷利率要比官方利率高好几倍，原因之一就是金融抑制程度比较高。

这种双轨制在一定意义上来说，会加剧金融风险的问题。在正规部门容易导致道德风险，资金配置效率低下，而在非正规部门则容易出现缺乏监管、创新过度的问题。当然，我们到目前为止还没有发生过严重的金融危机。但是，这种状况还能保持多久？

过去没有发生金融危机，主要有两个方面的原因。一是经济长期保持了年均 10% 左右的高速增长，而且没有出现特别大的波动。即使出现了一些金融风险，也很容易在发展中解决问题。二是政府兜底。所以在很长时期内我们都没有看到违约和破产，支持了投资者信心。

但问题是现在的难度越来越大，我们起码可以看到四个方面的变化：一是经济增长减速，出现了一批僵尸企业；二是政府兜底能力明显减弱；三是流动性过剩加上投资渠道非常稀缺；四是金融创新在一定意义上也增加了风险，再加上个别领域监管不力。这些变化通过不同的渠道促成了金融风险的全面上涨，甚至可能演变成系统性的风险。

经济增长减速与经济转型，直接增加了短期的金融风险。经济增长减速可以说是一目了然的，从 2010 年到 2016 年的 6 年时间增长速度下降了 4 个百分点。增长减速其实很正常，世界各国经济都在减速，问题是中国这一轮的增长减速还将持续多久，底会在什么地方？这恰恰是今年在国内关于当前经济增速下降本质原因争论的核心问题，概括起来，主要有两种观点：一种认为这是周期性的变化，原因在于全球经济形势不好，所以我们的增长减速，没有什么特殊的地方；另一种认为这是趋势性的变化，原因是随着收入水平的提高，增长速度下降，是一个普遍规律，中国也不能例外。简单说，当一个国家离世界经济技术前沿越近，增长速度就会越慢。1978 年刚刚改革开放的时候，中国的人均 GDP 是 156 美元，2017 年已经接近 9000 美元，所以现在无法再保持过去平均 10% 的增速，实属正常。

上述周期性和趋势性的判断其实都有道理，但我认为其实更重要的是第三种观点，即增长减速主要是经济结构变化造成的。过去三十几年中国经济的发展，主要靠的是出口和投资两驾马车的拉动。这两驾马车背后是一个非常庞大的制造业，其中一块是劳动密集型制造业，主要生产出口品，另一块是资源型重工业，主要生产投资品。两驾马车快马加鞭，不但促成了中国经济的“增长奇迹”，也成就了中国“世界工厂”的美名。问题是，目前这两大块制造业都陷入了困境。过去靠低成本优势的劳动密集型企业，随着成本的快速上升，很快失去了竞争力，企业不得不转型或者关门。由于产能严重过剩，重工业也很难持续发展，而且因为推出困难还形成了很多僵尸企业。简单地说，目前增长减速，不仅仅有周期性和趋势性的原因，更重要的是过去有竞争力的企业失去了活力。未来还能不能保持中高速经济增长，关键看我们能否培养、发展一批新的有竞争力的企业和产业。从一定意义上说，这就是中等收入陷阱挑战。如果我们能够有效实现新旧动能转换，中国经济的可持续增长应该是可期的。不然的话，中国经济就很可能会长期徘徊在中等收入区间。正是由于这个原因，我一直认为中国经济增速的持续触底反弹，不是一个短期性的问题，而是取决于新旧动能转换或者产业升级换代是否能顺利完成。

这个变化对于金融风险有什么含义？可以想象的是，随着经济增速下降，大多数企业的资产负债表、现金流和利润率都可能会恶化，更重要的是一批旧企业要被淘汰，一批新的企业将会成长，旧的企业不能及时退出却又无法顺利转型，就会变成僵尸企业。这样，许多金融资源需要重新配置在这个过程中，金融风险特别是不良资产会明显上升。总体的金融风险是否能够得到控制，也取决于新旧动能转换是否顺利。

宏观经济格局发生变化，也明显限制了政府兜底的能力。国际清算银行在 2016 年的年度报告中提出一个新的概念“风险性三角”，主要是描述各国宏观经济形势在全球金融危机以来同时发生了三个方面的变化：一是杠杆率大幅度上升；二是生产率明显下降；三是政府的政策空间显著收缩。用这三条来套今天中国宏观经济的格局，应该说是相当贴切的。杠杆率上升这一点不需要再论证，政府的宏观经济政策空间收缩这一点也显而易见。伍晓鹰和白重恩等学者的研究发现，2008 年以后中国经济的总要素生产率很明显在下台阶，甚至出现了负增长。我个人喜欢用的一个指标是边际资本产出率（ICOR），它表示的是每生产一个新单位的 GDP，需要几个新单位的资本投入。根据我们的测算，这个指标在全球金融危机发生前的 2007 年是 3.5，到 2016 年变成了 6.3。这个数字直线上升，意义重大。一是说明金融资源投资对实体经济的支持效率确实在下降。即便有同样数量的资本被投入经济，产出反应也在变得越来越弱。二是扩张型的财政、货币政策的刺激作用也越来越小，因为为了保同一个单位的 GDP 增长所需要的额外资本投入的量越来越大。三是投资回报将持续下降。实体部门投资回报率下降，正是近年金融投机变得越来越活跃的一个重要原因，可惜这样的投机活动并不能持续提高投资回报率，只会大幅度增加金融风险。

“风险性三角”意味着现在金融风险越来越大，而政府的灵活空间越来越小，不可能持续依靠政府兜底控制金融风险。

大量的流动性过剩加上投资渠道匮乏，使得我国金融体系的稳定性变得更加脆弱。我国广义货币供应量 M2 占 GDP 之比在 2016 年底已经达到 208%，在全世界排在前三位，施康和其合作者认为这其中至少有 60 个百分点可以被看作“超发”的货币。[①] 为什么中国的货币供应量这么大？一个客观的原因是其金融体系由银行主导，几乎所

① Yousha Liang, Kang Shi, Lisheng Wang, Juanyi Xu. (2017). “Local Government Debt and Firm Leverage: Evidence from China”, *Asian Economic Policy Review*,12(2):210–232.

有的金融中介都是通过存贷款的方式实现，货币供应量大、债务规模大，就是很正常的现象。因此，美国的M2占GDP的比例大概是80%，日本的比例是240%，这在很大程度上就是反映了两个国家不同的金融结构。但是，中国的货币供应量大，可能还有一个原因，就是我们缺乏有效的宏观审慎监管框架和市场纪律，货币政策变成了包治百病的狗皮膏药。经济形势好的时候，货币供应要加速。经济形势不好的时候，货币供应也要加速，这样才能稳增长。甚至一些实体和金融部门出现了问题，也需要货币供应加速来稳定局面。也就是说，我国的货币政策有一个内生的“加速”机制，不管遇到什么样的经济形势，货币供应都需要加速。

除了M2太大，在2015年还发生了一个令人震惊的变化，即狭义的货币供应量M1的增速忽然远远超越了M2的增速。我们知道M1主要包括现金和活期存款，而M2则是M1加上定期存款。通常的情况是M2增速高于M1，也就是说流动性所有者主要是以定期存款的方式持有的。但2015年M1增速忽然超过了M2，两者之间的差距还在不断扩大，这意味着存款出现了短期化甚至现金化的现象。这是一个令人担心的变化，存款短期化的原因可能主要还是存款人不再安心于接受偏低的定期存款利息回报，所以想把钱腾出来寻找回报更好的投资机会。从表面看，这个变化也是符合决策层的改革思路的。十八届三中全会提出要发展多层次的资本市场，提高直接融资的比重，降低银行借贷比例，那就意味着要鼓励老百姓把钱从银行拿出来参与直接融资，麻烦在于老百姓也不知道该往哪儿投资，因为投资渠道实在太稀缺了。结果是出现羊群效应，短期内大家都往同一个方向投，一会儿投资理财产品，一会儿投资股市，一会儿投资房地产，再一会儿大家都想往海外走。很多投资并不一定是理性的，但是背后的驱动力量是实实在在的：钱多，投资渠道少。这就造成了过去几年我们观察到的现象：随着资金在不同市场之间游走，资产价格繁荣和衰退也不断地在不同的市场上演，这对防控系统性金融风险提出了巨大的挑战。

活跃的金融创新实实在在地满足了实体经济的需求，但也酿成了许许多多新的风险。金融市场双轨制的一个直接成因是正规部门金融供给不足，再加上利率管制。当前的许多金融创新可以被看作市场为规避这些限制、满足实体经济投资、融资需求所做的努力。金融创新最活跃的两个领域，一是影子银行，二是数字金融。影子银行不算非正规部门，因为大多是正规金融机构从事的金融交易，如理财产品和委托贷款等，更加接近市场。但影子银行交易通常没有受到严格的监管，潜在风险也就更大一些。数字金融的非正规部门的属性更强一些，早期是很多互联网公司无照上岗。近几年中国的数字金融快速发展，第三方支付服务已经开始取代传统金融部门的服务，在网络贷款、智能投顾、数字保险等领域也取得了显著进展。中国的数字金融不仅填补了传统金融留下的市场空白，而且已经在全球占领领先地位。不过各种风险因素也随之产生，借贷违约、资金挪用、虚假标的甚至欺诈行为相当普遍。基于互联网技术的特性，一旦风险形成，很容易在不同部门和地区之间传染，有可能构成重要的金融风险。

有效应对系统性风险的措施

如何才能有效防控系统性金融风险？需要做的事情很多，但从大的方向来说，我们可以把核心举措集中在三个方面：一是改善宏观经济政策；二是强化市场纪律，释放风险点；三是改革金融监管框架。

改善宏观经济政策

货币政策需要配合金融政策，保持稳健。今天的金融风险多少跟极度宽松的流动性状况有关系，而货币政策的持续放松，既跟当年外汇市场干预从而导致央行资产负债表大幅扩张有关，也跟决策层长期靠货币政策稳增长、稳市场有关。更重要的是，全球金融危机发生以来，货币政策要关注金融稳定问题，已经成为共识。次贷危机爆发的时候，就有很多人批评格里斯潘对资产泡沫熟视无睹。不过如果货币政策要直接对金融稳定做出反应，会遇到三个困难。一是金融风险不是一个直观的概念，很难量化，比如对于到底有没有资产泡沫，没有简单的判定方法，当年格林斯潘的说法就是要等到泡沫破灭才能知道。二是让货币政策盯住金融稳定可能违背“一个政策工具追求一个政策目标”的丁伯根法则，如果以一个政策工具去追求多个政策目标，均衡将会是很不稳定的。三是即使金融风险比如房地产泡沫出现，货币政策要如何调整，加息还是收紧流动性，很难抉择。这些说明要货币政策直接对金融市场做反应，远不如盯住通胀那么简单明了。

李冉做了一个非常有意思的研究，她问了三个问题：第一，央行在决定货币政策时有没有对金融因素做出反应？第二，假如央行做反应，是否有益？第三，假如有好处，央行具体应该怎样做？她利用DSGE 模型做的分析，得到了非常明确的结论。通过对历史数据的分析，她认为央行并没有在决定货币政策时直接对杠杆率或者风险溢价做反应。不过她的研究表明，假如央行在决定货币政策时将金融因素纳入考虑，能够增加国民的效用。但问题是这样做很难，因为对冲击做出有效反应，央行需要能够准确预言冲击的类型和程度，而任何偏差都可能导致结果严重偏离最佳均衡。所以，她的结论是央行考虑金融因素也许有好处，但是做起来很难。[①]

在现实生活中，这个问题就更加复杂。比如中国政府将去杠杆

① 李冉，《中国货币政策的识别、实施与传导》，博士论文，北京大学国家发展研究院，2017。

作为一个十分重要的宏观经济政策目标，为了实现这个目标，央行是否应该紧缩货币政策，减少借贷规模？这个问题几年前曾经在瑞典央行争论过，当时瑞典经济不好，CPI 快速下行。副行长拉尔斯·斯文松（Lars Svensson）认为应该尽快放松货币政策，稳定经济。而瑞士央行内部的主流观点是，当时居民杠杆率已经非常高，货币政策不应该再宽松，否则会进一步抬高居民杠杆率。最后斯文松输掉了那场争论，自己也离开了央行。这个关于"逆势调控"的论证也可以用来分析中国央行如何支持去杠杆。如果看历史数据，我们发现，当通胀压力比较小的时候，杠杆率的增长速度往往比较快。而当通胀速度偏高一些的时候，杠杆率的增长反而不那么快。说穿了，这就是一个需要将分子、分母综合考虑的问题。如果我们只考虑分子，通过紧缩货币政策来去杠杆，结果把分母也卡住，很可能造成杠杆率不降反升的结果。

总结一下，我的看法是，既然现在的金融风险多少跟货币政策和流动性状况有关，货币政策应该尽量保持稳健的态势，避免再度大水漫灌式的宽松，尽量与金融政策配合，防控金融风险。但迄今为止的研究并不支持直接将金融稳定因素纳入货币政策决策方程之中。

强化市场纪律，释放风险点

过去很长时期内没有违约，没有破产，虽然短期保持了金融稳定，但很多问题沉淀了下来，而且通过道德风险问题进一步放大。这个现象如果持续下去，最后可能造成严重的系统性问题。所以防控系统性金融风险的一个重要步骤就是要释放风险点，特别是要出清僵尸企业和僵尸金融机构。

谭语嫣对我国僵尸企业现象做了系统性的研究。她发现，造成僵尸企业的因素很多，比如重工业、重资产、老企业、大规模、国企、政府管制多等等，但从根本上来说是两条：一是跟产权有关系；二是跟产业有关系。如果一个民营企业连续亏损3个月、6个月，企业家一定会坐不住，要么解决问题，要么关门，而国有企业在这种情况下继续维持的可能性就要大很多。另一方面，如果一家小餐馆亏损，说关就关了，但如果一家大型钢铁公司亏损，就很难关掉，不论是国企还是民企，当然这类大型钢铁企业还是国企居多。僵尸企业会降低经济效率，这没什么奇怪的。但谭语嫣的研究还表明，僵尸企业的存在不但会增加非僵尸企业的融资成本，还会降低它们的投资率。也就是说，僵尸企业对正常企业有明显的负外部性。[①] 近年政府一直抱怨金融支持实体经济的力度减弱，这当然有金融部门的责任。但如果实体经济中的僵尸企业不断增多，而且一直僵而不死，即使金融部门向实体经济提供再多的金融资源，支持经济活动的效率也会受到显著影响。

因此，出清僵尸企业应该成为当前经济政策的当务之急，对于控制系统性金融风险、提高金融资源的利用效率和推动新旧动能转换，都是至关重要的。现在看全国经济形势，凡是新旧动能转换进度比较慢的地方，往往过剩产能集中、僵尸企业数量多、政府对市场管制比较严密。僵尸企业出清也有可能给举步维艰的去杠杆政策打开新的局面。谭语嫣根据国家统计局规模以上工业企业数据所做的简单测算表明，僵尸企业的平均资产负债率是72%，而正常企业的平均资产负债率是51%。这些表明，如果政府能够有效地将一大部分杠杆率高的僵尸企业清除出去，平均杠杆率有可能降低3~4个百分点，而且杠杆的质量也会提高。

但出清僵尸企业却是一件说起来容易做起来难的事情，最近两

---

① Yuyan Tan, Yiping Huang and Wing Thye Woo. (2016). “Zombie Firms and the Crowding-Out of Private Investment in China”, *Asian Economic Papers*,15(3):32–55. 谭语嫣、谭之博、黄益平、胡永泰，《僵尸企业的投资挤出效应：基于中国工业企业的证据》，《经济研究》，2017年第5期，175–188页。

年，政府的政策报告一直在讨论僵尸企业的问题，但似乎总是雷声大雨点小。这其中涉及很多具体困难，比如人往哪去、钱从何来等。不过僵尸企业的问题现在已经绕不过去了，僵尸企业不除，发生系统性金融危机只是早晚的事，所以还是应该尽早决断。具体而言，可以采取两条策略。

第一，对于有竞争实力、只是遭遇短期经营困难的僵尸企业，可以采取管理层持股、混合所有制、收购兼并或债转股等办法进行改造。有的企业技术力量雄厚但产品不适应市场需求，有的企业产品有竞争优势但短期市场疲软，这些企业通过适当的改造与支持，是有可能重振雄风的。但前提是所有的改革措施都要真正实现市场化运作，避免行政干预。比如实行混合所有制，需要真正给民营资本让渡股东的权益；比如实行债转股，必须让投资者真正做到自主决策。如果各级政府还想趁机插一脚甚至“包办婚姻”，那就很难达到预期的目的。

第二，对于那些持续亏损同时不符合结构调整方向的企业，应该破产清盘，中央可以考虑设立“僵尸企业处置基金”帮助平稳过渡。我们建议中央出手，主要是基于几个方面的考虑：一是大型僵尸企业的形成，多少跟过去的产业政策有关；二是基于这些企业在地方经济中的地位，很难指望地方政府主动作为；三是既然是处置已经要关闭的僵尸企业，就不必过于担心道德风险的问题。至于基金的具体使用，可以由中央与地方政府共同决策，基本原则是救人不救企业，但在特定情况下，也可以考虑由中央财政赦免部分债务，鼓励金融机构冲销不良资产，控制金融风险。

释放风险点以求系统稳定，还有一个好的例子就是存款保险制度，这是纪洋等人做的研究。理论上说，引入存款保险制度的目的是提高银行部门的稳定性，但现实中出现了一个奇怪的现象，很多国家发现引入存款保险制度之后，银行危机的发生概率反而提高了。文献所提供的一种解释是所谓的道德风险，因为有了保险，银行也许变得更加激进，因此风险就提高了。纪洋觉得这个说法有问题，所谓存款保险制度提高对银行的保护程度，只在20世纪30年代是成立的，过去几十年间引入存款保险制度的国家，之前其实都存在不同程度的隐性全面担保。所以引入存款保险制度是降低而不是提高银行的保障。既如此，为什么要做呢？纪洋通过实证分析发现，实施存款保险制度，确实会令银行退出的概率提高2%~13.9%，但会让其他类型的金融危机发生的概率降低10.1%~15.7%。综合起来看，总危机发生的概率会降低7.4%~12.5%。所以，我们在几年前开始实施的存款保险制度就是通过释放局部风险点降低系统性金融风险的一个具体举措。这样的做法应该推广到其他金融部门。①

改革金融监管框架

我们目前的监管框架是从20世纪初开始形成的"一行三会"分业监管的体系。这个框架现在出现了一些具体的问题。一是过去以机构监管、微观监管为主，缺乏宏观审慎监管，容易导致系统性的风险。二是"一行三会"分头监管，协调性比较差，要么重复监管，要么大家都不管。比如大家都想建立自己的债券产品市场，互相竞争。另外，监管部门不但要负责监管，还要承担行业发展的责任，这两个政策目标并不完全一致。三是有很多新型的业务发展起来了，但没人管，比如P2P平台。大家都不愿意管，既有激励的问题，也有资源的问题。麻烦的事情大家都不愿意沾手，况且这几年监管部门的人员编制和经费远远赶不上金融部门的发展，人才储备不足，人手短缺现象也很普遍。四是"一行三会"都是国务院下属机构，独立性比较弱。经济形势不好的时候，要靠调节监管政策的力度来稳增长，很可

① 纪洋、边文龙、黄益平，《显性存款保险制度、银行退出与溢出效应——存款保险与金融危机的跨国面板分析》，北京大学国家发展研究院，研究初稿，2017。

能会牺牲金融稳定的政策目标。

国际上的金融监管模式多种多样：有的主要实行机构监管，像中国、墨西哥；有的实施功能监管，像法国、意大利和巴西；有的直接搞混业监管，像加拿大、德国和日本；还有的采取审慎监管和行为监管相分离的双峰模式，像澳大利亚、荷兰和 2013 年开始的英国；当然，还有美国的双层、多头模式。

为了考察不同模式的监管效率，王勋等构建了一个金融监管有效性指数，这个指数包括三个方面的分指数，宏观审慎分指数包括 CPI、PPI、股价和汇率波动率，微观审慎分指数包括经济杠杆率和商业银行不良率，金融消费者保护分指数包括金融消费者获得信贷的便利度和对中小投资者的保护程度。王勋等为 36 个国家构建了 2005—2015 年的监管有效性指数，大概有几条初步的发现：一是中国的监管有效性相对偏低，而且近年还有进一步下降的现象，有效性最稳定的是双峰监管模式，比如澳大利亚、荷兰；二是跟其他监管模式相比，双峰模式下发生金融危机的概率也最低。①

所以在改革金融监管体系以前，首先需要清晰地认识现在存在的一些问题。2016 年很多关于监管框架改革的讨论都集中在机构的重组，我一直觉得这样的讨论没有抓住要害。虽然加强监管政策协调确实已经非常紧迫，习近平主席也提到要“统筹监管系统重要性金融机构，统筹监管金融控股公司和重要金融基础设施，统筹负责金融业综合统计”②，但今天中国的“一行三会”分业监管框架，是建立在分开的法律基础之上的。除非改变这样的法律框架，否则简单地把两个部门放在一起或者拆分开来，并不能有效改善政策协调。因此我觉得

① 王勋、黄益平，《监管指数、监管模式与监管有效性研究》，北京大学国家发展研究院，研究初稿，2017。

② 新华网，http://www.xinhuanet.com/2017-04/26/c_1120879349.htm。

短期重点不应该放在机构重组上。2015 年 4 月我在国际货币基金组织和中国人民银行的联合会议上曾经建议建立一个高层次、高规格的国家金融稳定委员会，统一协调金融监管政策，今天看来这仍然是一个比较好的选择。“一行三会”虽然建立了部际协调会议，但部长们三个月才碰一次头，协调具体工作并不容易。各部门之间有一个“会签制度”，但因为缺乏拍板人，会签往往变成了相互牵制而不是相互协助。

最近的全国金融工作会议决定设立国务院金融稳定发展委员会，为在维持现行分业监管框架的前提下，解决监管政策缺乏协调、缺乏决断等问题提供了一个可行的解决方案，但这只是改革的第一步。一方面，这个机制能否起效，还取决于谁来主持这个机构、怎么展开工作；另一方面，监管政策需要改变的方面还很多，协调只是一个方面。

在监管的具体做法方面，迫切需要完善宏观审慎监管政策，防范系统性风险。另外，现在金融创新繁杂，像资产证券化、数字金融等发展很快，显著增加了信息不对称的程度，监管的难度也大幅增加。为了改变这种现象，首先需要大幅增加监管资源，特别是编制与资金。监管者与被监管者本来就“道高一尺，魔高一丈”，监管资源匮乏，控制金融风险只能成为空谈。另外，我国的监管需要尽快从机构监管向功能监管转变，实行穿透式监管，投资者的钱进了市场，必须看清楚最后去了什么地方。

总体看来，金融监管改革的方向应该是大力增强独立性、专业性和权威性，特别是要把领导行业发展的职能移交出去，这应该是政府部门需要做的工作，监管部门就是保障公平交易、维持金融稳定。监管部门尤其需要与被监管对象切断行政与利益关系，有的监管部门与被监管对象之间存在旋转门现象，很多官员直接去了被监管机构任职。更奇特的是，监管机构居然直接掌控一些被监管机构的高管任命。如果听任这样的现象持续下去，不但公平交易会成为空谈，金融稳定也可能变成空中楼阁。

防控系统性金融风险是一项长期工作

中国经济面临爆发系统性金融危机的风险，这在将近40年的改革开放时期还是第一次，但这不会是最后一次。从这个意义上说，我国的经济与金融政策需要做持续性的改革。最近我们在股票、债券、影子银行、互联网金融、外汇市场和房地产行业等领域观察到的金融风险，有许多具体部门的问题，但也有总体经济的问题。

从宏观层面来看，我们发现四个比较突出的变化，包括增长减速、政府政策空间收缩、流动性泛滥与投资渠道缺乏并存，以及新金融领域监管空白。这些问题其实都不太容易应对，增加对影子银行和互联网金融的监管覆盖说起来容易做起来难，显然，要改变钱多、投资渠道少的现象就更加困难，创造政府新的政策空间在短期内几乎没有可能，而增长减速本身主要是一个趋势性、结构性的变化。

核心的政策含义是要改变政策策略。在本文中我们主要从三个方面提出了建议，即宏观政策、市场纪律和监管框架。如果从更高的层面看，政府需要改变过去那种“重量轻质”的改革思路，金融市场的规模做得很大，但市场机制无法自由作用。应该说，在相当长的时期内，这个策略还是有效的。我们的研究发现，在20世纪八九十年代，抑制性金融政策对经济增长并没有产生明显的负面效应，政府对金融的干预甚至支持了金融稳定。但现在不一样了，金融抑制既降低增长速度，又放大金融风险。

过去40年我们一直自许“渐进式改革”，渐进的含义就是缓慢、不彻底。值得思考的是，40年之后是否还需要或者可以采取不彻底的改革策略？起码在资源配置的机制改革方面，对上述问题的回答是否定的。党的十八届三中全会已经明确提出要让市场机制在资源配置中发挥决定性的作用，今天的很多金融风险就来自政策对金融系统的抑制。所以完成市场化改革进程，特别是尽快让僵尸企业退出和建立有效的监管框架，恰恰也是防控系统性金融风险的重要举措。

即便我们建议的这些改革能够得到很好的落实，也不意味着我们就能彻底地消灭系统性金融风险。就像经济有周期一样，金融发生危机也是常态。防控金融风险是一项长期工作，不是一朝一夕的任务。因此，我们在防控金融风险的时候，也要做好面对金融危机的思想准备，因为金融危机往往会在我们最意想不到的时候，以我们最意想不到的方式发生。因此，决策者和投资者都应该对未来的金融危机有预案，一旦风险爆发，及时采取措施，尽可能地减少损失。更重要的是，要抓住金融危机的机会，尽快地改善政策框架，使金融体系变得更加稳定、更加强大。

创新监管政策，规范平台经济[①]

平台经济帮助提升资源配置效率、增进社会福利，已成为我国经济增长的新动能。但平台经济有“集中”的天然特性，而且会重构经济产业、改变社会生活，目前平台经济的一些不规范行为，特别是垄断问题已成社会关注的热点。部分平台在运营中存在损害消费者利益的行为，比如扭曲搜索排序、利用大数据“杀熟”和侵犯个人隐私等。最近市场监管总局和中国人民银行分别公布《关于平台经济领域的反垄断指南》和《非银行支付机构条例》的征求意见稿，中央将“强化反垄断和防止资本无序扩张”列为2021年八项经济工作重点之一。这些举措都既及时，又必要。

不过，平台经济监管的思路与举措也需要与时俱进。规模经济本来就是平台经济的重要特征之一，做大是正常结果。传统产业根据市

① 本文创作于2021年2月。

场份额判定垄断的做法并不适用于平台经济，关键在于“可竞争性”。传统产业反垄断的主要手段是分拆，也不适用于平台经济，因为这样等于消灭平台经济的基本优势。目前我国大部分数字经济领域的“可竞争性”特征还比较明显，消费者抱怨最多的其实都是平台的不规范甚至作恶行为，而不是典型的垄断性行为。因此，当前监管政策的重点应该放在规范行为、促进“可竞争性”、保护消费者权益。

集中是平台经济的天然特性

平台经济主要是利用数字技术支持平台使用者之间的交流与交易、收集与分析平台上的数字足迹，并利用网络效应提供经济服务。如果运营得好，平台经济可以达到扩大规模、提高效率、改善体验、降低成本和控制风险的目的。目前平台经济已经成为我国经济的重要创新力量。以数字金融为例，平台使得发展普惠金融成为可能，原先人们需要通过实体分支机构才能获得金融服务，现在只要有智能手机与移动信号，不管身处何处都能享受同样的金融服务。在 2020 年新冠肺炎疫情期间，移动支付和大科技信贷充分利用其“无接触交易”的优势，持续为家庭与企业服务，发挥了宏观经济稳定器的作用。

平台经济有几个突出的特征。第一是规模经济。数字技术具有“长尾效应”的特性，平台一旦建立起来，增加新用户的边际成本几乎为零。第二是范围经济。平台经济很容易跨界到不同地区、不同行业。第三是数据优势。用户多，数据就多，这样既可以为用户提供更好的服务，又可以利用数据获得收入进行再投资，这两个渠道都可以反过来吸引更多的用户。第四是网络效应。用户越多，平台的好处就越大。第五是用户的高迁移成本。表面上来，用户很容易在不同的 App 之间迁移，但实际上却受已积累的数据与声誉、平台的反竞争条款以及习惯等因素的约束，迁移成本很高。因此，平台经济做大、“集中”是正常现象。

判断垄断与否要看“可竞争性”

“集中”是好还是不好，要看效果，看平台是将好处与消费者分享了还是完全独吞了。如果是前者，比如为消费者提供更完整、更便宜、更优质的服务与产品，那就是共赢。但如果是后者，那确实值得担忧。决定这两者差别的，主要并非市场份额，而是“可竞争性”。一些平台的市场份额比较大，说明竞争程度比较低，但如果新的平台还有可能进入，那就意味着并未形成垄断。平台经济还有一个独特的现象——跨界竞争，跨界经营者往往可能是杀伤力最强的竞争对手。当然，平台总会想方设法去获取持续的市场支配地位，包括利用超大的用户规模、海量的数据积累、具有用户黏性的生态系统以及消灭潜在竞争对手的“杀手型并购”等。这些手段都可能显著降低“可竞争性”。

目前看来，美国的五大科技公司可能已经拥有稳定的市场支配地位，几乎每一个平台经济领域都是由这五家之中的一两家主导的。但中国的情形还不太一样，虽然互联网领域也出现了几家独角兽公司，但业务形态依然十分动态、多变，新的独角兽不断涌现，跨界竞争层出不穷。在电商领域，过去阿里巴巴一家独大，但京东对其构成了持续的竞争压力，拼多多在短短几年间强势崛起。在社交媒体领域，微信一马当先，但微博一直很活跃，近期抖音快速蚕食市场份额。到目前为止，我国的大部分平台公司尚未拥有持续的市场支配地位。

当前的政策重点是规范行为

不过，目前在平台经济中确实也存在许多不规范甚至作恶的行为，比如推行排他性协议、拒绝交易、捆绑销售以及差别待遇等做法，导致消费者的成本提高、选择减少、所获服务质量下降。不过监管部门在采取整治措施之前有必要区分不规范行为与垄断行为。举一个例子，农贸市场卖鱼缺斤少两、以次充好，这明显是利用信息不对称的欺诈行为。如果因为缺乏竞争，农贸市场一家独大、坐地起价，这才是垄断行为。目前平台经济中受到抱怨的做法，大多属于不规范行为。对消费者而言，平台经济中信息不透明的矛盾变得更加突出。消费者容易将平台的做法视作以大欺小、垄断行为，但其实需要具体问题具体分析。

平台当然也会想方设法地采取措施排除竞争、形成垄断，许多企业努力创新，其实也是基于同样的目的。监管部门应该做的是禁止不正当的限制竞争行为，但更重要的是要惩罚平台作恶，包括欺诈等不规范行为，保护消费者利益。比如，如果平台自己同时销售产品，需要保证平台上的竞争是公平的。如果平台实行个性化的定价机制，就应该向监管部门备案其算法规则。平台一旦被发现存在不规范行为，应该受到严厉的处罚。分拆不但不能很好地解决这些问题，还可能破坏平台经济的天然优势，因为平台经济的特点就是规模经济、范围经济与网络效应。

对平台经济监管的几条建议

我国的平台经济快速发展，成就巨大，问题也不少，亟须建立政策规范。当前的政策重点应该放在规范平台的行为，同时禁止平台不正当的反竞争手段。平台经济监管的目的是提高经济效率，维护公平竞争，保护消费者利益。

第一，加强平台经济的监管能力。平台经济是一个新生事物，监管部门首先需要在人才和技术两个方面加大投入，理解平台经济运营的规律，掌握平台经济监管的技术。平台经济横跨各个经济部门，可以考虑在国务院建立一个平台经济办公室，统筹协调监管政策。另外也可以考虑建立事业单位性质的平台机构，连通各大平台，实时监测平台经济的运营与交易，为监管提供技术支持。

第二，实行穿透式监管，保证公平交易。大数据可以降低信息不对称的程度，但对个体消费者而言，信息不对称的问题反而可能加剧。监管部门应该关注平台的数据与算法，平台要公开个性化服务的定价规则。同时设立一个有效的消费者投诉机制，严厉查处不规范的行为。在好的规则被广泛接受之前，平台上不应出现自营与客商互相竞争的局面。

第三，增强平台经济的“可竞争性”。监管部门要明确禁止平台限制竞争的不正当行为，比如“二选一”、捆绑销售等，保护市场竞争。同时也要加强监管大科技平台的并购业务，防范它们依仗充足的资金，实施“杀手型并购”策略，消灭潜在的竞争对手。

第四，制定完整的数据政策。大数据是平台经济的生命线。中央提出数据也是重要的生产要素，但我国在确权、定价、标准、交易、共享等方面缺乏明确的规则。政府应该考虑尽快出台完整的数据政策，既要在数据效率与隐私保护之间取得平衡，同时也为提高交易透明度、增加“可竞争性”提供制度保障。

第五，鼓励各大平台做负责任的企业。大平台实际已经承担了一定的“社会”调节功能，它们应该主动承担一定的社会责任。以“社区卖菜”为例，从效率的角度看，可能并没错，但它确实容易给人留下“做自己的生意，让别人无生意可做”的印象。一个负责任的平台，应该更多地考虑社会效应，这也是实现持续发展的重要前提。

美国监管 P2P 对我们的启示[①]

与美国相比，中国的互联网金融行业规模更大，在一些技术领域比如支付处置能力方面也更领先。这主要是基于三个方面的原因：市场空白大、技术发展快和监管适度。互联网金融行业的普惠性也十分突出。但行业发展不平衡，比如第三方支付相对发达，网络贷款比较混乱，股权众筹基本没有做起来。未来互联网金融企业的发展可能会呈现多样化，既有大而惠，也有小而美，既有专注技术，也有直接做金融。

美国的监管框架，一方面消除了金融科技领域的一些潜在风险，另一方面也极大地限制了这个行业发展的空间。显然，在风险控制方面，我们应该向美国学习。但我们也应该为互联网金融的发展留下足

① 本文节选自黄益平、王靖一《美国金融科技考察报告》，首发于2017年11月3—4日的IDF第二届年会。

够的空间。客观地看，互联网金融的发展实实在在地满足了实体经济的一些需求，在助力普惠金融发展方面的作用尤其明显。同样，如果对数据管制过严，大数据分析就无从谈起，但如果听任商业机构任意侵犯个人隐私，也会酿成严重后果。

因此，监管政策的核心是要平衡创新与稳定之间的关系，既保证互联网金融行业的快速发展，又不造成重大的金融、社会风险，起到真正支持实体经济的作用。

积极支持稳健的金融创新

美国的监管在控制金融科技的风险方面做得比较好，但在支持创新方面显著不足。中国的互联网金融行业做得更大，一个根本的动力还是创新，同时金融监管部门在部分领域的政策制度也及时跟进（如第三方支付领域），其实是一个变相的市场化的过程，在技术层面则利用移动终端和大数据，帮助解决金融交易信息不对称的问题。无论是美国还是中国，绝大部分金融资产都还在传统金融部门手中，即便中国发展最快的第三方支付，2016 年也只占银行电子支付交易金额的 4.4%。所以无论从普惠金融还是支持实体经济的角度，互联网金融都还有巨大的成长空间，其发展又会推动行业向技术驱动模式的整体转型。中国的先发优势来之不易，应当继续发展。

未来的监管要严密防范风险，同时也要积极支持金融创新。我们构建新的互联网金融监管框架，应该考虑尽量在两者之间求得平衡。首先是监管方式要创新。互联网金融的风险传导广而快，靠传统金融监管的做法比如定期送报表、现场检查等，效果就会打折扣。因此，需要考虑将数字技术运用到金融监管上来。比如考虑将监管信息系统和互联网金融公司的数据库直接对接，监管部门可以实时监测运行状况，分析金融风险。

其次是支持金融创新。过去我国互联网金融创新的一个大背景是监管缺位，这个历史不可能再重复。创新可以在控制风险的前提下进行，比如“监管沙盒”的做法，监管部门给互联网金融公司发放有限的牌照，允许创新。如果成功，可以发放完全牌照并推广到全行业。如果不成功，就取消牌照。还有其他一些做法，比如“创新中心”和“创新加速器”等，原理也都差不多。

近日英国金融行为监管局（Financial Conduct Authority，以下简称 FCA）针对运行一年多的监管沙盒机制给出评估报告，其结论显示监管沙盒通过促进市场有益的竞争，为消费者和其他金融服务用户带来更好的价值。一些指标表明，“监管沙盒”开始对现有金融服务的价格和质量方面产生积极影响。例如，不少企业将区块链技术运用于跨境支付，为消费者带来缩短到账时间和降低汇率等显著好处。还有一些机构测试让消费者使用生物识别技术支付、登录和验证身份，或是将面部识别技术应用于投资顾问领域的风险评估服务。FCA 希望并鼓励监管沙盒的有益创新能走向市场，为消费者带来更多福利。

无论是哪种方式，都要求监管部门和从业机构密切合作，因为对双方来说，这都是一个新的实践。

对互联网金融机构必须设置准入门槛

虽然美国的金融科技行业没有做得特别大，但基本的监管框架也保证不会出现大的风险。金融安全是经济安全、国家安全的重要组成部分，准确判断风险隐患和保障金融安全十分重要。因此，金融业是经济体系中受到严格监管的部门，间接融资如银行业和保险业如此，直接融资如证券公司和基金公司同样如此。从这个角度看，虽然我国的监管政策将 P2P 网贷平台定位为信息中介，但备案制是否足够，这一点是值得商榷的。进一步需要考虑的问题是，在实行备案制的前提下，还需要制定一些什么样的监管措施，防范潜在的风险。

归根到底，不管互联网金融做了什么样的创新，其所从事的业务在本质上就是金融，而金融就需要严格的监管。更重要的是，互联网金融还有两个突出的特点，一是业务跨区域、跨行业，风险传导既快又广，二是互联网金融业的一些参与者识别与承受风险的能力比较低。因此，对互联网金融公司实行牌照管理就变得尤为必要。现在再看过去几年发生的一些互联网金融领域的风险案例，如果有基本的资质审查和日常的监管程序，这些风险可能是可以避免的，至少风险不会变得这么大。

对于互联网金融要实行牌照监管的建议，无论在业界还是在监管部门都有些不同的声音。业界的担忧是如果按照传统的方式来管理互联网金融行业，创新也就无从谈起。监管部门则担心根本没有足够的资源来监管每一家互联网金融公司。这两种担忧都是有道理的，政府可能需要大幅度增加监管部门的编制和经费，而监管部门也应该有条件地支持金融创新。

既然要实行牌照管理，就要发牌照。监管部门严控投资公司牌照，造成了很多做智能投顾的公司无证上岗的现象。这是非常不利于行业发展的，既然要管理，就应该明确门槛，给符合资质的公司发放牌照。而对于无牌照执业的公司应该坚决取缔，否则有法不依，后患无穷。对于一些已经有牌照却又没有很好展开业务的公司，应该及时收缴牌照，这个问题在第三方支付领域比较普遍，牌照变成了一些公司寻租的工具。

对于一些尚未建立明确监管政策框架的业务（比如股权众筹、资产管理）也应加快制定规则，为实践中已开展的互联网金融业务划清合规边界，避免业务跑偏异化。

提高“透明度”并实施“投资者适当性”监管

牌照管理只是对互联网金融进行有效监管的第一步，更重要的是加强事中与事后的监管。除了银行和保险，互联网金融的大多数业务都具有明显的直接融资的特征，即参与者自主决策、自主承担后果。对直接融资的监管有两个基本要求。第一是增加透明度。金融交易最大的困难是信息不对称，个体市场参与者很难充分了解一个金融交易和一个金融产品的方方面面，监管政策需要帮助解决这个问题。监管政策对传统金融业的财务报表和其他信息披露要求，都是为了提高透明度。对互联网金融的监管应该采取类似的措施，除了类似的报表和披露，由于互联网金融的流程往往更加复杂、隐秘，应该考虑实施穿透式监管，清楚地展示资产管理、第三方支付和保险等业务的资金流向，保证合规、透明。

第二是的“投资者适当性”，这主要是因为并非每一个金融产品都适合于每一个市场参与者。比如，如果一个金融机构将大量高风险的金融产品卖给风险承受力非常低的退休人员，这是非常不负责任的行为。受到很多诟病的“校园贷”的一个问题就是变相地放“高利贷”给没有稳定收入的学生，这跟 2007 年以前美国盛行的“次贷”没有根本差别，美国后来发生了严重的次贷危机。像这样很容易造成严重金融问题甚至社会问题的互联网金融公司理应受到监管部门的“惩处”，虽然我们也承认，并不是所有的“高利贷”都是不合理的。前一段时间沸沸扬扬的数字货币首次代币发行业务是另一个例子。而判断一笔金融交易合不合理，从监管的角度考虑，除了看是不是合规，还要看是否遵循“投资者适当性”原则。

互联网金融的监管政策要统一、协调

互联网金融基本上都是混业监管，这跟我国目前实行的分业监管的政策框架并不匹配。而在一些领域比如 P2P 网络贷款平台，实行银监会和地方金融办（地方金融监管局）双头监管的体制，这样的格局，既是中央、地方各司其职的要求，也是中央监管部门在资源约束下的选择。但事实上，互联网金融公司跟传统的小贷公司并不一样，一旦业务平台建立起来，其业务不会局限在获取牌照的地区。

互联网金融监管政策的协调应该考虑三个方面的内容。一是在国务院金融稳定发展委员会的框架内设立互联网金融监管的协调机制，这样起码可以保证“一行三会”和地方金融监管局一致行动，互相配合。二是制定统一的监管标准和政策。无论监管政策实施主体是“一行三会”还是地方金融监管局，标准应该是全国统一的。否则容易造成监管政策的洼地，鼓励监管套利，而任何金融风险的后果都会是全国性的。三是不应重复美国各州独立发放牌照的做法。各省市单独发牌照，对传统金融机构来说尚且可行，对互联网金融机构来说就非常不合理。因此一旦发放牌照，应该就是全国性的，除非设置一些特殊的区域性限制。

尽快建立丰富完整、市场化的征信体系

在美国，三大征信局和 FICO（美国个人消费信用评估公司）等征信系统在金融科技的发展中起到了大规模获客、全面数据获得、评价标尺等作用。征信系统是公共基础设施，应该向所有从事金融业务的机构开放（当然在个人授权的前提下）。我们认为，跟美国相比，征信系统在中国还有另外两个方面的作用。

其一，决定获客途径。当我们批评美国缓慢昂贵的直邮系统推高了获客成本的同时，值得注意的是，快递业的发展使得传统依赖邮政编码的投递系统基本失效，而数字时代获客的主要手段——手机号码，则并不是完全的公共品，大公司依靠自己庞大的其他服务与其所

建立的场景可以轻易获得，而初创公司则很难通过正规渠道大批量获得手机号码，遑论基本信用信息。不加选择的群发与购买数据黑产的成本，不见得比 FICO 加直邮低。

其二，产品标准化的支撑。美国金融科技的发展值得中国羡慕借鉴的一点就是其产品的高度标准化，比之中国几百个平台的上千种信贷产品，标准化的产品在吸引机构投资、保护出借人利益与便利监管上有强大的优势。传统金融的发展不足使得短时间内中国很难借鉴美国道路完成产品的标准化，而如果建立基于大数据的丰富的征信系统，实现大数据的标准化，则无疑对进一步的资产标准化有强大的支撑作用。

征信体系往往通过会员机构建立信用信息共享平台，打破各机构间的“信息孤岛”。美国征信最有特色的地方，是从三大征信局到 FICO 都是私有上市公司，通过市场化的方式构建了世界上最发达的征信体系。

结合中国国情，一方面，应考虑改变现在 P2P 平台不能接入央行征信系统的现状，推动符合条件的机构接入征信系统。另一方面，既可以考虑通过行业协会牵头，也可以考虑效仿美国通过民营企业的方式，结合政府和市场化的优点，促进信用信息有效整合和合法运用。另外，对于商业机构所积累的征信数据，可能需要将公共品和准公共品分开对待。

在保护个人隐私和利用大数据分析之间求得一个平衡

美国对个人隐私的保护和对贷款公平性的追求，在很大程度上限制了大数据分析可以发挥的作用。而中国的现实是隐私及个人数据保护体系尚不健全，盗窃、诈骗等现象较为严重，商业机构滥用个人、企业数据的行业乱象高发频发。

在目前行业发展的情况下，需要尽快明确的，是以用户为核心的数据采集和使用原则，完善数据使用及监管机制。美国公司审慎使用社交数据、不使用隐私数据，一方面是严刑峻法监管在前，另一方面则是征信系统提供了可用的基本数据，正规化的收集、管理、授权及使用规则的确立，才是打击数据黑市黑产的最佳方法。

同时，也应避免学习一些过时的法律规章，在数字时代，顺应时代发展的规则才会被真正遵守，强行设定教条只会徒增发展的阻碍。

应该建立以用户为核心的原则，用技术的手段把这个原则贯穿到数据使用的生命周期中去。一旦个人需要金融服务，可以向金融机构开放个人信息，机构在保护好用户隐私的前提下，可以利用大数据分析的方法判断潜在客户的信用。

P2P 改善网贷平台作为信息中介的服务

即便在美国，P2P 网贷平台作为纯粹的信息中介也具有一定的不稳定性。客观事实是，任何投资者（包括个人和机构）在网贷平台上投资，肯定是要同时考虑产品与平台的信用的。而且在绝大多数情况下，投资者不可能对分散、小额的投资逐个甄别，最后只好主要根据平台信用来做投资决策。我国的信用文化尚不发达，纯粹的中介平台实施起来就会更加困难。

P2P 借贷设计的小额分散思路从技术上讲只能分散平台内不同借款人间的个体风险，而金融自身的风险则无法通过平台内的小额分散消除。所以，监管政策定位网贷平台为信息中介，强调不能做资金池，没有期限错配，要求资金托管，这些安排可以减小挤兑的风险。但从美国 P2P 的发展教训可以看出，在借贷风险爆发的情况下，对平台的担忧可能导致后续资金枯竭，造成平台的萎缩。美国 P2P 的发展路径值得我们借鉴：一条路是逐渐向银行模式靠拢，发展稳定的资金来源；另外一条路是更多转向 Marketplace Lending（集市借贷），即以吸收机构投资者的资金为主，或者转向网络小贷公司的模式，通过 ABS（资产证券化）、债券等产品在市场融资。

更好地发挥行业协会的作用

在中国，互联网金融行业协会至少可以从三个方面发挥作用。

首先，行业协会连接在监管与从业者之间，有利于二者信息沟通。由于“一行三会”自身很难打通，行业协会可以有效地在互联网金融公司与监管机构间进行信息传递与效果反馈。

其次，行业协会可以使得监管政策的落地更加平缓。行业协会在政策制定与执行中，起到了缓冲层的作用，对于行业的平稳过渡有着重要作用。

最后，行业协会在某种程度上可以成为监管实验的沙盒。监管规则制定对行业的影响无法预估，而行业协会小范围内的实践反思则可以优化相关政策。例如目前银监会发布的 P2P 信息披露指引，就充分吸收和借鉴了之前中国互联网金融协会出台的 P2P 信息披露方面的自律规则。

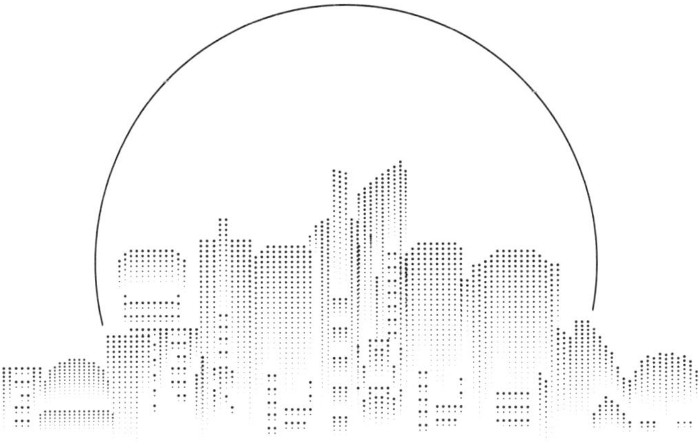

第八章

金融的历史教训

20 年金融风险大轮回[①]

1998 年“中国经济 50 人论坛”成立的时候，我正在大西洋彼岸的纽约哥伦比亚大学访问。我原本学的专业是农业经济学，但亚洲金融危机不仅让全球瞩目的“东亚经济奇迹”戛然而止，也令老百姓的财富遭受重大损失，这引起了我对金融问题的兴趣。因此，在纽约的一年期间，除了讲授“国际贸易”和“中国经济”两门课程，我尝试学习、分析中国的企业与银行改革问题，完成了研究课题并写成《过河的最后几步：中国的企业与银行改革》[②]一书。

现在 20 年过去了，我国的企业与银行改革却还在河中，这最后几步还没有走完。当然，改革所面临的问题已经发生了很大的变化。

---

① 本文创作于 2018 年。

② Yiping Huang, 2001, *China's Last Steps across the River: Enterprise and Banking Reforms*, Canberra: Asia Pacific Press.

20 年前的主要挑战是国企全行业亏损、银行不良率超高。现在一些国企的效益还不错，银行的不良率也不是很高，但今天中国面临发生系统性金融危机的风险。从银行大量的不良资产到系统性的金融风险，中国的金融体系在过去 20 年间几乎经历了一个大轮回。

20 年前发生了亚洲金融危机，10 年前发生了美国次贷危机引发的全球金融危机，今天中国能不能躲过这一劫？关键还要看我们如何应对，今天的金融风险看起来跟 20 年前很不相同，但 20 年前导致银行不良资产的根源今天还在。20 年前东亚国家没能处理好对外开放与对内改革之间的关系，10 年前美国放任货币政策宽松，同时监管跟不上市场创新的步伐。这些都是我们的前车之鉴，也都能在今天的中国经济中找到影子，也是我们所要面对的最大挑战。

亚洲金融危机：开放与风险之间的关系

亚洲金融危机是一个统称，但实际上各国危机的触发因素并不相同。泰国的主要问题是资本流入过多，货币被严重高估，国内房地产市场泡沫严重，一旦资金流入“突然停顿”甚至“突然逆转”，货币危机就在所难免。而韩国的主要问题是银行把大量的资金借给大型企业集团，由于这些企业集团的盈利状况不断恶化，最终催生了银行危机。不过，虽然始发因素不同，最后这些国家都酿成了系统性的金融危机，也算是殊途同归。泰国的资本外逃迅速摧毁了国内的银行部门和资产市场，而韩国的银行坏账则很快迫使韩元大幅贬值。

一个经济增长的明星地区突然陷入金融危机，这确实是一个出人意料的变化。仅仅在几年前，世界银行刚刚发布了报告《东亚奇迹》，总结东亚地区在经济增长方面的成功经验。之前有一些学者指出过东亚经济发展中的一些问题，比如克鲁格曼指出东亚经济增长中生产率进步的贡献很小，实际只是一种粗放式的增长，因此是难以持续的。郜若素发现许多东亚国家的经常项目从顺差转向逆差，预示着国际收支的风险。但并没有任何一位学者明确警告东亚可能会发生金融危机。

如果要说亚洲金融危机的形成存在一个共同的作用机制，那应该就是没有处理好开放与风险之间的关系。传统的理念是选择一个宏观经济稳定、外部账户健康的时机开放金融体系，东亚国家也大都遵循了这样一个原则。但这意味着，资本项目的开放往往会伴随大量的资本流入，从而推动货币升值、资产价格上涨、经济活动加速，实际上却埋下了金融危机的种子。很快就会出现出口竞争力下降、大量资本流向资产市场、经常项目平衡逆转等现象。印尼在开放资本项目之后不久就发生了金融危机。

另一个比较普遍的作用机制是银行与企业捆绑在一起，银行向企业发放的贷款越多，就越无法做真正的风险定价和按市场机制配置资金。这个问题在受到危机冲击的四个国家都存在，但在韩国和印尼更加突出。经济繁荣的时候，这些问题不容易看出来。没有违约，没有破产，甚至没有失业，即便有问题，也很容易被掩盖住。但一旦经济形势逆转，不良资产就会忽然爆发，造成银行与企业的系统性崩溃。

亚洲金融危机发生之后，国际货币基金组织决定提供资金支持，帮助恢复金融和经济的稳定，但提出了一系列的条件，要求危机国家收紧宏观经济政策，加强市场纪律。国际货币基金组织要求实行这些条件的目的是防范道德风险，避免因为救助坏机构鼓励形成新的风险。但实际上，这些政策都是紧缩性的，对一个已经在经历金融危机的国家来说，相当于火上浇油，把本来已经在快速下行的经济推下悬崖。因此，一些亚洲国家与国际货币基金组织发生了严重的理念冲突。

在危机之后的几年里，亚洲国家进行了集体反思，并采取了一系列的应对策略。

第一，采取更加灵活的汇率体系。在布雷顿森林体系解体之后，世界各国逐步走向了浮动汇率体系，但亚洲国家仍然保持了盯住美元的汇率体系，被称为“布雷顿森林 2.0 版本”。一个可能的解释是亚洲国家多是出口导向型经济，稳定的汇率尤其是适度低估的货币有助于出口与经济增长。但亚洲金融危机的经历也告诉我们，一旦外部账户逆转，货币从被低估转向被高估，保卫固定汇率的难度陡然加大，还不如增加汇率的灵活性。

第二，减少外债特别是短期外债。外资流入有助于本国经济活动的活跃，但短期资本流动随时可能回流，影响金融稳定。这实际也是对过去资本项目开放实践的一个反思，从一开始就适度限制海外举债，也许反而有助于增强金融体系的稳健性。不过在资本项目政策方面，印尼和马来西亚在危机发生之后采取了截然相反的政策，印尼保持了资本项目的开放，而马来西亚则全面关闭了资本项目。当时，马来西亚政府的做法受到了普遍的批评。但事后看，两个国家经济复苏的步伐并没有明显的差异。

第三，积累外汇储备。一个成熟的金融体系可以经受住资本的大进大出与汇率的大起大落，但大多数新兴市场经济体没有这样的能力。如果关键时刻像国际货币基金组织那样的国际组织又靠不住，那就只能要么实行资本项目管制，要么动用外汇储备。当泰国遭遇国际投资者攻击的时候，政府很快就耗尽了大约 1000 亿美元的外汇储备，却仍然未能保住汇率的稳定。因此，亚洲金融危机之后，许多国家开始努力积累更多的外汇储备。它们还尝试了一系列地区经济合作机制，包括联合外汇储备等，但大多数倡议都没能真正发挥作用。

现在回顾亚洲金融危机的发展过程，我们发现它发生得很快，但恢复得也特别快。危机在 1997 年年中爆发，但大多数经济体到 1999 年已经走在显著复苏的道路上了。并且在随后的 8 年中继续保持了过去快速增长的轨迹，韩国在遭受重大打击之后顽强复苏，现在已经是发达经济体之一，并且在全球汽车、钢铁、电子等产业占据重要的一席之地。“东亚经济奇迹”没有在金融危机中彻底毁于一旦，实在是一件值得庆幸的事情。

次贷危机：创新与风险之间的关系

1999 年年中，我结束在纽约的访问，回到澳大利亚国立大学任教。不过这次在澳大利亚待的时间不太长，2000 年 5 月就到香港加入花旗集团负责大中华区的经济分析工作，4 年后转任亚太区首席经济学家。从商本来不在我的职业规划之中，记得我跟后来花旗的老板说我不懂金融，对方说懂经济学就行，金融可以来了再学。直接到核心金融机构去学习金融知识，这个诱惑让我没法拒绝。我本来打算到花旗干一年，体验一下，结果待了 9 年，一直到 2009 年年中加入北京大学重拾教鞭。

从我入职花旗到次贷危机爆发的那几年，正是全球经济与金融市场“欣欣向荣、蒸蒸日上”的黄金时期。宏观经济出现了罕见的“大缓和”现象：经济增长率和通货膨胀率的波动性越来越低，稳定性越来越高。当时的解释是人类的宏观经济政策调控进入炉火纯青的时代，任何经济波动都能很快被政策烫平。当时美国的货币政策十分宽松，经济增长非常强劲，但通货膨胀率却相当平稳，可以说是奇迹般的宏观经济现象。也正因为此，当时的美联储主席格林斯潘的声誉达到颠峰。

但后来我们知道，那仅仅是一个错觉而已。从表面看，格林斯潘确实没有做错什么事情，美联储的责任就是维持价格水平的稳定，同时支持经济增长与就业。要是用这把尺子来量美联储的货币政策决策，结果堪称完美：流动性很充裕，利率水平很低，同时通胀率也很温和。但实际上，美国的低通胀是全球化的结果，因为从中国等发展中国家进口了许多廉价产品，压低了消费品价格。大量的流动性吹起了资产市场特别是房地产市场的泡沫，泡沫起来了，什么时候破，只是时间问题。也就是说，格林斯潘的极其宽松的货币政策实际上埋下了 2008 年次贷危机的种子。

但次贷危机的直接导火线则是金融衍生品“次债”。衍生品市场是从 1973 年开始快速发展起来的，其本意是帮助投资者管理、规避金融风险。1971 年尼克松总统将美元与黄金脱钩，各国逐步走向浮动汇率体制。之后利率和汇率的波动性大幅度增加，给企业造成了一定的困难。诸如远期合约、期权、期货、掉期等金融衍生品可以帮助对冲市场风险，降低市场波动造成的影响，其实是有重要积极意义的金融工具。但以“次贷”作为底层资产发行的资产证券化产品“次债”后来演变成一个反面的例子。

乔治·沃克·布什担任美国总统期间，实施了一个重要的政策，即鼓励美国家庭拥有住房。为了支持这个政策，商业银行开始大量地发放次级贷款，即向达不到贷款标准的客户发放按揭贷款。银行之所以愿意向这些被称为 NINJA（无收入、无职业、无资产）的客户发放贷款，是因为可以很快地通过发行次债将次贷从自己的资产负债表上分离出去。既能获得巨额收费，又可以及时将风险甩出去，何乐而不为？因此，次债市场迅猛发展，几年时间，其市值就扩张到 6000 亿美元。

既然是如此糟糕的金融产品，为什么还会有人买？关键在于信息不对称。相当一部分次债产品被销往海外，这是金融全球化以后的常态，而海外的投资者很可能并不了解具体情况。曾经有人这样描述：加州某地的一位业主早晨锁上门，将钥匙丢入信箱，开着车消失了，之后这笔不良按揭贷款则出现在新加坡或者伦敦某家金融机构的资产负债表上。以次贷作为底层资产的次债被切割成不同层级的产品进行资产证券化，如果产品出现问题，就按从下往上的顺序对次债产品进行冲销。按照这个逻辑，最底层的类似于股权级产品，越往上信用等级就越高，这样就出现了 AAA 级次债产品的奇特现象。

这个时候，与格林斯潘的货币政策紧密相关的全球经济“大缓和”就登场了。因为利率水平低，无风险、低风险资产的回报率就很低，投资者不满足于低回报，只能将投资的风险边界往外推，投资产品的选择从无风险国债到蓝筹股、从纳斯达克到次债。但因为当时经济、金融环境非常稳定，尤其是房地产价格不断上涨，随着投资风险边界外移，投资回报不断上升，并未发生实质性的风险事件，这就鼓励投资者进一步提高对资产风险的接受能力。所以，很快次债就成了风靡全球的金融投资品。

但这个表面看起来红红火火的次债市场，实际非常脆弱。2007 年年初美国房地产价格回调 3%，击鼓传花的过程就结束了。先是部分贷款人出现了负资产现象，金融机构开始催收债务。借款人为了修补资产负债表，只好被迫抛售房产，从而推动房价的进一步下跌。这样就在房价下跌、资产负债表恶化和被迫抛售资产之间形成了一个恶性循环。尤其令人意想不到的是次贷危机的溢出效应。2007 年新任美联储主席伯南克到国会听证时说，次债问题不会引发系统性的问题，因为次债市值只相当于上市银行资本金的 0.5%。

回顾次贷危机形成、发展的过程，我们起码可以发现两个方面的教训。一是货币政策不考虑金融稳定，最后造成无穷的后患。次贷危机之后，各国在这方面做了很多探索，但如何将金融稳定因素纳入货币政策决策框架，尚未形成成熟的做法，当前更多的还是将金融稳定的责任交给宏观审慎监管政策。二是决策者没有平衡好创新与风险之间的关系。衍生品市场的发展在克林顿担任总统时期已经引发了一些担忧，可惜没有及时采取措施，后来在次债市场的发展过程中，监管基本上是缺位的，最终酿成了大祸。

中国挑战：改革与风险之间的关系

自2009年到北大工作，特别是2014年加入中国经济50人论坛之后，我一直在密切关注中国的金融稳定问题，几次在论坛年会上发言的主题也都与此相关。如果我们把过去20年分成两个阶段，会发现一个非常有意思的现象，在2008年之前的10年，中国的金融体系相对稳定，有人曾说中国是唯一一个尚未发生系统性金融危机的主要新兴市场经济体。但在2008年之后的10年间，金融风险却频繁地在股票、债券、理财、互联网金融、房地产和外汇等市场游走，防范系统性金融风险也成了近年政府的三大经济政策攻坚战之一。

但2008年之前金融体系相对稳定，并非意味着当时没有金融风险。事实上我在哥伦比亚大学访问期间与博宁教授一起做的研究就发现当时中国商业银行平均不良率可能高达30%~40%。出现这么高的坏账率，主要还是政策性因素所致。过去长期实行国企、民企双轨制改革的策略，既保护国企，又允许民企快速成长。但国企的效率比较低，政府又没有财政资源进行补贴，只能动员国有商业银行代行财政的责任，所以出现了诸如“安定团结贷款”这样的特殊产品。亚洲金融危机之前，国企已经全行业亏损，银行的不良率居高不下也是情理之中的事情。银企捆绑、治理结构落后和市场纪律缺乏，这些问题与韩国金融危机前的情况十分相似。

中国没有发生大的金融危机，主要得益于两个方面的因素：第一是持续的高速增长，第二是政府的隐性担保。不过最近10年来，金融稳定局面发生了逆转，系统性金融风险已经成为主要的政策性挑战。原因很多，其中包括：第一，经济增长持续减速，微观层面的资产负债表不断恶化；第二，杠杆率奇高，投资资金十分富裕，但可投资的资产稀少；第三，经过一揽子经济刺激政策之后，政府在财政与货币政策方面的空间显著收缩；第四，刚性兑付打不破，尤其在国有企业和地方政府平台，使得金融风险持续积累；第五，分业监管的框架与混业经营的现实不匹配，制造了许多潜在的风险；第六，改革政策不配套，特别是国内改革与对外开放不配套、汇率改革与人民币国际化措施不配套，形成了许多新的风险。

大多数问题在亚洲金融危机和次贷危机中都发生过，可惜我们没有很好地吸取教训。最近 10 年，我们一直批评格林斯潘过于宽松的货币政策以及伯南克的量化宽松政策，但其实我国央行资产负债表扩张的速度一点不落人后，2008 年之前主要是因为外汇储备的快速积累，后来是因为一揽子经济刺激政策。其实我国的货币供应量存在一个内生的加速机制，经济好的时候需要增加货币供给，支持经济活动的扩张，经济不好的时候也需要增加货币供给，稳定经济、稳定市场。大量的货币供给使得我国的总体杠杆率处于全球高位，已经成为当前最大的金融风险因素。

政府一直坚守分业监管的框架，跟不上市场的发展。一方面，普遍的抑制性金融政策催生了许多新的金融业态，包括影子银行和互联网金融。但另一方面，基于“谁发牌照谁监管”的原则，这些新型业态始终处于监管空白地带，目前已经成为主要风险点。造成这个问题的一个原因是我国采取机构监管而不是功能监管方式，监管部门对一些新的业态不想沾手，怕麻烦。

2008 年以后，政府积极推动人民币国际化。2009 年，央行首先推出了跨境贸易与投资人民币结算的举措，之后积极扩大境外离岸人民币市场，同时让人民币加入国际货币基金组织“特别提款权篮子”。可惜的是，人民币汇率的灵活性一直没有真正增加。2015 年央行改革人民币中间价定价机制，意外触发了一波强烈的贬值预期，导致大量的资本外流，引发了新的风险。为了稳定汇率，央行不得不采取一系列政策举措，包括加强对跨境资本流动的管理。而这些举措实际上令人民币国际化走了回头路。

这样看来，过去20年中国正好走过了从隐性的高金融风险到显性的高金融风险的完整周期。20年前，政府成功地利用自身的力量保住了金融稳定，同时还很快地化解了风险因素。但现在金融风险已经成为一个系统性的问题，政府也不再可能利用自己的力量解决所有的问题，因此对金融风险的处置也不可能再走20年前的老路。但亚洲金融危机和次贷危机提供的教训可以帮助我们形成化解系统性金融风险的一些重要思路，亚洲金融危机告诉我们强化市场纪律和重视改革次序的重要性，而次贷危机则告诉我们过度宽松的货币政策和跟不上市场创新的监管可能会带来灾难性的后果。

由此可见，化解中国的系统性金融风险，需要处理好开放与风险的关系、创新与风险的关系以及改革与风险的关系，核心是坚定地推进改革，但同时控制风险。具体而言，政府可以考虑同时采取几个方面的政策举措：强化市场纪律，释放风险点，该违约的违约，该破产的破产；执行稳健的货币政策，同时发展多层次的资本市场，逐步稳住并降低杠杆率；重视金融改革政策的先后次序，国内改革与对外开放尤其要互相配合；从机构监管转向功能监管，实现监管全覆盖，并加强监管政策的协调。

中国是否已经落入高杠杆陷阱[①]

高杠杆几乎成为令普通大众谈虎色变的经济现象，可能要归功于莱因哈特和罗格夫的著作《这次不一样》。作者系统地梳理了过去800年来的金融危机，发现很多灾难都起源于借贷的高速扩张。今天，绝大多数经济专家认为高杠杆率已经是中国经济的一个主要风险因素。最近英国《经济学人》的一篇文章就指出，中国非金融负债与GDP之比高达240%，虽然略低于1991年开始“失去的10年”之前日本的水平，但已经接近2006年全球金融危机之前美国的水平。麦肯锡发现中国的负债率在2007—2014年提高了83个百分点，中国的杠杆率不但高而且还在快速上升，这确实令投资者和决策者担忧。

近年来，中国政府一直把去杠杆确定为重要政策目标之一，在

① 本文创作于2016年。

2016年的五大经济政策任务中，去杠杆位列其首。只不过迄今为止，去杠杆政策的效果并不明显，在一定意义上我们似乎陷入了一个高杠杆陷阱：因为很难接受短期调整的成本，不但宏观层面去杠杆的可能性很低，微观层面的资产重组也很难推进，金融体系转型更是无法一步到位。可惜的是，我们关于中国经济高杠杆运行机制的知识储备非常少。中国的杠杆率到底高不高？高杠杆究竟会带来什么样的后果？怎样才能有效地去杠杆？对于这些关键问题，我们的认识往往很笼统甚至似是而非。而知识储备不足，可能让实际经济部门无所适从或者盲目从事。

2016年初我在上海参加了一个关于中国去杠杆问题的专题研讨会，之后形成了一些粗浅的看法。第一，判断杠杆率高低，需要考虑金融结构和偿付能力等因素。从国际比较看，中国的M2与GDP之比非常高，非金融部门债务与GDP之比稍偏高，但债务集中的制造企业的资产负债率一直在下降。第二，并非所有杠杆都是坏的，当然除了违约风险，还要看其负外部性。近年来，国企加杠杆、民企去杠杆，而且民企的杠杆对经济增长的贡献及其利息备付率都要高于国企。第三，短期内不宜在宏观层面过度强调去杠杆，但应该在结构层面花功夫。多发展股权融资，帮助僵尸企业有序退出，同时以政府、居民和民企加杠杆配合国企去杠杆。

高杠杆与低杠杆

衡量杠杆率的指标有多种，最广义的指标是货币供应量与经济规模的比率（如M2/GDP），宏观讨论中用最常见的指标可能是非金融部门（包括政府、居民和非金融企业）负债与GDP的比率，而对微观分析更有意义的可能是资产负债率（负债/资产）或者资本负债率（负债/权益）。虽然这些指标都有各自的重要意义，但如果讨论的是经济与金融风险，可能还是从资产负债表的角度来判断最重要。对任何债务来说，最大的风险当然是违约的风险。

2014 年底中国 M2/GDP 为 193%，这个比率远远超过了全球样本的平均水平 63%，只有日本等少数国家比中国更高一些。英国是 150% 多一点，美国是 90%，其他一些亚洲国家如韩国、泰国和马来西亚都在 140% 左右。这样看来，中国的货币确实发得太多了。施康和王立升利用跨国面板数据做了一个统计分析，他们发现人口结构、收入水平、贸易规模、政府规模、汇率制度等经济变量只能解释中国 M2/GDP 的 120% 左右。也就是说，如果按照国际经验推算，中国的 M2/GDP 中余下的 60% 属于“超发”。[①]

但如果看非金融部门的债务负担，结论又略有变化。谭小芬发现，中国债务负担与发达国家相比并不高，但明显高于很多新兴市场国家。根据国际清算银行的数据，2015 年 6 月中国非金融部门总信贷与 GDP 的比率是 244%，与美国、欧元区和韩国差不多，低于日本，但高于巴西、俄罗斯和印度（见图 8–1）。[②] 进一步分解非金融部门的债务，我们发现政府与居民的杠杆率并不高，非金融部门的负债其实主要集中在企业。这个发现与中国社会科学院的余永定和陆婷的结论是一致的。[③]

但中国企业的债务负担到底有多严重？施康和王立升根据国家统计局规模以上企业数据计算了制造业企业的资产负债率。他们发现，从 1998 年起中国制造企业的资产负债率一直是往下走的，从 1998 年的 65% 下降到 2007 年的 58%，之后在全球金融危机期间虽然信贷高

① 施康、王立升，《杠杆下的中国：流动性过剩与信贷错配》，中国经济开放论坛专题研讨会“激辩中国去杠杆”，2016 年 1 月 12 日，上海交通大学安泰管理学院，上海。

② 谭小芬，《中国企业杠杆率现状、影响及去杠杆的对策》，中国经济开放论坛专题研讨会“激辩中国去杠杆”，2016 年 1 月 12 日，上海交通大学安泰管理学院，上海。

③ 余永定、陆婷，《中国企业债对 GDP 比的动态路径》，《世界经济》，2015 年 5 月刊。

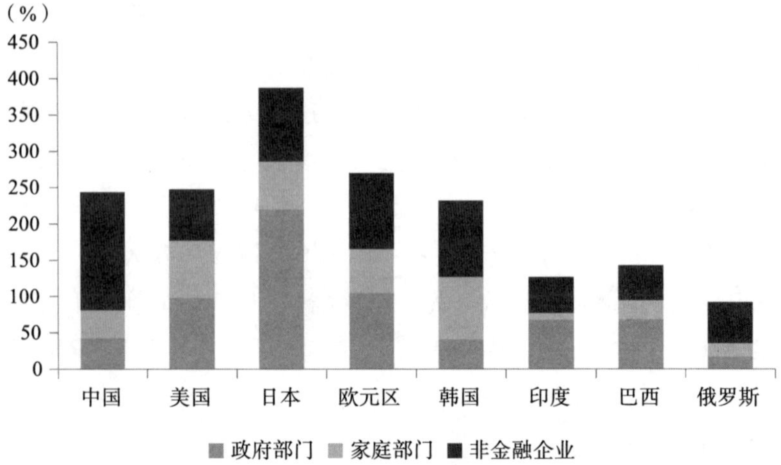

图 8–1 非金融部门负债与 GDP 的比率的国际比较（2015 年 6 月）

资料来源：BIS 和谭小芬提供的数据。

速扩张，资产负债率却进一步下降到 2013 年的 56% 以下。资产负债率下降，意味着股东权益（资本）在资产中的比例一直在上升。当然，如果看这个时期的所有非金融企业的数据，资产负债率还是缓步上升的，杠杆加得最快的是采矿业与建筑业。

总结一下，几位学者的发现大概可总结为如下几条：中国的 M2/GDP 已经处于全球高位；非金融部门负债与 GDP 的比率高于多数新兴市场经济，但与高收入经济相比不算高；非金融部门的负债其实主要集中在企业，而不是政府和居民；即便如此，制造企业的资产负债率一直保持下降的趋势。这样看来，中国的高杠杆问题并非一清二楚。

政策讨论中常用的判定方法可能有三个潜在的问题。第一，负债率在各国之间是否可比？若金融体系是银行主导，负债便多。中国的 M2/GDP 高于美国但低于日本，其实在一定程度上是由其金融格局决定的，不能简单地据此推论中国的杠杆率太高。第二，负债应该跟 GDP 比还是应该跟资产比？债务是存量，而 GDP 是流量，这两个变量并不完全对应。现在制造业企业负债相对 GDP 增加，但相对资产下降，结论就不太好下。第三，2007 年以后杠杆率快速上升是永久性的还是过渡性的？一揽子经济刺激政策令负债增加，但同时增长减速，杠杆率上升很正常。我们在做经济决策时应该考虑这个特殊因素。

好杠杆与坏杠杆

我们并不是要否定中国的高杠杆风险，而是希望对杠杆问题有一个更为客观的认识，包括对杠杆高低的判定和杠杆危害的分析。莱因哈特和罗格夫发现，一旦公共债务与 GDP 之比超过 90%，经济就会停滞甚至衰退。[①] 不过，后来马萨诸塞大学的一位博士生发现这两位经济学家算错了。当然，政府债务与 GDP 的比率超过 90% 仍然可能拉低经济增长速度，但效果并非像莱因哈特和罗格夫宣称的那么夸张，只是稍有放缓而已（见图 8–2）。[②]

莱因哈特和罗格夫对高杠杆危害的警告十分重要，但量化分析也很关键。说穿了，债务杠杆是现代市场经济的基本组成元素。没有杠杆便没有金融，也就谈不上市场经济。因此，我们需要了解杠杆率的合理区间，既能有效放大经济发展的机会，又不至于引发金融灾难，而判断债务风险的最佳因素就是偿付能力。但对于不同的经济和不同的部门，杠杆率的合理区间可能是不一样的。

---

① Reinhart, C. M. and Rogoff, K. S. (2010). "Growth in a Time of Debt",Working Paper 15639, National Bureau of Economic Research, http://www.nber.org/papers/w15639.

② Thomas Herndon, Michael Ash and Robert Pollin, "Does High Public Debt Consistently Stifle Economic Growth? A Critique of Reinhart and Rogoff ", Working Paper Series 322, April 2013, Political Economy Research Institute, University of Massachusetts Amherst.

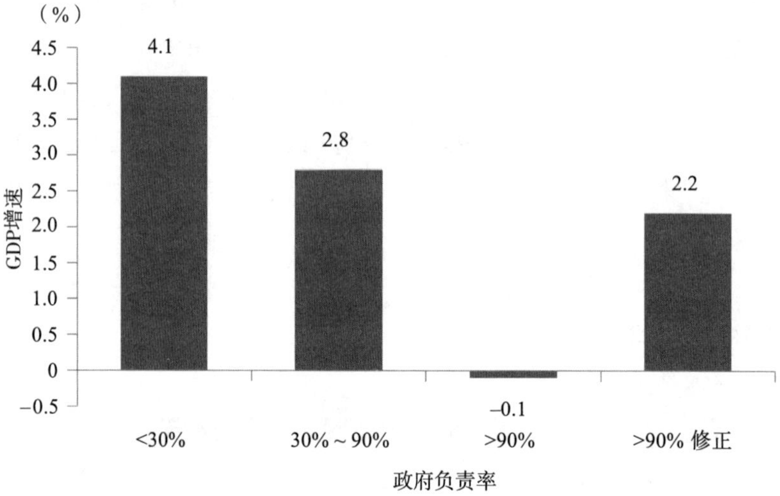

图 8-2 政府负债率与 GDP 增速

从这一点看，施康和王立升对“好的杠杆”和“坏的杠杆”的区分就很有意义。他们利用中国省级数据解释信贷增长对经济增长的贡献，发现凡是民营企业在经济中份额比较高的省份，信贷对经济增长的贡献也越大。反过来，如果国有企业的份额高，信贷对经济增长的贡献就小。从地区分布看，内陆地区企业的杠杆率最高，沿海地区企业次之，中部地区企业的杠杆率最低。当然，简单地说民营经济的杠杆是“好杠杆”而国有经济的杠杆是“坏杠杆”，可能过于粗糙，但从平均水平看，似有一定道理。

把好坏杠杆与近年企业杠杆率的分化现象结合起来看，我们可能会对中国经济前景产生更多的担忧。谭小芬分析了 Wind 的 2500 余家非金融上市公司的数据，发现自全球金融危机以来，国有企业的杠杆率不断上升，而民营企业的杠杆率则持续下降（见图 8-3）。好的杠杆在降低，而坏的杠杆在上升，这也许解释了为什么近年来信贷对经济增长的支持作用在不断减弱。

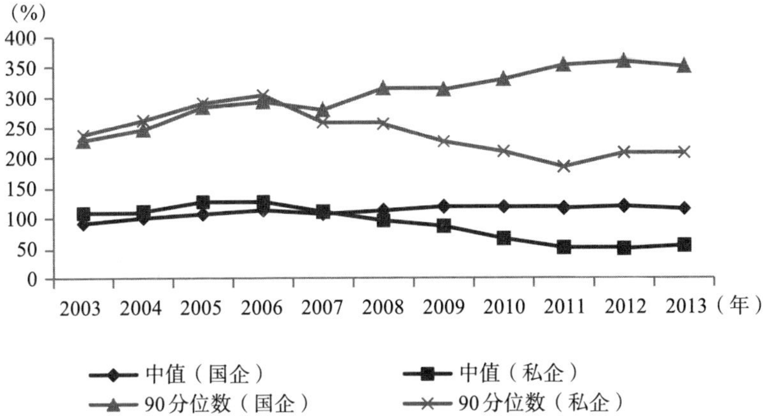

图 8-3 不同所有权的中国非金融企业杠杆率（债务 / 权益）

资料来源：谭小芬根据 Wind 非金融上市公司数据计算。

既然国企的杠杆质量不如民企，是什么原因在支持国企加杠杆、民企去杠杆呢？一是产权歧视。金融机构在配置信贷时偏好国有企业，歧视民营企业。二是产业差异。在重资产的资源类重工业，国企比较集中。民企更多是在轻工业，而且越来越多转向服务业。三是规模歧视。中央财经大学的苟琴与其合作者的研究就发现，银行信贷配置中的产权歧视已经日益被规模歧视取代。[①] 施康和王立升的研究也有一个有意思的发现：在 2013 年，小规模的非国企的杠杆率远低于国企，但非国企的杠杆率随着规模的增加而提高，最大规模的国企与非国企的杠杆率差别很小（见图 8-4）。

无论如何，债务风险主要来自实际或者预期偿付能力的变化。因此，看杠杆率有没有问题，还是要分析回报率和资产负债表。其中一个常用的指标是利息备付率，即息税前利润（EBIT）与利息费

① 苟琴、黄益平、刘晓光，《银行信贷配置真的存在所有制歧视吗》，《管理世界》，2014 年第 1 期；苟琴、黄益平，《我国信贷配置的决定因素分析》，《金融研究》，2014 年第 8 期。

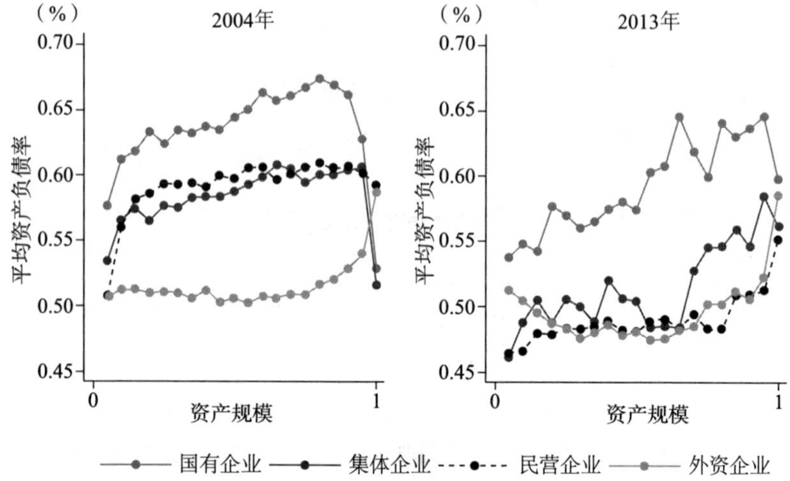

图 8-4 工业企业资产规模与资产负债率

资料来源：施康和王立升根据统计局规模以上工业企业数据计算。

用之比。这个比例越低，说明企业支付利息的困难越大，违约的概率就越高。谭小芬对上市公司数据的分析表明：一、全球金融危机以来民企的利息备付率一直高于国企；二、近年民企的利息备付率也已经显著下降（图 8-5）。这两条同时明确无误地指向潜在的债务风险。

因此，我们在分析杠杆率问题时，看部门或个体的数据可能比看综合的数据更有意义，因为这样更容易识别主要风险源。高杠杆率和低利息备付率主要集中内陆地区、重化工业和国有企业，这一类杠杆就是坏的杠杆。而杠杆率相对较低但利息备付率相对较高的则主要是沿海地区、轻工业、服务业和民营企业，这一类杠杆就是好的杠杆。去杠杆政策的目的应该是减少坏的杠杆，增加好的杠杆。这个分类揭示了实施去杠杆政策的难度，不过绝大部分坏杠杆的背后都是有政府担保的，也就是说坏杠杆降低效率、影响增长，但它们不见得马上会

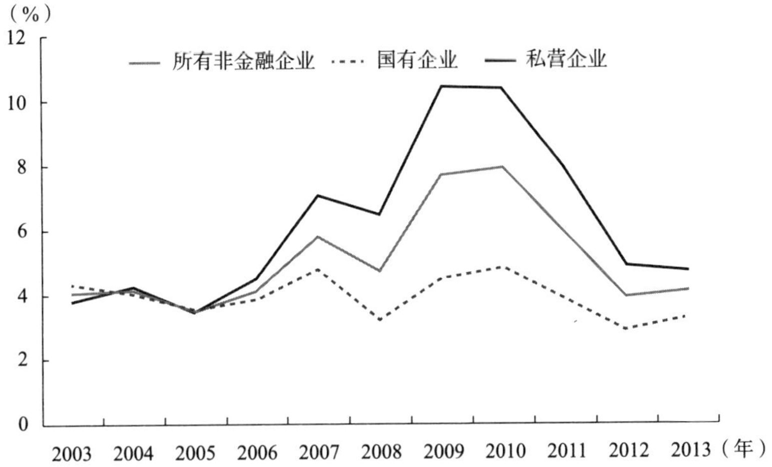

图 8-5　中国上市公司的利息备付率（EBIT/ 利息费用）

资料来源：谭小芬根据 Wind 非金融上市公司数据计算。

引发债务危机。在国家真正放弃支持它们以前，国企（包括国有金融机构）实质上是可以跟政府并表的，起码政府会承担“剩余风险”的责任。这可以为去杠杆政策赢得一点时间和空间。

王鹏飞认为高杠杆的风险并不仅仅局限于债务违约本身，更重要的是可能反映在一系列的负外部性上：第一种负外部性就是过高的杠杆会导致资产的“恐慌式抛售”，第二种负外部性是资产泡沫，而第三种负外部性是信贷市场的多重均衡可能导致的蝴蝶效应。[①] 这些外部性的共同特点是借贷个人或机构不会或者无法考虑到，但它们却最容易引发整个金融部门的不稳定。这类外部性问题只能尽量通过系统性风险分析与宏观审慎监管来克服。

① 王鹏飞，《信贷外部性和过度借贷》，中国经济开放论坛专题研讨会“激辩中国去杠杆”，2016 年 1 月 12 日，上海交通大学安泰管理学院，上海。

去杠杆与加杠杆

既然存在杠杆过高的风险，去杠杆就义不容辞。从理论上看，一个国家如果杠杆率太高，大概有六条化解的途径：加剧通胀、压低利率、增加税收、加快增长、违约破产和外部援助。这些途径落到实际操作层面，都是说起来容易做起来难。目前最常见也最具争议性的举措是央行收紧货币政策，逻辑很简单，偏紧的货币政策会遏制货币供应量、信贷甚至整体债务的增长速度，这样就有可能把杠杆率降下来。但事实上，在宏观层面“去杠杆”的难度非常大。以常用的 M2/GDP 指标为例，去杠杆的唯一途径是把 M2 的增速降到名义 GDP 的增速之下，这在短期内几乎是无法想象的。

宋国青对这个问题提出了一个简单明了的分析框架，即杠杆率同时包括分子（债务）和分母（GDP、资产）两个元素。任何旨在去杠杆的政策都需要同时考虑对分子与分母的影响。徐建国关于“越降越高的杠杆”的论断就是基于这样一个框架，收紧货币政策可能放慢债务增长速度，但如果名义经济增长速度（包括通胀率和实际增长率）下降更快，杠杆很可能不降反升（见图 8–6）。① 我国经济自全球危机以来似乎就陷入了这样一个境地。在目前的情况下，以去杠杆为目的的偏紧的货币政策还可能导致一个意想不到的结果，即进一步提高国企的信贷比例、降低民企的信贷比例。

这样看来，对于去杠杆这样一个重要的政策目标，最好不要在宏观层面急于求成，贸然去杠杆容易整出大问题。从国际经验看，大多数真正意义上的“去杠杆”都是在金融危机之后的被迫调整过程，主

① 徐建国，《越降越高的杠杆》，中国经济开放论坛专题研讨会“激辩中国去杠杆”，2016 年 1 月 12 日，上海交通大学安泰管理学院，上海。

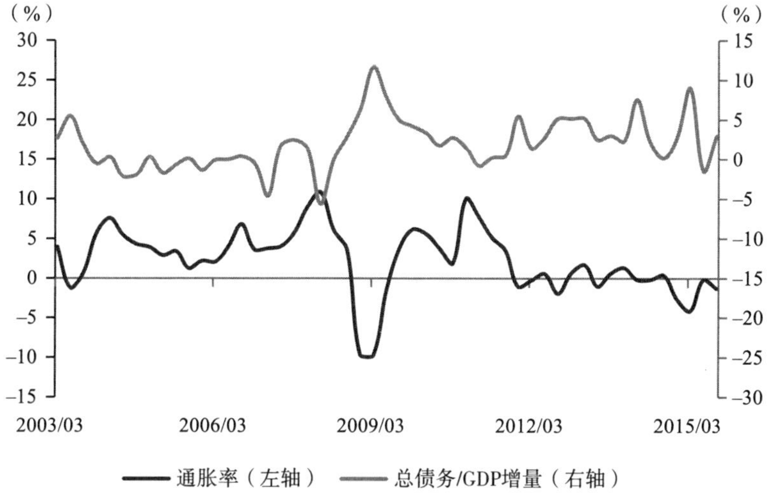

图 8–6 中国的通货膨胀率和总债务/GDP 增量（季调数据）

资料来源：徐建国根据国家统计局数据计算。

动顺利调整的很少。[①] 所以，未来一段时期，中国的总杠杆率可能还会继续上升。好在目前中国政府和居民的两张资产负债表还比较健康，可以为去杠杆政策争取一点时间。如果想在宏观层面约束负债增长，最好是采取微观或宏观审慎政策。如果一定要动用货币政策手段，那就应该同时考虑对杠杆率的分子与分母的影响。有的时候，松就是紧，紧就是松。

但这并不意味着可以无限期地拖延去杠杆政策。恰恰相反，我们发现个别高杠杆不但有较大的违约风险，而且已经严重影响宏观经济表现。但去杠杆政策的功夫主要应该落在结构性层面，起码有三个方面的举措可以考虑。[②]

① 夏乐，《去杠杆国际经验反思》，中国经济开放论坛专题研讨会“激辩中国去杠杆”，2016 年 1 月 12 日，上海交通大学安泰管理学院，上海。

② 潘英丽，《多重目标兼容的去杠杆政策》，中国经济开放论坛专题研讨会“激辩中国去杠杆”，2016 年 1 月 12 日，上海交通大学安泰管理学院，上海。

第一，改变融资结构，积极发展多层次的资本市场，特别是股权融资。中国的金融体系一直是以间接融资为主，特别是商业银行主导，这个金融格局直接造成了我国总体杠杆率偏高的事实。去杠杆的一种方法就是增加股权融资的比重，减少债务融资的比重。但发展直接融资渠道既要让市场机制发挥决定性作用，又要加强审慎监管。试图人为推动资本市场繁荣或者放任新型融资方式野蛮生长，最后不但很难达到去杠杆的目的，还有可能酿成新的金融风险。

第二，尽可能地控制甚至减少坏的杠杆，增加好的杠杆。中国高杠杆率的问题主要集中在非金融企业，特别是在内陆地区、重化工业和国有企业，其实很多已经变成了僵尸企业，它们的杠杆率高、利息备付率低。因此，去杠杆政策就应该努力把它们的债务降下来。僵尸企业占用的金融资源越来越多，其实就是“金融不支持实体经济”的一个主要原因。关闭僵尸企业就可能明显降低企业部门的负债率，其实也是降低杠杆率的分子的一条重要途径。[①]不过在执行过程中，一是应该尽量保持一个平稳的过程，中央政府应该主动承担人员安置和债务处置的责任，二是不要再由政府层层下达关闭僵尸企业的行政命令，而应该通过强化市场纪律，让无法在市场上生存的企业退出。

第三，去杠杆和加杠杆相结合，争取在尽量降低总杠杆率的前提下提高杠杆的质量。[②]既然高杠杆主要集中在国企，而政府、居民和民企的杠杆率尚处合理区间，去杠杆的转圜空间就比较大。国企去杠杆可能产生的紧缩效应，也可以通过其他部门比如政府和居民的加杠杆来缓冲。但政府和居民的杠杆率合理，也只是一个相对的概念，也

---

① 汪涛，《当前降低宏观杠杆的政策选择》，中国经济开放论坛专题研讨会“激辩中国去杠杆”，2016 年 1 月 12 日，上海交通大学安泰管理学院，上海。

② 邵宇，《小心补短板，大力去杠杆》，中国经济开放论坛专题研讨会“激辩中国去杠杆”，2016 年 1 月 12 日，上海交通大学安泰管理学院，上海。

许这就是最后一次加杠杆的机会，应该珍惜。最佳的结果是通过政府和居民的加杠杆为未来的可持续增长创造一个良好的条件。从这个意义上说，政府通过增加负债刺激经济增长或者居民增加负债置换房地产市场的库存，可能都不是上策，因为它们很难带来可持续的增长。如果政府通过加杠杆来化解僵尸企业、确立市场制度，或者投资技术创新、克服基础设施瓶颈，会更有意义。

大量印钱会有什么后果[①]

如何理解货币超发？

我对货币政策的理解最初来自弗里德曼的《美国货币史》，其讨论了大萧条时期由于美联储没有采取果断的措施控制货币供应量的收缩，导致了经济的进一步下行，引发很多的批评。后来担任美联储主席的伯南克从研究大萧条初期就接受了这样的观念。我认为这是我们今天讨论货币超发或货币政策的一个重要起点。

货币政策演变在过去 90 年走过了很多路。刚开始，对于大萧条时期货币政策没有及时调整，美国教授巴里·艾肯格林在其历史著作《金色的羁绊：金本位与大萧条》中论证了国际金本位制导致不能随便发货币，所以货币收缩了也没有办法。甚至有学者认为大萧条发生

① 本文创作于 2020 年，原标题为《我现在担心的是通胀不来》。

的一个原因就是金本位，货币的供应量跟不上经济增长的速度，引发通缩，通缩遏制投资，所以经济就开始萧条。

大萧条以后，一些国家开始尝试脱离金本位，包括中国在1934年开始发行法币，摆脱对贵金属本位即银本位的依赖。但是出现了一个新的问题，就是信用货币超发的冲动很强烈，政府总是“缺钱”。金本位和信用货币在很长一段时间来来回回，不是货币即黄金不够了，就是货币超发了。

我的理解是，1944年建立的布雷顿森林体系，其实是试图在这中间找一个平衡——美元盯住黄金，其他货币盯住美元。当时增加了一个设计，允许各国不定期地调整它们的货币跟美元之间的汇率，这样既保证了币值的基本稳定，又避免了黄金不够的长期矛盾。但最后没有很多国家调整汇率，主要是因为怕货币贬值，影响投资者信心。如果说大萧条是因为黄金不够，那么到20世纪60年代后期实行布雷顿森林体系期间就遇到了美元不够的问题，实际上还是黄金不够。所以1971年尼克松总统就把美元和黄金脱钩了，美元发行量由央行（美联储）决定，这样当然就解决了货币不够的问题，汇率自由浮动。

之后确实也经历过一段时间，我不知道能不能称为“货币超发”，但在20世纪70年代后期美国出现了高通胀。当时上任的美联储主席沃尔克所做的一个重要工作就是不计代价地把通胀压下去。有人认为就是因为美元脱离了黄金，货币供应量增长缺乏了有效的约束，从而推动了通胀。不过最后各国央行包括美联储一起找到了一个新的锚——盯住通胀，一般发达国家盯住2%左右。今天大多数国家的货币政策机制就是在这样一个盯住通胀的基础上做调整：经济不好、通胀率下降的时候，货币政策宽松一点；经济好、通胀压力比较大，货币政策收一收。我们国家的货币政策机制相对复杂一点，但核心机制也差不多。

现在普遍认为的货币超发问题主要是在过去12年间形成的，当然日本的历史更长一些。伯南克从研究大萧条开始，就接受了弗里德曼关于美联储在大萧条期间不作为是不对的判断，所以当全球金融危机爆发时，在伯南克的领导下，美联储很积极地作为，当然其他央行也都做了同样的事情。新冠肺炎疫情冲击期间，全球几个主要国家的央行都延续了全球金融危机期间的做法，欧洲央行前行长德拉吉把它称为“不惜一切代价”政策。在危机来临的时候采取一些极端的政策，这应该是可以理解的，但问题是有很多问题会随之而来。我们需要认真分析这些措施的后果，会带来什么样的影响，以及如何应对。

货币政策宽松的边界及其后果

这是一个复杂的问题，这段时间我也一直在反思，过去我倾向于认为货币政策极度宽松，把利率压到零以后，量化宽松会使货币政策的空间越来越小。但现在短期看也不见得货币政策就没有空间了，而且似乎越来越多的央行官员和专家认为可以更大量地发放货币，把利率压到负数。所以我还需要重新思考，零利率量化宽松以后，还有没有政策空间。这个问题我现在没有明确的答案。

我更担心的是最后可能带给我们什么样的结果。最近我们已经听到个别华尔街投资者警告大家，超级通胀时代可能很快就要到来了。这当然会造成很大冲击，但我认为高通胀如果真的到来的话，可能是最好的一个情形。如果出现高通胀，财政高负债就比较容易消化，央行也会采取积极的措施退出极度宽松的货币政策。这个过程不一定好受，但政策环境可以回归正常状态。

我现在担心的是通胀不来。通胀不来会怎么样？我认为有几种可能性。

第一种是钱没有用起来，在市场的某一个角落睡觉。这样也许没问题，货币政策没有发挥作用，但起码也没有造成很严重的后果。

第二种情形值得我们关注，就是通胀目标可能会失效。最近我看到一个研究，纽约大学的教授、曾经担任印度储备银行副行长的阿查亚用欧洲的数据做了一个分析，发现当货币政策已经极度宽松时，进一步宽松会压低而不是提高通胀率。作用机制在于宽松货币政策支持更多的僵尸企业，后果是就业及经济增长没问题，生产在扩张，但生产出来的产品可能会加剧产能过剩。所以我们在考虑退出的时候，应该看常规政策机制是否还有效，还是应该看一些别的指标？

第三种情形跟国际清算银行做过的一个经典研究相关，就是货币政策宽松、政策利率压得很低的时候，会鼓励投资者冒险，但在同样的利率水平上，承担的风险大幅度提高，很可能意味着通胀没起来，但金融风险积累起来了。

我无法清楚地回答货币宽松政策的边界在哪里，到底会发生什么问题。我的基本结论是两点，一是没有免费的午餐，事情总会带来后果，但具有不确定性。二是在非常规的货币政策环境下，需要修改货币政策规则或机制，用常态时期的货币机制判断应该增加还是退出宽松，也许不再合适。

我国坚持正常货币政策的立足点和风险

当前我国采取了很多财政政策或货币政策措施帮助中小企业，重点是对的，但在做法上还有进一步改善的空间。

从金融机构角度看，如果没有能力按照市场化风险定价，钱发出去后算谁的？这是一个问题。从企业角度看，我们想了很多办法帮助中小微企业贷款，企业借钱发工资、交房租，但如果经济回暖不了，麻烦会越来越大。

国际货币基金组织亚太部最近提了一个建议，财政、央行、金融机构联合起来构建一个特殊目的平台，为中小微企业提供贷款。它的好处就是最后由财政兜底，做法是央行提供流动性、金融机构直接放贷，既不影响央行未来货币政策的独立性，也不影响金融机构资产负债表的状况。

从这个角度看，我认为财政可能要更多地和金融结合，发挥更多的政策性功能。这种百年不遇的大危机，直接后果就是经济暂停，这时候最能发挥作用的就是财政。另外，货币超发以后，大家都认为退出很困难。这意味着在未来一段时间，极度宽松的流动性状况，甚至很高的杠杆率，很可能成为新常态或新新常态。管涛博士的报告提到，实施极度量化宽松的政策都是储备货币国家，这对很多新兴市场国家是有溢出效应的。对于中国，假设我们判断，一是现在的货币政策环境确实很宽松，二是在短期内退出困难，那我认为我们有必要做一些预案。

第一，如果未来市场出现大的波动，中国该怎么办？是不是还要像 2015 年那样被动接受人民币贬值、资本外流的压力？人民币汇率是不是可以灵活一些，有进有出的时候，价格可以调整？

第二，资本项目在一定情况下是要开放的，但是不是可以更多地关注宏观审慎监管政策？资本进出可以，但要避免短期资本的大进大出。很多发展中国家的金融危机，尤其是国际收支危机，都是从大量的资本流入开始的。一开始听起来是个好故事，资本流入，货币升值，资产价格上升，经济繁荣，但是实际上很快就会导致经济结构失衡，甚至货币高估。当资本一回流，金融危机就来了。我们也要做这样一个预案。

当然，如果我们有办法让人民币国际化，也就不会产生所谓的货币错配问题。我们的资本进出全是人民币，不会发生货币危机，也不会发生国际收支危机。但我想这是一个更长远的目标。短期内，我们还是应该考虑一些政策举措，面对在未来一两年量化宽松环境下可能出现的跨境资本流动和资本市场波动。